I0030489

爱科学丛书

生活中的
应用化学

张　平　刘艳琴 ◎著

上海教育出版社
SHANGHAI EDUCATIONAL
PUBLISHING HOUSE

《生活中的应用化学》编委会

主　编　张　平　刘艳琴

编　委　王　海　徐　荣　薛惠玉　张卫良　钱连英　阮宗杰

　　　　王　强　叶仪琳　黄健敏　赵　骏　李　静　吴　伟

　　　　许秀华　汪忆萍　唐海波　彭慧慧　陈　书　杨海霞

化学使我们的生活更美好

（代序）

化学是一门科学，更是一门艺术！她让我们的生活丰富多彩，给我们生活中美的要素。因为有了化学，我们的生活丰富多彩，我们的生活情趣盎然！她的成就已成为社会文明的标志，深刻影响着人类社会的发展。社会的一切发展，生命是基础。一切生命的起源离不开化学变化，一切生命的延续同样离不开化学变化。没有化学变化，就没有地球上的生命，也就不会有人类。所以，是化学创造了人类，创造了美丽的地球。

本书简明而通俗地介绍了化学在生活中的应用，没有空洞枯燥的化学概念，没有繁琐的化学方程式，没有元素周期表，更没有抽象难理解的化学理论，它通过用浅显的化学原理分析我们生活中的实例，使我们掌握如何运用化学来解决生活中的难题。它没有用抽象的文字和枯燥的概念告诉我们什么是应用化学，而是运用通俗的语言探究应用化学在我们日常生活中所发挥的作用。本书内容从简单到复杂，从浅显到深入，从表面现象到内部原因，通过阅读让你明白：生活其实很简单，化学不只存在于书本中，生活中处处离不开化学，化学渗透到我们生活的每一个细节。

人类的生活离不开衣、食、住、行。而衣、食、住、行又离不开物质。在这些物质中，有的是天然存在的，如我们喝的水、呼吸的空气；有的是由天然物质改造而成的，如我们吃的酱油、喝的酒，是由粮食加工和经过化学处理得到的。更多的物质不是天然生成的，而是用化学方法由人工合成的，如化肥、农药、塑料、合成橡胶、合成纤维等。它们形形色色、无所不在，使人类社会的物质生活更加丰富多彩，这一切都离不开应用化学。

"民以食为天"，我们吃的粮食离不开化肥、农药等化学制品。1909年哈伯发明的合成氨技术使世界粮食产量翻倍增长。如果没有他的发明，世界上有一半人不能过上温饱的生活。各种色香味俱佳的食品更离不开食品添加剂，如甜味剂、防腐剂、香料、味精、色素等都是用化学合成方法或化学分离方法制成的。

如果没有合成纤维，世界上大多数人就会挨冻，因为有限的天然纤维根本不够用（90%是合成纤维）。何况纯棉、纯毛等天然纤维也是由棉花、羊毛经过化学处理后制成的。如果没有合成橡胶，世界上又有多少人没有鞋穿呢？合成染料更使世界多了一道多彩缤纷的亮丽风景线。再看我们住的房子，石灰、水泥、钢筋，窗户上的铝合金、玻璃、塑料等材料，哪件不是化学制品？还有我们的日常生活用品，如牙刷、牙膏、香皂、化妆品、清洁用品等无一不跟化学沾边，都是化学制剂。现代交通工具都离不开汽油、柴油，各种汽油添加剂、防冻剂和各种润滑油……都是化学制品。

　　健康长寿也与化学息息相关。人体内某些化学元素平衡失调时，就会导致某些危害人类健康的疾病。1965 年和 1981 年，我国在世界上首次合成了牛胰岛素和酵母丙氨酸转移核糖核酸。蛋白质和核糖的形成是无生命到有生命的转折点。自此我们人类对自身的了解有了新的突破，为我们人类对生命和健康的研究打下了基础。正是有了合成各种抗生素和大量新药物的技术，人类才能控制传染病，才能缓解心脑血管病，使人类的寿命得到延长。人类的健康成长离不开各种营养品和药品。如果没有这些化学药品，世上不知有多少人要受病魔的折磨，不知有多少人会被病魔夺去生命。生命体中支撑着生命的是无数的有机化合物，重要的有糖类、蛋白质、氨基酸、肽键、酶、核酸等。

　　应用化学无处不在，化妆品的祛斑、美白、去皱纹、补水；手机电池的持久耐用；电视、电脑屏幕辐射降低；塑料袋的降解；这些都是化学物质在起重要的作用。化学工作者发现某些元素或某些物质具有很好的用途，然后进行小量的科研实验，如果成功，就将此方案提供给化学工程工艺的研究者进行放大实验，最后再投入工业化生产和供人们使用；如果不成功，化学工作者会另寻思路，继续研究。通过本书的阅读可以看到化学已经在轻工业、日化、石化行业、制药业、农药方面、环境保护等领域得到了广泛的应用。应用化学跟踪现代化学科技成果，致力于研究高附加值和独立知识产权的高新技术产品，它是联系化学和化学工艺的纽带和桥梁，是化学学科中纯科学和应用科学的结合。

编者

2015 年 4 月

目 录

第一章
晶体类型与物理性质

第一节　化　学　键

　　化学键(chemical bond)是指分子内或晶体内相邻两个或多个原子(或离子)间强烈的相互作用力的统称。键的实质是一种力,所以有的化学书上称为键力。

　　水分子中的2个氢原子和1个氧原子就是通过化学键结合成水分子的。由于原子核带正电,电子带负电,所有的化学键都是由两个或多个原子核对电子的吸引和原子核与原子核、电子与电子之间的相互排斥达到平衡时形成的。化学键有4种极限类型,即离子键、共价键、金属键和配位键。

1.1　化学键分类

　　1. 离子键

　　带相反电荷的离子之间的互相作用叫做离子键,成键的本质是阴、阳离子间的静电作用。当两个原子间的电负性相差很大时,就会形成离子键。一般是活泼的金属与活泼的非金属,如氯和钠以离子键结合成氯化钠。电负性大的氯会从电负性小的钠抢走一个电子,以符合八隅体。之后氯元素以 Cl^- 形式存在,而钠元素以 Na^+ 形式存在,两者再以库仑静电力因正负相吸而结合在一起,由于阴离子和阳离子的相互吸引,离子键可以不断延伸,所以不存在简单的分子结构。

　　离子键亦有强弱之分。其强弱能影响离子化合物的熔点、沸点和溶解性等性质。离子键越强,其熔点越高。离子半径越小或所带电荷越多,阴、阳离子间的作用就越强,如钠离子的微粒半径比钾离子的微粒半径小,则氯化钠(NaCl)中离子键较氯化钾(KCl)中离子键强,所以氯化钠的熔点比氯化钾的高。

　　离子键是由阴、阳离子之间通过静电作用而形成的,阴、阳离子形状为球形或者近似球形,电荷以球形对称分布,所以离子键可以在各个方向上发生静电作用,因此离子键没有方向性。

　　离子键概念:带相反电荷离子之间的相互作用称为离子键。

　　成键微粒:阴离子、阳离子。

　　成键本质:静电作用。静电作用包括阴、阳离子间的静电吸引作用和电子与电子之间、原子核与原子核之间的静电排斥作用(一吸,两斥)。

　　成键原因:①原子相互得失电子形成稳定的阴、阳离子。②离子间吸引与排斥达到平衡状态。③体系的总能量降低。

　　存在范围:离子键存在于大多数强碱、盐及金属氧化物中。

　　2. 共价键

　　共价键是两个或两个以上原子通过共用电子对产生的吸引作用而形成的化学键。典型的共价键是两个原子通过吸引一对成键电子而形成的。通常形成共价键的元素多为非金属元素。但也有例外，如 $AlCl_3$ 晶体就是以共价键形式结合的。氢分子就是两个氢原子核同时吸引一对成键电子，形成稳定的氢分子。

共价键是原子间通过共用电子对（电子云重叠）而形成的相互作用。形成重叠电子云的电子在所有成键的原子周围运动。一个原子有几个未成对电子，便可以和几个自旋方向相反的电子配对成键，共价键饱和性产生的原因是电子云重叠（电子配对）时仍然遵循泡利不相容原理。电子云重叠只能在一定的方向上发生重叠，而不能随意发生重叠。共价键方向性产生的原因是形成共价键时，电子云重叠的区域越大，形成的共价键越稳定，所以形成共价键时总是沿着电子云重叠程度最大的方向形成（这就是最大重叠原理）。所以，共价键有饱和性和方向性。

原子通过共用电子对形成共价键后，体系总能量降低。

共价键的形成是成键电子的原子轨道发生重叠，并且要使共价键稳定，原子轨道重叠部分越大，形成的共价键越稳定。除了 s 轨道（球形对称）之外，其他轨道都有一定伸展方向，因此成键时除了 s–s 形成的 σ 键（如 H_2）在任何方向都能最大重叠外，其他轨道所成的键都只有沿着一定方向才能达到最大重叠。

共价键的分类

共价键有不同的分类方法。

1. 按共用电子对的数目分，有单键（Cl—Cl）、双键（C＝C）、叁键（N≡N，C≡C）等。

2. 按共用电子对是否偏移分，有极性键（H—Cl）和非极性键（Cl—Cl）。

3. 按提供电子对的方式分，有正常的共价键和配位键（共用电子对由一方提供，另一方提供空轨道，如铵根离子中的 N—H 键中有一个属于配位键）。

4. 按电子云重叠方式分，有 σ 键（电子云沿键轴方向，以"头碰头"方式成键，如C—C）和 π 键（电子云沿键轴两侧方向，以"肩并肩"方向成键，如C＝C中键能较小的键，C＝C中有一个 σ 键和一个 π 键）等。

共价键的理论解释：

旧理论：共价键形成的条件是原子中必须有成单电子，且自旋方向相反，由于一个原子的一个成单电子只能与另一个成单电子配对，因此共价键有饱和性。如 H 原子与 Cl 原子形成 HCl 分子后，不能再与另外一个 Cl 形成 HCl_2 分子。

新理论：共价键形成时，成键电子所在的原子轨道发生重叠并分裂，成键电子填入能量较低的轨道即成键轨道。如果还有其他的原子参与成键，其所提供的电子将会填入能量较高的反键轨道，形成的分子不稳定。像 HCl 这样通过共用电子对形成分子的化合物叫做共价化合物。

3. 金属键

金属键是使金属原子结合在一起的相互作用，可以看成是高度离域的共价键。定位于两个原子之间的化学键称为定域键。由多个原子共有电子形成的多中心键称为离域键。其中金属离子被固定在晶格结点上，处于离域电子的"海洋"之中。

概述：金属键是化学键的一种，主要存在于金属晶体中。由自由电子及排列成晶格状的金属离子之间的静电吸引力组合而成。由于电子的自由运动，金属键没有固定的方向。

金属键使金属晶体具有很多共有的特性。例如,一般金属的熔点、沸点随金属键的强度而升高。其强弱通常与金属离子半径成反相关,与金属晶体内部自由电子密度成正相关(可粗略看成与原子外围电子数成正相关)。

改性共价键理论:在金属晶体中,自由电子做无规则的自由运动,它不专属于某个金属离子而为整个金属晶体所共有。这些自由电子与全部金属离子相互作用,从而形成某种结合,这种作用称为金属键。由于金属只有少数价电子能用于成键,金属在形成晶体时,倾向于构成极为紧密的结构,使每个原子都有尽可能多的相邻原子(金属晶体一般都具有高配位数和紧密堆积结构),这样,电子能级可以得到尽可能多的重叠,从而形成金属键。上述假设模型叫做金属的自由电子模型,又称为改性共价键理论。这一理论是 1900 年德鲁德(drude)等人为解释金属的导电、导热性而提出的一种假设。这种理论先后经过洛伦茨(Lorentz,1904)和佐默费尔德(Sommerfeld,1928)等人的改进和发展,对金属的许多重要性质都能给予一定的解释。但是,由于金属的自由电子模型过于简单化,不能解释金属晶体为什么有结合力,也不能解释金属晶体为什么有导体、绝缘体和半导体之分。随着科学技术的发展,主要是量子理论的发展,建立了能带理论。

1.2 共价键的分类

1. 极性键

在化合物分子中,不同种原子形成的共价键,由于两个原子吸引电子的能力不同,共用电子对必然偏向吸引电子能力较强的原子一方,因而吸引电子能力较弱的原子一方相对地显正电性。这样的共价键叫做极性共价键,简称极性键。

举例:HCl 分子中的 H—Cl 键,NH_3 分子中的 N—H 键,H_2O 分子中的 O—H 键,CH_4 分子中的 C—H 键,它们都属于极性键。

2. 非极性键

在单质分子中,同种原子形成共价键,两个原子吸引电子的能力相同,共用电子对不偏向任何一个原子,因此成键的原子都不显电性。这样的共价键叫做非极性共价键,简称非极性键。

由同种元素的原子间形成的共价键,叫做非极性共价键。同种原子吸引共用电子对的能力相等,成键电子对匀称地分布在两核之间,不偏向任何一个原子,成键的原子都不显电性。非极性键可存在于单质分子中(如 H_2 中 H—H 键、O_2 中 O=O 键、N_2 中N≡N键),也可以存在于化合物分子中(如 CH_3CH_3 中的 C—C 键)。非极性键的键偶极矩为 0。以非极性键结合形成的分子都是非极性分子。非极性分子中的键并非都是非极性键,如果一个多原子分子在空间结构上的正电荷几何中心和负电荷几何中心重合,即使它由极性键组成,也是非极性分子。由非极性键结合形成的晶体可以是原子晶体,也可以是混合型晶体或分子晶体。例如,碳单质有三类同素异形体:依靠 C—C 非极性键可以形成正四面体金刚石(原子晶体)、层形石墨(混合型晶体),也可以形成球形碳分子富勒烯 C_{60}(分子晶体)。

举例:Cl_2 分子中的 Cl—Cl 键,H_2O_2 分子中的 O—O 键,Na_2O_2 中的 O—O 键,N_2H_4 分子中的 N—N 键,它们都是属于非极性键。

3. 配位键

配位键,是化学键的一种,两个或多个原子共同使用它们的外层电子,在理想情况下达到电子的饱和状态,由此组成比较稳定的化学键叫做配位键。

配位键又称配位共价键,是一种特殊的共价键。当共价键中共用电子对是由其中一个原子单独提供形成的化学键,就称为配位键。配位键形成后,与一般共价键无异。成键的两原子间共享的两个电子不是由两原子各提供一个,而是来自一个原子。例如,氨和三氟化硼可以形成配位化合物:

$$H-\overset{\overset{\displaystyle H}{|}}{\underset{\underset{\displaystyle H}{|}}{N}} \longrightarrow \overset{\overset{\displaystyle F}{|}}{\underset{\underset{\displaystyle F}{|}}{B}}-F$$

图中"⟶"表示配位键。在 N 和 B 之间的一对电子来自 N 原子上的孤对电子。

4. 定域键

只存在于两个原子之间的共价键称为定域键。只包含定域键的多原子分子可以看成是由相对独立的两个原子之间的化学键把原子连接起来形成的,忽略了相邻化学键的影响,而把描述双原子分子中化学键的方法用到多原子分子的定域键上。例如,乙烯分子中有一个C—C和四个 C—Hσ 键、一个 C—Cπ 键。定域键具有比较恒定的键性质,如一定类型定域键的键长、键偶极矩、键极化度、键力常数、键能等在不同分子中近似保持不变。因此,分子的有关广延性质可近似表示为相应键的性质之和。定域键的这种特点在化学中得到广泛应用,从键能计算分子的原子化能近似值。这种模型较好地反映了由键上电子云所确定的分子性质,如键能、键长、键角、键偶极、键极化度等。同理,围绕两个原子的分子轨道成为定域轨道。

1.3 化学键的发现

一个离子可以同时与多个带相反电荷的离子互相吸引成键,虽然在离子晶体中,一个离子只能与几个带相反电荷的离子直接作用(如 NaCl 中每个 Na^+ 可以与 6 个 Cl^- 直接作用),这是由空间因素造成的。在距离较远的地方,同样有比较弱的作用存在,因此离子键没有饱和性。化学键的概念是在总结长期实践经验的基础上建立和发展起来的,用来概括观察到的大量化学事实,特别是用来说明原子为何以一定的比例结合成具有确定几何形状、相对稳定和相对独立、性质与其组成原子完全不同的分子。开始时,人们在相互结合的两个原子之间画一根短线作为化学键的符号;电子发现后,1916 年 G.N.路易斯提出通过填满电子稳定壳层形成离子和离子键或通过两个原子共有一对电子形成共价键的概念,建立化学键的电子理论。

量子理论建立以后,1927 年 W.H.海特勒和 F.W.伦敦通过氢分子的量子力学处理,说明了氢分子稳定存在的原因,原则上阐明了化学键的本质。通过以后许多人,特别是 L.C.鲍林和 R.S.马利肯的工作,化学键的理论解释已日趋完善。

化学键在本质上是电性的,原子在形成分子时,外层电子发生了重新分布(转移、共用、偏移等),从而产生了正、负电性间的强烈作用力。但是,这种电性作用的方式和程度有所不同,所以又可将化学键分为离子键、共价键和金属键等。离子键是原子得失电子后生成的阴、阳离子之间通过静电作用而形成的化学键。离子键的本质是静电作用。由于静电引力没有方向性,阴、阳离子之间的作用可在任何方向上,所以离子键没有方向性。只要条件许可,阳离子周围可以尽可能多地吸引阴离子,反之亦然,离子键没有饱和性。不同的阴离子和阳离子的半径、电性不同,所形成的晶体空间点阵也不相同。

1.4　化合物分类

1. 离子化合物:由阳离子和阴离子构成的化合物。

大部分盐(包括所有铵盐),强碱,大部分金属氧化物,金属氢化物,它们都属于离子化合物。但是,在活泼的金属元素与活泼非金属元素形成的化合物中不一定都是以离子键结合的,如 $AlCl_3$ 分子中铝原子和氯原子之间不是通过离子键结合的,而是通过共价键结合的。非金属元素之间也可以形成离子化合物,铵盐都是离子化合物,如 NH_4Cl 晶体中 NH_4^+ 和 Cl^- 之间是通过离子键结合的。

2. 共价化合物:以共价键结合形成的化合物,叫做共价化合物。

非金属氧化物,酸,弱碱,少部分盐,非金属氢化物,它们都是共价化合物。

3. 在离子化合物中一定含有离子键,可能含有共价键。在共价化合物中一定不存在离子键。

第二节　常见晶体类型与物理性质

2.1　离子晶体

定义:离子晶体是指晶体内部的离子之间通过离子键互相结合而成的固态物质。离子晶体中含有电荷量绝对值相等的阴离子和阳离子,并且这两种离子交替排列,整齐有规律,往往呈现规则的几何外形。

性质:离子晶体中阳离子和阴离子在空间排列上具有交替相间的结构特征,因此具有一定的几何外形。例如,NaCl 是正立方体晶体,Na^+ 与 Cl^- 相间排列,每个 Na^+ 同时吸引 6 个 Cl^-,每个 Cl^- 同时吸引 6 个 Na^+。不同的离子晶体,由于离子所带电荷不同和离子半径大小的不同,离子的排列方式有可能不同,形成的晶体类型也不一定相同。离子晶体中不存在分子,所以离子晶体没有分子式。离子晶体通常根据阴、阳离子的数目比表示该物质的组成,这样的表示式称为化学式。如 NaCl 表示氯化钠晶体中 Na^+ 与 Cl^- 个数比为 1:1,$CaCl_2$ 表示氯化钙晶体中 Ca^{2+} 与 Cl^- 个数比为 1:2。

离子晶体呈电中性,这决定离子晶体中各类阳离子所带电量总和与阴离子所带电量总和的绝对值相等,所以离子晶体中阳、阴离子的组成比和电价比等结构因素间有相互制约关系。

如果离子晶体中发生错位,阳离子和阳离子相切,阴离子和阴离子相切,则相互排斥,不能形成离子键,所以离子晶体没有延展性。例如,$CaCO_3$ 可用于雕刻,而不可用于锻造。离子键强度大,所以离子晶体的硬度高。使晶体熔化就要破坏离子键,要加热到较高温度,故离子晶体具有较高的熔沸点。离子晶体在固态时有离子,但不能自由移动,所以离子晶体不能导电,溶于水或熔化时发生电离而变成自由移动的离子而能导电。因此离子晶体在水溶液中或熔融态时能导电,其原理是通过离子的定向迁移而形成电流。

晶胞是晶体的代表,是晶体中的最小重复单位,晶胞可以无隙并置而形成晶体。晶胞的代表性体现在以下两个方面:一是代表晶体的化学组成;二是代表晶体的对称性(即具有相同的对称元素:对称轴,对称面和对称中心)。

配位数:离子晶体中离子的配位数是指每个离子周围最邻近的异电性离子的数目。常见离子晶体的配位数如下表所示。

离子晶体	阴离子的配位数	阳离子的配位数
NaCl	6	6
CsCl	8	8
CaF_2	4	8

离子晶体的结构类型还取决于晶体中阴、阳离子的半径比,阴、阳离子的电荷比和离子键的纯粹程度(简称键性因素),当离子半径大,受相反电荷离子的电场作用后会变成椭球形,不再维持原来的球形,使离子键向共价键过渡。

常见类型:

离子晶体有二元离子晶体、多元离子晶体与有机离子晶体等类别。

强碱[$NaOH$、KOH、$Ba(OH)_2$]、活泼金属氧化物(Na_2O、MgO、Al_2O_3)、大多数盐类[$BeCl_2$、$Pb(Ac)_2$ 等除外]都是离子晶体。

晶格能:离子晶体的晶格能是指 1 mol 离子化合物中阴、阳离子,由相互远离的气态,结合成离子晶体时所释放出的能量或拆开 1 mol 离子晶体使之形成气态阴离子和阳离子所吸收的能量。单位是 kJ/mol。

某些离子晶体的晶格能(kJ/mol)如下表所示:

	F^-	Cl^-	Br^-	I^-
Li^+	1 036	853	807	757
Na^+	923	786	747	704
K^+	821	715	682	649
Rb^+	785	689	660	630
Cs^+	740	659	631	604

根据离子晶体的定义可知,离子晶体的晶格能越大,形成的离子晶体越稳定,而且熔点越高,硬度越大。下表列出常见离子晶体的晶格能与其熔点和硬度的对应关系。

AB 型离子晶体	离子电荷(Z)	晶格能(kJ/mol)	熔点(℃)	莫氏硬度
NaF	1	923	993	3.2
NaCl	1	786	801	2.5
NaBr	1	747	747	<2.5
NaI	1	704	661	<2.5

（续表）

AB 型离子晶体	离子电荷（Z）	晶格能（kJ/mol）	熔点（℃）	莫氏硬度
MgO	2	3 791	2 852	6.5
CaO	2	3 401	2 614	4.5
SrO	2	3 223	2 430	3.5
BaO	2	3 054	1 918	3.3

从表中数据可知,离子晶体中阴、阳离子所带电荷越高,晶格能越大,对应的熔点越高,硬度越大。

晶格能与阴、阳离子的半径成反比,与离子电荷的乘积成正比。离子所带电荷越高,离子半径越小,则离子键越强,熔沸点越高。例如,Al_2O_3＞MgO＞NaCl＞CsCl。

2.2 原子晶体

原子晶体,是指相邻原子之间通过强烈的共价键结合而成的空间网状结构的晶体。原子晶体不导电、不易溶于任何溶剂,化学性质十分稳定。例如,金刚石。

原子晶体是由中性原子构成的晶体。原子间以共价键相联系。由于结合较牢固,所以原子晶体的硬度较大,熔点较高。例如,金刚石是由碳原子构成的原子晶体。硅、硼等单质以及碳化硅、氮化硅等许多化合物晶体都是原子晶体。

石墨是由碳原子构成的另一种晶体,层内碳原子之间通过共价键结合较牢固,但层与层之间为分子间作用力,结合较弱,因此层间容易滑移。

原子晶体不导电、不溶于一般的溶剂,化学性质十分稳定。例如,金刚石,由于碳原子半径较小,共价键强度很大,要破坏 4 个共价键需要很大能量,所以金刚石的硬度是天然物质中最大的,熔点达 3 570℃,是所有单质中最高的。立方氮化硼（BN）的硬度接近于金刚石。

原子晶体中,组成晶体的微粒是原子,原子间的相互作用是共价键,共价键结合牢固,原子晶体的熔、沸点高,硬度大,不溶于一般的溶剂,多数原子晶体为绝缘体,有些如硅、锗等是优良的半导体材料。原子晶体中不存在分子,用化学式表示物质的组成,单质的化学式直接用元素符号表示,两种以上元素组成的原子晶体,按各原子数目的最简比作为化学式。常见的原子晶体是周期元素周期表中第ⅣA族元素的一些单质和化合物,如金刚石、硅晶体、SiO_2、SiC 等。（但碳元素的另一单质石墨不是原子晶体,石墨晶体是层状结构,以一个碳原子为中心,通过共价键连接 3 个碳原子,形成网状六边形,属过渡型晶体。）

1. 规律:

原子晶体熔沸点的高低与共价键的强弱有关。一般来说,半径越小形成共价键的键长越短,键能就越大,晶体的熔沸点也就越高。例如,金刚石（C—C）＞二氧化硅（Si—O）＞碳化硅（Si—C）＞晶体硅（Si—Si）。

2. 原子间形成共价键,原子轨道发生重叠。原子轨道重叠程度越大,共价键的键能越大,两原子核的平均间距—键长越短。

Practical Chemistry in Life

3. 一般说来，结构相似的分子，其共价键的键长越短，共价键的键能越大，分子越稳定。

4. 一般情况下，成键电子数越多，键长越短，形成的共价键越牢固，键能越大。在成键电子数相同，键长相近时，键的极性越大，键能越大，形成时释放的能量就越多，反之破坏时消耗的能量也就越多。

晶 体 特 点

在原子晶体中，不存在独立的小分子，而只能把整个晶体看成一个大分子。由于原子之间相互结合的共价键非常强，破坏共价键而使晶体熔化必须消耗大量能量，所以原子晶体一般具有较高的熔点、沸点和硬度，在通常情况下不导电，也是热的不良导体，熔化时也不导电，但半导体硅等可有条件导电。

原子晶体中原子间不再以紧密的堆积为特征，它们之间是通过具有方向性和饱和性的共价键相连接，特别是通过成键能力很强的杂化轨道重叠成键，使它的键能接近 400 kJ/mol，原子晶体中配位数比离子晶体少。

原子晶体的结构特点：

1. 由原子直接构成晶体，所有原子间只通过共价键连接成一个整体。

2. 由基本结构单元向空间伸展形成空间网状结构。

3. 破坏共价键需要较高的能量。

应用领域：原子晶体在工业生产中主要用作耐磨、耐熔或耐火材料。金刚石、金刚砂都是极重要的磨料；SiO_2 是应用极广的耐火材料；石英和它的变体，如水晶、紫晶、燧石和玛瑙等是工业生产中的贵重材料；SiC、BN、SiN 等是性能良好的高温结构材料。

2.3 金属晶体

晶格结点上排列金属原子和金属离子时所构成的晶体称为金属晶体。金属晶体中的原子和离子按金属键结合，因此金属晶体通常具有很高的导电性和导热性、很好的可塑性和机械强度，对光的反射系数大，具有金属光泽。主要的结构类型为立方面心密堆积、六方密堆积和立方体心密堆积三种。金属晶体的物理性质和结构特点都与金属键相关。金属可以形成合金，金属键是其主要性质之一。

金属晶体是由金属键形成的单质晶体。金属单质及一些金属合金都属于金属晶体，如镁、铝、铁和铜等。金属晶体中存在金属离子（或金属原子）和自由电子，金属离子（或金属原子）总是紧密地堆积在一起，金属离子和自由电子之间存在较强烈的金属键，自由电子在整个晶体中自由运动，金属具有共同的特性，如金属有光泽、不透明，是热和电的良导体，有良好的延展性和机械强度。大多数金属具有较高的熔点和硬度，金属晶体中，金属离子排列越紧密，金属离子的半径越小、离子电荷越高，金属键越强，金属的熔、沸点越高。

金属晶体熔沸点高低规律

金属阳离子所带电荷越高，半径越小，金属键越强，熔沸点越高。例如，第 3 周期金属单质的熔沸点高低顺序为：Al＞Mg＞Na，元素周期表中第 ⅠA 族金属单质的熔沸点高低顺序为：Li＞Na＞K＞Rb＞Cs。

2.4 分子晶体

定义:分子间通过分子间作用力(包括范德华力和氢键)构成的晶体。

性质:分子晶体是由分子组成,可以是极性分子,也可以是非极性分子。分子间的作用力很弱,分子晶体具有较低的熔、沸点,硬度小,易挥发,许多物质在常温下呈气态或液态,如 O_2、CO_2 是气体,乙醇、冰醋酸是液体。同类型分子的晶体,其熔、沸点随相对分子质量的增加而升高,如卤素单质的熔、沸点按 F_2、Cl_2、Br_2、I_2 顺序递增;非金属元素的氢化物,按元素周期表中同主族由上而下熔沸点升高(但 HF、H_2O、NH_3 除外,因它们的分子间形成了氢键);有机物的同系物随碳原子数的增加,熔沸点升高。但是,HF、H_2O、NH_3、CH_3CH_2OH 等分子间,除存在范德华力外,还存在氢键,所以它们的熔沸点较高。在固态和熔融状态时都不导电。

由分子组成的物质,其溶解性一般遵守"相似相溶"原理,极性分子易溶于极性溶剂,非极性分子易溶于非极性有机溶剂,如 NH_3、HCl 极易溶于水,难溶于 CCl_4 和苯;而 Br_2、I_2 难溶于水,易溶于 CCl_4、苯等有机溶剂。根据这个原理,可用 CCl_4、苯等溶剂将 Br_2 和 I_2 从它们的水溶液中萃取、分离出来。

分子晶体典型代表

1. 所有非金属氢化物。

2. 大部分非金属单质,如稀有气体、卤素(X_2)、氧气、硫(S_8)、氮(N_2)、白磷(P_4)、C_{60} 等(金刚石和单晶硅等是原子晶体)。

3. 部分非金属氧化物,如 CO_2、SO_2、SO_3、P_4O_6、P_4O_{10} 等(SiO_2 是原子晶体)。

4. 几乎所有的酸。

5. 绝大多数有机化合物,如苯、乙酸、乙醇、葡萄糖等。

6. 所有常温下呈气态的物质、常温下呈液态的物质(除汞外)、易挥发的固态物质。

分子晶体熔沸点规律

分子间作用力越强,熔沸点越高:

1. 组成和结构相似的分子晶体,一般相对分子质量越大,分子间作用力越强,熔沸点越高,如元素周期表中第ⅦA族元素形成的单质是典型的分子晶体,其熔沸点变化规律为:$At_2 > I_2 > Br_2 > Cl_2 > F_2$。

2. 若分子间有氢键,则分子间总的作用力比结构相似的同类晶体大,故熔沸点较高(分子间能形成氢键的常见物质是 H_2O、NH_3 和 HF),如 $HF > HI > HBr > HCl$,$H_2O > H_2Se > H_2S$,$NH_3 > PH_3$。

3. 组成和结构不相似的物质,分子极性越大,其熔沸点越高,如 $CO > N_2$。

4. 在有机物的同分异构体中,一般来说,支链越多,熔沸点越低,如正戊烷＞异戊烷＞新戊烷。

5. 互为同分异构体的芳香烃及其衍生物中,熔沸点顺序为:邻位化合物＞间位化合物＞对位化合物。

冰和干冰结构特征

紧密堆积方式对比：

1. 干冰：范德华力，每个分子周围紧邻 12 个分子。
2. 冰：范德华力、氢键，每个分子周围紧邻 4 个分子。
3. 外观：两者相似；硬度：相似（小）；熔点：干冰比冰小；密度：干冰比冰大。

第二章
最外层电子数与化学性质

第一节　化　学　元　素

元素,又称为化学元素,是指自然界中一百多种基本的金属和非金属的组成成分,它们只由一种原子组成,其原子中的每一核子具有同样数量的质子,用一般的化学方法不能使之分解,并能构成一切物质。常见元素有氢、氮和碳。到 2007 年为止,已发现 118 种元素,其中 94 种是存在于地球上。1921 年,阿斯顿证明了大多数化学元素都有不同的同位素。1923 年,国际原子量委员会作出决定:化学元素是根据原子核电荷的多少对原子进行分类的一种方法,把核电荷数相同的一类原子称为一种元素。

1.1　基本定义

化学元素就是具有相同核电荷数(即核内质子数)的一类原子的总称。

关于元素的学说,即把元素看成构成自然界中一切实在物体的最简单的组成部分的学说,早在远古时期就已经产生了,不过,在古代把元素看成是物质的一种具体形式的这种近代观念并不存在。无论在中国古代的哲学中还是在印度或西方的古典哲学中,都把元素看作是抽象的、原始精神的一种表现形式或是物质所具有的基本性质。

原子序数大于 83 的元素(即铋之后的元素)都是不稳定元素,会进行放射衰变。第 43 和第 61 号元素(即锝和钷)没有稳定的同位素,会进行衰变。但是,原子序数高达 94,没有稳定原子核的元素都能在自然界中找到,这就是铀和钍的自然衰变。

1.2　元素起源

1. 历史起源

元素思想的起源很早,古巴比伦人和古埃及人曾经把水,后来又把空气和土,看成是物质世界的主要组成元素,形成了三元素说。古印度人有四大种学说,古中国人有五元学说。

(1) 古希腊哲学

古希腊自然哲学提出了著名四元素说。这不是希腊哲学家创造的,四元素说在古希腊的传统民间信仰中即存在,但不具有(相对来说)坚实的理论体系支持。古希腊哲学家"借用"元素的概念当作组成物质的本质。

(2) 苏格拉底哲学

米利都派哲学家泰勒斯主张万物的本质是水,而且也唯有水才是本质,土和气这两种元素则是水的凝聚或稀释。阿那克西曼德则把本质改为一种原始物质(称为"无限"或称"无定者"),同时又加上第四元素火。四大元素由这种原始物质形成之后,就以土、水、气、火的次序分为四层。火使水蒸发,产生陆地,水汽上升把火围在云雾的圆管里。人们眼中看见像是天体的物质，就是这些管子的洞眼，使我们从洞眼中望见里面的火。这种观点就是形成四元素说的最早雏形。

米利都派另一个哲学家阿那克西米尼则把气或空气看作是原始物质，并把其他元素说成是由空气组成的。空气变得稀薄后就形成了火。他的论证是，空气从嘴里呼出来是热的，而在压力下喷出来则是冷的。同样，通过凝聚过程，气先是变成水，然后变成土。这些元素之间的差异只是量变的结果，元素只是凝聚或稀释到不同程度的空气。

早期以米利督学派为首的哲学家，多以单一元素作为本质，直到恩培多克勒（Empedocles）才首次建立四元素并存的哲学体系，亦有人主张这是首次尝试以科学的方法解释传统的四元素说，但是从恩培多克勒留下来的残缺文献分析，这种说法并没有足够的证据支持。恩培多克勒在大约公元前 450 年于其专著《论自然》中，使用了"根"（希腊文：ριζώματα）一词。现在认为恩培多克勒是系统提出四元素学说的第一人。他认为万物是由四种物质元素土、气、水、火组成的，这四种元素是永恒存在的，另外两种抽象元素爱和恨使它们连接或分离开来。

而广为人知的四元素说则是亚里士多德提出的，他的理论中不包含恩培多克勒学说中的爱和恨两种抽象元素，而是认为这四种元素具有可被人感觉的两两对立的性质。进而推论世界上万物的本原是四种原始性质：冷、热、干、湿，而元素则由这些原始性质依不同比例组合而成。亚里士多德在《论天》等专著中构想出五元素说，在柏拉图的四种元素中再加上以太（精质，永恒）。亚里士多德认为"没有和物质分离的虚空""没有物体里的虚空"。亚里士多德对元素的正式定义在其专著《形而上学》中有明确表述。

2. 现代起源

无论是古代的自然哲学家、炼金术士或古代医药学家，他们对元素的理解都是通过对客观事物的观察或臆测的方式解决的。只是到了 17 世纪中叶，由于科学实验的兴起，积累了一些物质变化的实验资料，才初步从化学分析的结果去解决关于元素的概念。

1661 年，英国科学家玻义耳对亚里士多德的四元素说和炼金术士的三本原表示怀疑，出版了一本《怀疑派的化学家》小册子。

拉瓦锡在肯定和说明究竟哪些物质是原始的和简单的，同时强调实验是十分重要的。他把那些无法再分解的物质称为简单物质，也就是元素。

此后在很长的一段时期里，元素被认为是用化学方法不能再分的简单物质。这就把元素和单质两个概念混淆或等同起来了。

在后来的一段时期里，由于缺乏精确的实验材料，究竟哪些物质应当归属于化学元素或哪些物质是不能再分的简单物质，这个问题也未能获得解决。

元 素 说

拉瓦锡在 1789 年发表的《化学基础论述》一书中列出了他制作的化学元素表，一共列举了 33 种化学元素，共分为 4 类，它们分别是：

1. 属于气态的简单物质，可以认为是元素：光、热、氧气、氮气、氢气。

2. 能氧化和成酸的简单非金属物质：硫、磷、碳、盐酸基、氢氟酸基、硼酸基。

3. 能氧化和成盐的简单金属物质：锑、砷、银、钴、铜、锡、铁、锰、汞、钼、金、铂、铅、钨、锌。

4. 能成盐的简单土质：石灰、苦土、重土、矾土、硅土。

从这个化学元素表可以看出，拉瓦锡不仅把一些非单质列为元素，而且把光和热也当作元素。

拉瓦锡所以把盐酸基、氢氟酸基以及硼酸基列为元素，是根据他自己创立的学说即一切酸中皆含有氧。盐酸，他认为是盐酸基和氧的化合物，也就是说，是一种简单物质和氧的化合物，因此盐酸基就被他认为是一种化学元素。氢氟酸基和硼酸基也是如此。他在"简单非金属物质"前加上"能氧化和成酸的"的道理也在于此。他认为，既然能氧化，当然能成酸。

至于拉瓦锡元素表中的土质，在19世纪以前，它们被当时的化学研究者认为是元素，是不能再分的简单物质。土质在当时表示具有这样一些共同性质的简单物质，如具有碱性，加热时不易熔化，也不发生化学变化，几乎不溶解于水，与酸相遇不产生气泡。这样，石灰（氧化钙）就是一种土质。重土（氧化钡），苦土（氧化镁），硅土（氧化硅），矾土（氧化铝），在今天它们属于碱土族元素或土族元素的氧化物，这个土字也就由此而来。

原 子 学 说

19世纪初，道尔顿创立了化学中的原子学说，并着手测定相对原子质量，化学元素的概念开始和物质组成的相对原子质量联系起来，使每一种元素成为具有一定（质）量的同类原子。

1841年，贝齐里乌斯根据已经发现的一些元素，如硫、磷能以不同的形式存在的事实，硫有菱形硫和单斜硫，磷有白磷和红磷，创立了同（元）素异形体的概念，即相同的元素能形成不同的单质。这就表明元素和单质的概念是有区别和不同的。

元素的周期性

19世纪后半叶，在门捷列夫建立化学元素周期系的过程中，明确指出元素的基本属性是相对原子质量。他认为元素之间的差别集中表现在不同的相对原子质量上。他提出应当区分单质和元素两个不同概念，指出在红色氧化汞中并不存在金属汞和气体氧，只有元素汞和元素氧，它们以单质存在时才表现为金属和气体。

不过，随着社会生产力的发展和科学技术的进步，在19世纪末，电子、X射线和放射性相继被发现，导致科学家对原子结构进行了研究。1913年英国化学家索迪提出同位素的概念。同位素是具有相同核电荷数而相对原子质量不同的同一元素的异体，它们位于化学元素周期表中同一方格位置中。

从理论上说，化学元素周期表还有很多元素需要补充，第7周期应有32种元素，而还未发现的第8周期应有50种元素。所以，元素周期表还需要不断补充与完善。

3. 元素周期表

元素周期表是1869年俄国科学家门捷列夫（Dmitri Mendeleev）首创的，后来又经过多名科学家多年的修订才形成现在的元素周期表。

元素周期表中共有118种元素。每一种元素都有一个编号，大小恰好等于该元素原子核内的电子数，这个编号称为原子序数。

原子的核外电子排布和性质有明显的规律性，科学家是按原子序数递增排列，把电子层数相同的元素放在同一行,把最外层电子数相同的元素放在同一列。

元素周期表有 7 个周期,16 个族。每一个横行叫做一个周期,每一个纵行叫做一个族。这 7 个周期又可分为短周期(1、2、3)、长周期(4、5、6)和不完全周期(7)。共有 16 个族,又分为 7 个主族(ⅠA-ⅦA),7 个副族(ⅠB-ⅦB),一个第Ⅷ B 族,一个 0 族。

元素在元素周期表中的位置不仅反映了元素的原子结构,也显示了元素性质的递变规律和元素之间的内在联系。

同一周期内,从左到右,元素核外电子层数相同,最外层电子数依次递增,原子半径递减(0 族元素除外)。失电子能力逐渐减弱,得电子能力逐渐增强,金属性逐渐减弱,非金属性逐渐增强。元素的最高正化合价从左到右递增(没有正价的除外),最低负化合价从左到右递增(第一周期除外,第二周期的 O、F 元素除外)。

同一族中,由上而下,最外层电子数相同,核外电子层数逐渐增多,原子序数递增,元素金属性递增,非金属性递减。

同一族中的金属从上到下的熔点降低,硬度减小,同一周期的主族金属从左到右熔点升高,硬度增大。

科学家利用元素周期表寻找新的元素及新的化合物。

4. 世界观点

(1) 国内历史

公元前 403~公元前 221 年,中国战国时代出现关于万物本源的论说,如《老子道德经》中写道:"道生一,一生二,二生三,三生万物。"又如《管子·水地》中写道:"水者,何也?万物之本原也。"

中国的五行学说是具有实物意义的,但有时又表现为基本性质。中国的五行学说最早出现在战国末年的《尚书》中,原文是:"五行:一曰水,二曰火,三曰木,四曰金,五曰土。水曰润下,火曰炎上,木曰曲直,金曰从革,土曰稼穑。"译成今天的语言是:"五行:一是水,二是火,三是木,四是金,五是土。水的性质润物而向下,火的性质燃烧而向上。木的性质可曲可直,金的性质可以熔铸改造,土的性质可以耕种收获。"在稍后的《国语》中,五行较明显地表示了万物原始的概念。原文是:"夫和实生物,同则不继。以他平他谓之和,故能丰长而物生之。若以同裨同,尽乃弃矣。故先王以土与金、木、水、火杂以成百物。"译文是:"和谐才是创造事物的原则,同一是不能连续不断永远存在的。把许多不同的东西结合在一起而使它们得到平衡,这叫做和谐,所以能够使物质丰盛而成长起来。如果以相同的东西加合在一起,便会被抛弃。所以,过去的帝王用土和金、木、水、火相互结合造成万物。"

(2) 西方的自然学派

13~14 世纪,西方的炼金术士对亚里士多德提出的元素又作了补充,增加了三种元素:水银、硫磺和盐。这就是炼金术士所称的三本原。但是,他们所说的水银、硫磺、盐只是表现物质的性质:水银—金属性质的体现物,硫磺—可燃性和非金属性质的体现物,盐—溶解性的体现物。

到 16 世纪,瑞士医生帕拉塞尔士把炼金术士的三本原应用到他的医学中。他提出物质是由三种元素—盐(肉体)、水银(灵魂)和硫磺(精神)按不同比例组成的,疾病产生的原因是有机体中缺少了上述三种元素之一;为了医病,就要往人体中注入所缺少的元素。

1.3　元素简介

1. 前 8 号元素

（1）氢（H）

氢气是无色无臭无气味的气体。它是密度最小的气体。工业上用途很广。

氕，元素符号为 H。原子核中只有一个质子，是氢的主要成分，氢元素中含有 99.98％ 的氕。

氘，又称为重氢，元素符号为 D，也可用 ^2_1H 表示。原子核中有一个质子和一个中子，氢元素中含有 0.02％ 的氘。用于热核反应。

氚，又称为超重氢，元素符号为 T，也可用 ^3_1H 表示。原子核中有一个质子和两个中子。有放射性。

（2）氦（He）

氦。氦气是无色无气味的气体，在大气层中含量极少，化学性质非常稳定，用于填充灯泡和霓虹灯管，也用于制造泡沫塑料。液态的氦常用做制冷剂。

（3）锂（Li）

锂。属于金属元素。银白色，在空气中易被氧化而变黑色，质软，是最轻的金属。化学性质活泼。用于原子能工业和冶金工业，用于制特种合金、特种玻璃等。

（4）铍（Be）

铍。属于金属元素。灰白色，质硬而轻。用于原子能工业，铍铝合金用于制飞机、火箭等。

（5）硼（B）

硼。黑色或银灰色固体。晶体硼为黑色，熔点约为 2 300℃，沸点为 3 658℃，密度为 2.34 g/cm³，硬度仅次于金刚石，较脆。

（6）碳（C）

碳是一种非金属元素。碳是一种很常见的元素，它以多种形式广泛存在于大气和地壳中。碳单质很早就被人类认识和利用，碳的一系列化合物——有机物，更与生命密切相关。

（7）氮（N）

氮元素名称来源于希腊文，原意表示硝石。1772 年由瑞典药剂师舍勒和英国化学家卢瑟福先后发现，后由法国科学家拉瓦锡确定是一种元素。氮元素在地壳中的含量仅为 0.004 6％，自然界中绝大部分的氮是以单质分子（氮气）的形式存在于大气中，氮气占空气体积分数为 78％。氮的最重要的矿物是硝酸盐。氮有两种天然同位素：氮-14 和氮-15，其中氮-14 的丰度为 99.625％。

（8）氧（O）

氧元素希腊文的意思是"酸素"，该名称是由法国化学家拉瓦锡提出的，原因是拉瓦锡错误地认为，所有的酸都含有这种新元素。

2. 同位素

英国物理学家阿斯顿在 1921 年证明大多数化学元素都有不同的同位素。元素的相对原子质量是同位素相对质量按同位素在自然界中存在的物质的量分数求得的平均值。

在同一时期，英国物理学家莫塞莱在1913年系统地研究了由各种元素制成的阴极所得的X射线的波长，指出元素的特征是这个元素的原子的核电荷数，也就是后来确定的原子序数。

这样，如果把同位素看作是几种不同的单独的元素，这显然是不合理的。因为决定元素的原子的特征不是相对原子质量，而是它的核电荷数。

化学上，把具有相同质子数（核电荷数）和不同中子数的同一元素的原子互称为同位数。

第二节　原子与原子结构

原子（Atom）是化学变化中的最小单位。一个原子包含有一个致密的原子核及若干围绕在原子核周围带负电的电子。原子核由带正电的质子和电中性的中子构成。当质子数与电子数相同时，原子呈电中性；否则，就是带有正电荷或带负电荷的离子。质子和中子数不同，原子的类型也不同：质子数决定了该原子属于哪一种元素，中子数确定该原子属于哪种同位素。

2.1　原子的基本性质

1. 原子的质量非常小。
2. 原子在不断运动。
3. 原子间有间隙。
4. 同种原子性质相同，不同种原子性质不同。

2.2　原子的重要参数

1. 质量数（mass number）

由于质子与中子的质量相近且远大于电子，所以用原子的质子数和中子数的总和称为质量数。

2. 相对原子质量

原子的静止质量通常用统一原子质量单位（u）来表示，称为道尔顿（Da）。这个单位定义为电中性的碳－12质量的十二分之一，约为$1.66×10^{-27}$ kg。氢最轻的一个同位素氕是最轻的原子，相对质量约为1.007 825 u。一个原子的相对质量约是质量数与原子质量单位的乘积。最重的稳定原子是铅－208，相对质量为207.976 652 1 u。

2.3　相关构成

尽管原子英文名称（atom）的本意是表示不能被进一步分割的最小粒子，但随着科学技术的不断发展，原子被认为是由电子、质子、中子（氕原子只有质子和电子构成）构成的，它们被统称为亚原子粒子。几乎所有原子都含有上述三种亚原子粒子，但氕（氢的同位素）没有中子，其离子（失去电子后）只是一个质子。

原子尽管很小，用化学方法不能再分，但用其他方法仍然可以再分，因为原子也有一定的构成。原子是由中心带正电荷的原子核和核外带负电荷的电子构成的（反物质则相反），原子核是由质子和中子两种粒子构成的，电子在核外较大空间内做高速运动。

$$原子\begin{cases}原子核\begin{cases}质子：一个质子带一个单位的正电荷\\中子：不带电\end{cases}\\电子：一个电子带一个单位的负电荷\end{cases}$$

6个质子
6个中子

碳原子结构示意图

1. 电子

原子在一个内部接近真空、两端封有金属电极的玻璃管通上高压直流电，阴极一端便会发出阴极射线。荧光屏可以显示这种射线的方向，如果外加一个匀强电场，阴极射线会偏向阳极；又若在玻璃管内装上转轮，射线可以使转轮转动。后经证实，阴极射线是一群带有负电荷的高速质点，即电子流。电子由此被发现。

电子是最早被发现的亚原子粒子，到目前为止，电子是所有粒子中最轻的，是密立根在 1910 年前后通过著名的"油滴实验"得出的结论。电子带有一个单位的负电荷，其体积因过于微小，现有的技术无法测量。

现代物理学认为，电子属于轻子的一种，是构成物质的基本单位之一（另一种为夸克）。电子具有波粒二象性，不能像描述普通物体运动那样，肯定它在某一瞬间处于空间的某一点，而只能指出它在原子核外某处出现的可能性（即几率）的大小。电子在原子核各处出现的几率是不同的，有些地方出现的几率大，有些地方出现的几率很小，如果将电子在核外各处出现的几率用小黑点描绘出来（出现的几率越大，小黑点越密），那么便得到一种略具直观性的图像，在图像中，原子核仿佛被带负电荷的电子云所笼罩，故称为电子云。

把核外电子出现几率相等的地方连接起来，作为电子云的界面，使界面内电子云出现的总几率很大（例如 90% 或 95%），在界面外的几率很小，这个界面所包括的空间范围，叫做原子轨道，这里的原子轨道与宏观的轨道具有不同的含义。原子轨道是薛定谔方程的合理解。

2. 原子核

在 α 粒子散射实验中，人们发现，原子的质量主要集中于一个很小且带正电荷的物质中，这就是原子核。

原子核也称为核子，由原子中所有的质子和中子组成，原子核的半径远远小于原子的半径。

组　成

原子核由质子与中子组成（氢原子核中只有一个质子），中子和质子都是费米子的一种，根据量子力学中的泡利不相容原理，不可能有完全相同的两个费米子同时拥有一样量子物理态。因此，原子核中的每一个质子都占用不同的能级，中子的情况也与此相同。不过泡利不相容原理并没有禁止一个质子和一个中子拥有相同的量子态。

3. 质子（proton）

质子由两个上夸克和一个下夸克组成，带一个单位正电荷，质子的部分质量可以转化为原子结合能。拥有相同质子数的原子是同一种元素，原子序数＝质子数＝核电荷数＝核外电子数。

4. 中子（neutron）

中子是原子中质量最大的亚原子粒子。

中子由一个上夸克和两个下夸克组成，两种夸克的电荷相互抵消，所以中子不显电性。但是，认为"中子不带电"的观点是错误的。

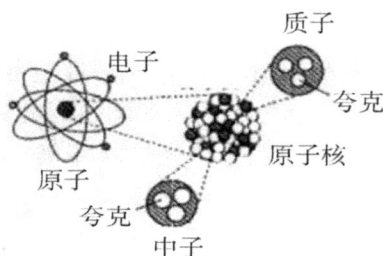

而对某种特定的元素，中子数是可以变化的，拥有不同中子数的同种元素称为同位素。中子数决定一个原子的稳定程度，一些元素的同位素能够自发进行放射性衰变。

5. 原子核核力（nuclear force）

原子核被一种强力束缚在一定区域内。由于质子带正电荷，根据库仑定律，质子间的排斥作用会使原子核爆裂，但原子核中有一种力，把质子和中子紧紧束缚在一起，这种力被称为核力。在一定距离内，核力远远大于静电力，克服了带正电荷的质子间的相互排斥。

核力的作用范围被称为力程，核力的作用范围不能从一个原子核延伸到另一个原子核。因此，核力属于短程力。

6. 结合能（energy of the nucleus）

在原子核中，将核子从原子核中分离做功消耗的能量，被称为结合能。实验发现，任一原子核的质量总是小于其组成核子的质量和（这一差值被称为质量亏损），结合能可以由爱因斯坦质能方程推算。

平均结合能（binding energy of the nuclear）

一个原子核中每个核子结合能的平均值被称为平均结合能，计算公式为：

$$每个核子的平均结合能 = \frac{总结合能}{核子数}$$

平均结合能越大，原子核越难被分解成单个的核子。

① 重核的平均结合能比中核小,因此它们容易发生裂变并放出能量;

② 轻核的平均结合能比稍重的核的平均结合能小,因此当轻核发生聚变时会放出能量。

原子的范德华半径是指在分子晶体中,分子间以范德华力结合时,如稀有气体相邻两原子核间距的一半。

2.4　原子和原子核公式总结

1. α粒子散射试验结果。(a)大多数的 α 粒子不发生偏转;(b)少数 α 粒子发生了较大角度的偏转;(c)极少数 α 粒子出现大角度的偏转(甚至反弹回来)。

2. 原子核的大小:$10^{-15} \sim 10^{-14}$ m,原子的半径约 10^{-10} m(原子的核式结构)。

3. 光子的发射与吸收:原子发生定态跃迁时,要辐射(或吸收)一定频率的光子,即能级跃迁。

4. 原子核的组成:质子和中子(统称为核子),$A=$质量数=质子数+中子数,$Z=$电荷数=质子数=核外电子数=原子序数。

5. 天然放射现象:α 射线(α 粒子是氦原子核)、β 射线(高速运动的电子流)、γ 射线(波长极短的电磁波)、α 衰变与 β 衰变、半衰期(有半数以上的原子核发生了衰变所用的时间)。γ 射线是伴随 α 射线和 β 射线产生的。

2.5　物质构成

金属单质(铁、铜等)。

少数非金属单质(金刚石、石墨等)。

1. 原子和离子的区别

	原　子	离　子	离　子
区别		阳离子	阴离子
结构	质子数等于核外电子数	质子数大于核外电子数	质子数小于核外电子数
电性	不显电性	带正电	带负电
符号	元素符号(H)	离子符号(H^+)	离子符号(Cl^-)

2. 原子半径

原子没有一个精确定义的最外层,通常所说的原子半径是根据相邻原子的平均核间距测定的。

（1）共价半径

先测定氯气分子中两个 Cl 原子间的核间距,把核间距的一半定为氯原子的半径,此半径称为共价半径。即共价半径为该元素单质键长的一半。

（2）金属半径

先测定金属单质如铜中相邻两个铜原子间的核间距,其值的一半称为金属半径。

（3）范德华半径

指在分子晶体中,分子间以范德华力结合时,如稀有气体中相邻两原子核间距的一半称为范德华半径。

3. 原子半径的周期性变化规律

在元素周期表中,原子的半径变化的大体趋势是自上而下增加,从左至右减少。因此,原子半径最小的是氢,原子半径最大的是铯。远远小于可见光的波长(约 400~700 nm),所以不能够通过光学显微镜来观测它们。使用扫描隧道显微镜,我们能够观察到单个原子。

4. 原子磁性

电子是一种带电体,正如所有带电体一样,电子旋转时会产生一个磁场,因此不同的原子往往有不同的磁学特性。

分子轨道理论可以很好地解释分子的磁性问题,如氧气的顺磁性。

(1) 逆磁性

一些物质的原子中电子磁矩互相抵消,合磁矩为零。当受到外加磁场作用时,电子的轨道运动会发生变化,而且在与外加磁场的相反方向产生很小的合磁矩。常见的逆磁性金属有 Bi、Cu、Ag、Au。

(2) 顺磁性

顺磁性物质的主要特点是原子或分子中含有没有完全抵消的电子磁矩,因而具有原子或分子磁矩。但是,原子磁矩之间并无强的相互作用(一般为交换作用),因此原子磁矩在热能的影响下处于无规则(混乱)排列状态,原子磁矩互相抵消而无合磁矩。但是,当受到外加磁场作用时,这些原来在热能的影响下混乱排列的原子磁矩便同时受到磁场作用使其趋向磁场排列和热能作用使其趋向混乱排列,因此总的效果是在外加磁场方向有一定的磁矩分量。这样便使磁化率(磁化强度与磁场强度之比)成为正值,但数值也是很小,一般顺磁性物质的磁化率约为十万分之一,并且随温度的降低而增大。

常见的顺磁性物质有:氧气、一氧化氮、铂。

5. 原子核能

(1) 放射性

某些物质的原子核能发生衰变,放出肉眼看不见也感觉不到的射线,只能用专门的仪器才能探测到的射线。物质的这种性质称为放射性。

(2) 衰变

不稳定(即具有放射性)的原子核在放射出粒子及能量后变得较为稳定,这个过程称为衰变(Radioactive decay)。这些粒子或能量(后者以电磁波方式射出)统称辐射(radiation)。由不稳定原子核发射出来的辐射可以是 α(氦原子核)粒子、β(电子或正电子)粒子、γ 射线或中子。

放射性核素在衰变过程中,该核素的原子核数会逐渐减少。衰变至只剩下原来质量一半所需的时间称为该核素的半衰期(half-life)。每种放射性核素都有其特定的半衰期,由几微秒到几百万年不等。

原子核因放出某种粒子而变为新核。原子核是一个量子体系,核衰变是原子核自发产生的变化,它是一个量子跃迁过程,它服从量子统计规律。对任何一个放射性核素,它发生衰变的精确时刻是不能预知的,但作为一个整体,衰变的规律十分明确。

(3) 衰变有三种:α 衰变、β 衰变和 γ 衰变。

（4）核裂变（nuclear fission）

核裂变是指一个原子核分裂成几个原子核的变化，核裂变通常由中子轰击质量数较大的原子核引起，原子核裂变后会形成两个质量相当的部分，并放出能量，有时会导致链式反应的发生。

（5）核聚变（nuclear fusion）

当多个粒子聚集形成更重的原子核时，就会发生核聚变，如两个核之间的高能碰撞。常见的核聚变发生于氘与氚之间。核聚变是指由质量小的原子，主要是指氘或氚，在一定条件下（如超高温和高压），发生原子核互相聚合作用，生成新的质量更重的原子核，并伴随着巨大的能量释放的一种核反应形式。原子核中蕴藏巨大的能量，原子核的变化（从一种原子核变化为另外一种原子核）往往伴随着能量的释放。如果是由重的原子核变化为轻的原子核，叫核裂变，如原子弹爆炸；如果是由轻的原子核变化为重的原子核，叫核聚变，如太阳发光发热的能量来源。

在太阳的核心，质子需要足够的能量才能够克服它们之间的相互排斥，也就是库伦障壁，进而融合起来形成一个新的核。

7. 稳定性质

原子核的稳定性，是指原子核不会自发地改变其质子数、中子数和它的基本性质。按原子核的稳定性可分为稳定原子核和不稳定（或放射性）原子核两类。

（1）原子核中的质子数等于和大于84的原子核是不稳定的。即原子序数84以后的元素均为放射性元素。

（2）具有少于84个质子的原子核，质子数和中子数均为偶数时，其核稳定。

（3）质子数或中子数等于2,8,20,28,50,82,126的原子核特别稳定。这些数称为幻数。质子数和中子数都是幻数，称为双幻数核。

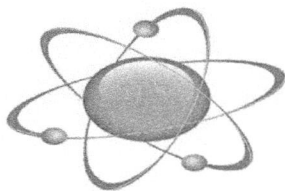

初中化学中的原子概念

（4）中子数和质子数之比 $\dfrac{n}{p}$，在 $Z<20$ 时，$\dfrac{n}{p}=1$，原子核稳定。随着原子序数增加，$\dfrac{n}{p}$ 值增大，比值越大，稳定性越差。

8. 原子核衰变

不稳定的原子核都会自发地转变成另一种核而同时放出射线，这种变化叫做放射性衰变。原子核在衰变过程中放出的射线有三种：α 射线、β 射线和 γ 射线。

α 射线是 α 粒子流，它是带正电荷的氦核。β 射线是高速运动的电子流。

β 衰变有 β+ 和 β- 两种。β 衰变时除放出正电子或负电子外，还放出中微子或反中微子。β- 衰变是原子核内中子转变成质子（留在核内）同时放出一个电子和与电子相联系的反中微子。β+ 衰变是原子核内中子数较少，质子转变成中子（留在核内），同时放出一个正电子和一个中微子。

γ 射线是光子流。通常是在 α 衰变或 β 衰变后形成新核时辐射出来的。这是因为放射性母核经上述衰变后，变成处于激发态的子核，子核在跃迁到正常态时，一般辐射出 γ 光子。

衰变前粒子的电荷总数和质量总数与衰变后所有粒子的电荷总数和质量总数相等。

放射性衰变定律

物理意义为：每单位时间衰变的原子核数与该时刻原子核总数的比值越大，衰变越快。

习惯上常用半衰期表征放射性元素衰变的快慢。

有时也用平均寿命表示衰变的快慢。平均寿命是指每个原子核衰变前存在的时间的平均值。

放射性活度（也称放射性强度）是指一个放射源，在单位时间内发生的核衰变次数。

9. 与光谱相关的属性

（1）原子轨道

在稳定状态下，原子中的电子位于离核最近的轨道上，这时的原子被称为基态原子；电子吸收能量后跃迁到更高的轨道上，这时的原子就处于激发态。由于原子的轨道是量子化的，因此原子的能量发生变化时，会吸收（放出）特定的能量，产生不同的光谱图像，古斯塔夫·罗伯特·基尔霍夫（Gustav Robert Kirchhoff）和罗伯特·威廉·本生（Robert Wilhelm Bunson）最早应用这一性质对不同元素的原子进行鉴定。

（2）焰色反应（flame test）

当原子的光谱落在可见光区时，肉眼就可以看见不同的颜色，这是有些元素的原子在灼烧时引起火焰颜色变化的原因，这种变化被称为焰色反应，可以粗略地检测某些元素原子的存在。

下表给出部分金属（或金属离子）焰色反应产生的颜色：

类别	锂离子	钠离子	钾离子	铷离子	钙离子	锶离子	钡离子	铜离子
颜色	紫红	黄	淡紫	紫	砖红	洋红	黄绿	绿

10. 价电子

价电子是原子参与化学反应的电子数，价电子数与原子的化学性质密切相关，对主族元素来说，价电子数等于其最外层电子数；对副族元素来说，价电子数包括最外层电子数和次外层的 d（有时还包括 f）轨道的电子数，元素周期表中通常会用电子排布式表示一个特定元素的价电子。根据价电子的不同，元素周期表可以分为 s 区、p 区、d 区、ds 区、f 区。

11. 电离能

电离能的大小反映原子失去电子的难易。电离能愈小，原子失去电子愈易，反之同理；电离能的大小和原子的有效电荷、原子半径和电子排布有很大关系。

（1）第一电离能

基态气体原子失去电子成为带一个正电荷的气态阳离子所需的能量称为第一电离能，一般来说，若不作说明，电离能即指第一电离能。

以下是已发现部分元素的第一到第十电离能。（单位：kJ/mol）

	1st	2nd	3rd	4th	5th	6th	7th	8th	9th	10th
氢	1 312									
氦	2 372.3	5 250.5								
锂	520.2	7 298.1	11 815							
铍	899.5	1 757.1	14 848.7	21 006.6						
硼	800.6	2 427.1	3 659.7	25 025.8	32 826.7					
碳	1 086.5	2 352.6	4 620.5	6 222.7	37 831	47 277				
氮	1 402.3	2 856	4 578.1	7 475	9 444.9	53 266.6	64 360			
氧	1 313.9	3 388.3	5 300.5	7 469.2	10 989.5	13 326.5	71 330	84 078		
氟	1 681	3 374.2	6 050.4	8 407.7	11 022.7	15 164.1	17 868	92 038.1	106 434.3	
氖	2 080.7	3 952.3	6 122	9 371	12 177	15 238	19 999	23 069.5	115 379.5	131 432
钠	495.8	4 562	6 910.3	9 543	13 354	16 613	20 117	25 496	28 932	141 362
镁	737.7	1 450.7	7 732.7	10 542.5	13 630	18 020	21 711	25 661	31 653	35 458
铝	577.5	1 816.7	2 744.8	11 577	14 842	18 379	23 326	27 465	31 853	38 473
硅	786.5	1 577.1	3 231.6	4 355.5	16 091	19 805	23 780	29 287	33 878	38 726
磷	1 011.8	1 907	2 914.1	4 963.6	6 273.9	21 267	25 431	29 872	35 905	40 950
硫	999.6	2 252	3 357	4 556	7 004.3	8 495.8	27 107	31 719	36 621	43 177
氯	1 251.2	2 298	3 822	5 158.6	6 542	9 362	11 018	33 604	38 600	43 961
氩	1 520.6	2 665.8	3 931	5 771	7 238	8 781	11 995	13 842	40 760	46 186
钾	418.8	3 052	4 420	5 877	7 975	9 590	11 343	14 944	16 963.7	48 610
钙	589.8	1 145.4	4 912.4	6 491	8 153	10 496	12 270	14 206	18 191	20 385

12. 亲和能

（1）第一电子亲和能

元素的一个基态气体原子得到一个电子成为一价气态阴离子时所放出的能量称为该元素的电子亲和能（Y）。元素的电子亲和能表示得到一个电子形成阴离子时放出的能量；若为负值，则表示要吸收能量（亲和能为负值的通常是金属，很难形成阴离子）。

电子亲和能是元素氧化性的一个衡量标准，电子亲和能越大，该原子得电子的倾向越大，该原子对应元素的非金属性越强。

由于条件限制，电子亲和能还没有准确的测定方法，不同文献的电子亲和能大小相差较大，也未表现出周期性变化规律，所以电子亲和能的应用并不广泛。

部分主族元素电子亲和能大小如下表所示。

元素	氢	锂	铍	硼	碳	氮	氧	氟	钠
Y	72.8	59.6	−48.6	26.7	122	−7	141	328	52.9
元素	镁	铝	硅	磷	硫	氯	钾	钙	镓
Y	−38.6	42.5	134	72	200	349	48.4	−28.9	28.9

（续表）

元素	锗	砷	硒	溴	铷	锶	铟	锡	碲
Y	119	78.2	195	325	46.9	−28.9	28.9	107	190

元素	碘	铯	钡	铊	铅	铋	钋	砹	
Y	295	45.5	−28.9	19.3	35.1	91.3	183	270	

（2）第二（及以上）电子亲和能

任何元素的第二（及以上）电子亲和能均为负值，基本无意义。

13. 电负性

电负性是一组表示原子在分子中成键时对电子吸引力的相对数值，电负性综合考虑了电离能和电子亲和能，首先由莱纳斯·卡尔·鲍林（L.C.Pauling）于 1932 年提出。元素电负性数值越大，原子在形成化学键时对成键电子的吸引力越强。

计 算 方 法

电负性的计算方法有多种，每一种方法的电负性数值都不同，比较有代表性的有三种：

1. 鲍林提出的标度。根据热化学数据和分子的键能，指定氟的电负性为 4.0，计算其他元素的相对电负性。

2. 密立根从电离势和电子亲和能计算的绝对电负性。

3. 阿莱提出的建立在核和成键原子的电子静电作用基础上的电负性。利用电负性值时，必须是同一套数值进行比较。

电 负 性 表

常见元素的电负性大小如下表所示。

元素	氢	氦	锂	铍	硼	碳	氮	氧	氟
电负性	2.1	—	1.0	1.5	2.0	2.5	3.0	3.5	4.0
元素	氖	钠	镁	铝	硅	磷	硫	氯	氩
电负性	—	0.9	1.3	1.6	1.9	2.2	2.6	3.2	—

14. 原子结构模型

（1）道尔顿原子模型

英国自然科学家约翰·道尔顿将古希腊思辨的原子论改造成定量的化学理论，提出了世界上第一个原子的理论模型。他的理论主要有以下四点：

① 所有物质都是由非常微小的、不可再分的物质微粒即原子组成。

② 同种元素的原子的各种性质和质量都相同，不同元素的原子，主要表现为质量的不同。

③ 原子是微小的、不可再分的实心球体。

④ 原子是参加化学变化的最小单位，在化学反应中，原子仅仅是重新排列，而不会被

创造或者消失。

虽然，经过实验证实，这是一个失败的理论模型，但道尔顿第一次将原子从哲学引入化学研究中，指明化学家努力的方向，使化学真正从炼金术中摆脱出来，道尔顿也因此被后人誉为"近代化学之父"。

（2）葡萄干面包模型（枣核模型）

葡萄干面包模型（枣核模型）由汤姆孙提出，是第一个存在亚原子结构的原子模型。

汤姆孙在发现电子的基础上提出了原子的葡萄干面包模型（枣核模型），汤姆孙认为：

① 正电荷像流体一样均匀分布在原子中，电子就像葡萄干一样散布在正电荷中，它们的负电荷与正电荷相互抵消。

② 在受到激发时，电子会离开原子，产生阴极射线。

汤姆孙的学生卢瑟福完成的 α 粒子轰击金箔实验（散射实验），否认了葡萄干面包模型（枣核模型）的正确性。

（3）土星模型

在汤姆孙提出葡萄干面包模型的同年，日本科学家提出了土星模型，认为电子并不是均匀分布，而是集中分布在原子核外围的一个固定轨道上。

（4）行星模型

行星模型由卢瑟福提出，它以经典电磁学为理论基础，主要内容有：

① 原子的大部分体积是空的；

② 在原子的中心有一个体积很小、密度极大的原子核；

③ 原子的全部正电荷集中在原子核内，且几乎全部质量均集中在原子核内部。带负电的电子在核空间进行高速的绕核运动。

随着科学的进步，氢原子线状光谱的事实表明行星模型是不正确的。

（5）玻尔的原子模型

为了解释氢原子线状光谱这一事实，卢瑟福的学生玻尔接受了普朗克的量子论和爱因斯坦的光子概念，在行星模型的基础上提出核外电子分层排布的原子结构模型。玻尔原子结构模型的基本观点是：

① 原子中的电子在具有确定半径的圆周轨道（orbit）上绕原子核运动，不辐射能量。

② 在不同轨道上运动的电子具有不同的能量（E），且能量是量子化的，轨道能量值依 $n(1,2,3,\cdots)$ 的增大而升高，n 称为量子数。而不同的轨道则分别被命名为 K（$n=1$）、L（$n=2$）、M（$n=3$）、N（$n=4$）、O（$n=5$）、P（$n=6$）、Q（$n=7$）。

③ 当且仅当电子从一个轨道跃迁到另一个轨道时，才会辐射或吸收能量。如果辐射或吸收的能量以光的形式表现并被记录下来，就形成了光谱。

玻尔的原子模型很好地解释了氢原子的线状光谱，但对于更加复杂的光谱现象却无能为力。

（6）现代量子力学模型

物理学家德布罗意、薛定谔和海森堡等人，经过 13 年的艰苦论证，现代量子力学模型在玻尔原子模型的基础上很好地解释了许多复杂的光谱现象，其核心是波动力学。在玻尔原子模型中，轨道只有一个量子数（主量子数），现代量子力学模型则引入了更多的量子数（quantum number）。

① 主量子数(principal quantum number),主量子数决定不同的电子亚层,命名为 K、L、M、N、O、P、Q。

② 角量子数(angular quantum number),角量子数决定不同的能级,符号"l"共 n 个值($1,2,3,\cdots,n-1$),符号用 s、p、d、f、g 表示,对多电子原子来说,电子的运动状态与 l 有关。

③ 磁量子数(magnetic quantum number),磁量子数决定不同能级的轨道,符号"m"(见下文"磁矩")。仅在外加磁场时有用。"n""l""m"三个量确定一个原子的运动状态。

④ 自旋磁量子数(spin m.q.n.),处于同一轨道的电子有两种自旋,即"↑""↓"。自旋现象的本质还在探讨中。

15. 核外电子排布规律

(1) 泡利不相容原理

泡利不相容原理发现:高分辨光谱事实揭示核外电子除空间运动外,还存在一种奇特的量子化运动,人们称其为自旋运动,用自旋磁量子数表示。这个原理由泡利首先提出。

泡利不相容原理内容:每个轨道最多可以容纳两个自旋相反的电子,常用"↑""↓"表示。

原子核也可以存在净自旋。由于热平衡,通常这些原子核都是随机朝向的。但对于一些特定元素,如氙-129,一部分核自旋也是可能被极化的,这个状态叫做超极化,在核磁共振成像中有很重要的应用。

(2) 洪特规则

洪特规则内容:当电子排布在同一能级的不同轨道时,基态原子中的电子总是优先单独占据一个轨道,且自旋状态相同。这个规则由洪特首先提出,称为洪特规则。

基态原子的电子排布遵循能量最低原理、泡利不相容原理和洪特规则。用构造原理得到的电子排布式给出了基态原子核外电子在能层和能级中的排布,而电子排布图还给出了电子在原子轨道中的排布。另外,我们通常所说的电子排布指的是基态原子的电子排布。

对于同一个电子亚层,当电子排布处于

全满(s^2,p^6,d^{10},f^{14})

半满(s^1,p^3,d^5,f^7)

全空(s^0,p^0,d^0,f^0)

时比较稳定。

第三章
氯碱工业

第一节　电解质和非电解质

电解质是指在水溶液中或熔融状态下能够导电的化合物,如酸、碱、盐等。凡在上述情况下都不能导电的化合物叫做非电解质,如蔗糖、酒精等。

判断某化合物是否是电解质,不能只凭它在水溶液中导电与否,还需进一步考察其晶体结构和化学键的性质等因素。例如,判断硫酸钡、碳酸钙和氢氧化铁是否为电解质。硫酸钡难溶于水（20℃时在水中的溶解度为 2.4×10^{-4} g）,溶液中离子浓度很小,其水溶液不导电,似乎为非电解质。但是,溶于水的那部分硫酸钡却几乎完全电离（20℃时硫酸钡饱和溶液的电离度为 97.5％）。因此,硫酸钡是电解质。碳酸钙和硫酸钡具有相类似的情况,也是电解质。从结构分析,对其他难溶盐,只要是离子化合物或强极性共价化合物,尽管难溶,也是电解质。

氢氧化铁的情况则比较复杂,Fe^{3+} 与 OH^- 之间的化学键带有共价性质,它的溶解度比硫酸钡还要小（20℃时在水中的溶解度为 9.8×10^{-5} g）;而溶于水的部分,其中少部分又有可能形成胶体,其余亦能电离成离子。所以,氢氧化铁也是电解质。

判断氧化物是否为电解质,也要作具体分析。非金属氧化物,如 SO_2、SO_3、P_2O_5、CO_2 等,它们是共价化合物,液态时不导电,所以不是电解质。有些氧化物在水溶液中即便能导电,但也不是电解质。因为,这些氧化物与水反应生成能电离的新物质,溶液中导电的不是原氧化物,如 SO_2 本身不能电离,而它和水反应,生成亚硫酸,亚硫酸为电解质。金属氧化物,如 Na_2O、MgO、CaO、Al_2O_3 等是离子化合物,它们在熔化状态下能够导电,因此是电解质。

可见,电解质包括离子化合物或强极性共价化合物;非电解质包括弱极性化合物或非极性共价化合物。电解质水溶液能够导电,是因电解质可以离解成离子。至于物质在水中能否电离,是由其结构决定的。因此,由物质结构才能识别电解质与非电解质。

另外,有些能导电的物质,如铜、铝等不是电解质。因它们并不是能导电的化合物,而是单质,不符合电解质的定义。

在熔融状态和水溶液中不能导电的化合物。这一概念是相对于电解质而言的。非电解质是以典性的共价键结合的化合物,它们在水溶液中不发生电离反应。除羧酸及其盐、酚、胺以外,大多数有机化合物都是非电解质,如糖、甘油、乙醇等。在无机化合物中,只有某些非金属的卤化物和非金属氧化物是非电解质。

第二节　强电解质和弱电解质

电解质一般可分为强电解质和弱电解质,两者的导电能力差别很大。可以认为强电解质在溶液中全部以离子形态存在,即不存在电解质的"分子"(至少在稀溶液范围内属于这类情况)。对弱电解质来说,它在溶液中的主要存在形态是分子,它的电离度很小,所以离子数目极少,静电作用也很小。

以上分类只是指两种极端的情况,实际体系并不这样简单,如大部分较浓的强电解质溶液的阴、阳离子将因静电作用而发生缔合,使有效离子数减少。

强电解质是指在水溶液中或在熔融状态下全部电离成离子的电解质。强酸、强碱、部分碱性氧化物、大部分盐类以及强酸酸式盐都是强电解质。

离子化合物和某些具有极性键的共价化合物在水溶液中全部电离为离子,没有分子存在,所以不存在分子和离子之间的电离平衡。这样的电解质属于强电解质。强电解质在水溶液中全部电离为离子。如强酸及其酸式盐、强碱和大部分盐类是强电解质。

电解质的强弱没有绝对的划分标准,即强弱电解质之间并无严格的界限。通常所说的电解质强弱是按其电离度大小划分的,能够在水中全部电离的电解质叫做强电解质,相反,能够在水中部分电离的电解质叫做弱电解质。所以,已溶解于水的电解质是否完全电离是区别强电解质和弱电解质的唯一依据。

因电离常数与温度有关,而与浓度无关,所以有时还用电离常数来比较酸、碱电离能力的大小。通常认为某酸或碱的电离常数 K(25℃)大于 1 的为强酸或强碱,即强电解质。可见,强弱电解质之间还存在中间状态的电解质。

有些电解质分步电离,第一步为完全电离,而第二、三步电离又不完全,具有弱电解质的性质。例如,硫酸一级电离几乎完全,二级电离则不完全,电离常数为 1.2×10^{-2},具有中强酸的特征。但硫酸仍是强酸,因一级电离常数 $K > 1$。

因同一电解质在浓溶液中电离度小,表现为弱电解质的性质;而在稀溶液中电离度大,表现为强电解质的性质。于是,依电离度大小来划分强、弱电解质,对同一电解质随浓度而变,可能为强电解质,亦可能为弱电解质。同一电解质在不同溶剂中也可表现出完全不同的性质。例如,食盐在水中为强电解质,而在极性弱的溶剂,如甲醇中,则为弱电解质。一般情况下强、弱电解质均对水溶液而言。

在水中能完全电离或在熔融状态下能导电的电解质,强酸(硫酸、盐酸、硝酸等)、强碱(氢氧化钠、氢氧化钾等)、大部分正盐(氯化钠、硝酸银、碳酸钾等)都是强电解质。

但是强电解质在水中不一定是完全溶解的,因为其定义为"在水中完全电离",只要此物质在水中溶解的部分完全电离,就说明它是强电解质,所以硫酸钡、氯化银等难溶物质都是强电解质。

强电解质和弱电解质并不能作为物质的类别,而仅仅是电解质的分类。强电解质在水溶液中只以离子形式存在,弱电解质在水溶液中既有分子又有离子。

第三节　电离方程式

电离方程式(ionization equation)是用化学式和离子符号表示电离过程的式子。电离方程式是根据反应时物质是否以离子的状态存在确定。离子所带电荷数一般根据它们在化合物中的化合价来判断。在同一溶液中所有阳离子带的正电荷总数与所有阴离子所带的负电荷总数相等。

3.1　概念

1. 电离

就是指物质(分子,如醋酸、$NH_3 \cdot H_2O$、H_2S、HCl 等或晶体,如 $NaCl$、NH_4NO_3、$BaSO_4$ 等)在水中变成离子的过程。

2. 电离方程式

用来表示电解质如酸、碱、盐溶于水或熔融状态时电离成自由移动离子的式子。例如:

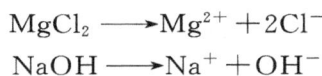

$$MgCl_2 \longrightarrow Mg^{2+} + 2Cl^-$$
$$NaOH \longrightarrow Na^+ + OH^-$$

在电离方程式中,阳离子所带的正电荷总数和阴离子所带的负电荷总数的绝对值在数量上相等。

3.2　原理

我们接触到的溶剂大部分是水,因而把能够在水溶液中电离出的阳离子全部是氢离子的物质叫做酸,能够在水溶液中电离出的阴离子全部是氢氧根离子的物质叫做碱。如果我们的思维突破以水为介质,如在液氨为溶剂的情况下,如果溶质电离只产生阳离子为氢离子的物质就是酸,电离只产生阴离子为氢氧根离子的物质就是碱。

3.3　说明

1. 物质溶于水或熔融状态时,离解成自由移动离子的过程叫做电离。

2. 离子所带电荷数:金属元素的原子在化学反应中容易失去电子,一般化合价都是正价,所以金属离子带正电荷,它的化合价是多少,即带多少个单位正电荷。

3.4　书写事项

电离方程式根据反应时物质是否以离子的状态存在确定。例如,$NaHCO_3$ 固体受热分解时不能写成离子形式,在溶液中就可以写成离子形式。

书写电离方程式时应特别注意:

1. 写出物质正确的化学式是正确书写电离方程式的基础。

2. 正确写出电离的阳离子、阴离子的符号。这里注意区分离子符号和化合价的书写。离子所带电荷的数目应标在元素符号的右上角,且要先写数字,后写"+"或"-"号;化合价标在元素符号的正上方,先写"+"或"-"号,后写数字。离子的电荷数为 1 时,1 省略不写,只写"+"或"-"号;而化合价数为 1 时,1 必须标明。

3. 含有原子团的物质电离时,原子团应作为一个整体,不能分开。

4. 表示离子数目的数字要写在离子符号的前面,不能像在化学式里那样写在右下角。

5. 在电离方程式中,阴、阳离子所带正负电荷的总数必须相等。

6. 酸碱盐电离出的阴、阳离子的个数应与其化学式中相应原子或原子团的个数相同,电离出的离子所带的电荷数应与该元素或原子团的化合价数值相等。

Practical Chemistry in Life

7. 强电解质用箭头,弱电解质一律用可逆号,多元弱酸分步电离,多元弱碱一步电离。强酸的酸式盐一步电离。弱酸的酸式盐分步电离,第一步不可逆,以后步步可逆,且一步比一步的电离程度小。

8. 溶液导电性与离子浓度和离子所带电荷有关。

第四节　氯碱化工

工业上用电解饱和 NaCl 溶液的方法来制取 NaOH、Cl_2 和 H_2,并以它们为原料生产一系列化工产品,称为氯碱工业。氯碱工业是最基本的化学工业之一,它的产品除应用于化学工业本身外,还广泛应用于轻工业、纺织工业、冶金工业、石油化学工业以及公用事业。

4.1　电解饱和食盐水反应原理

在 U 形管里装入饱和食盐水,用一根碳棒作阳极,一根铁棒作阴极。同时在两边管中各滴入几滴酚酞试液,并把湿润的碘化钾淀粉试纸放在阳极附近。接通直流电源后,注意观察管内发生的现象及试纸颜色的变化。

从实验中可以看到,在 U 形管的两个电极上都有气体放出。阳极放出的气体有刺激性气味,并且能使湿润的碘化钾淀粉试纸变蓝,说明放出的是 Cl_2;阴极放出的气体是 H_2,同时发现阴极附近溶液变红,这说明溶液里有碱性物质生成。

为什么会出现这些实验现象呢?

这是因为 NaCl 是强电解质,在溶液里完全电离,水是弱电解质,也微弱电离,因此在溶液中存在 Na^+、H^+、Cl^-、OH^- 四种离子。当接通直流电源后,带负电的 OH^- 和 Cl^- 向阳极移动,带正电的 Na^+ 和 H^+ 向阴极移动。在这样的电解条件下,Cl^- 比 OH^- 更易失去电子,在阳极被氧化成氯原子,氯原子结合成氯分子放出,使湿润的碘化钾淀粉试纸变蓝。

阳极反应:$2Cl^- - 2e \longrightarrow Cl_2 \uparrow$(氧化反应)

H^+ 比 Na^+ 容易得到电子,因而 H^+ 不断地从阴极获得电子被还原为氢原子,并结合成氢分子从阴极放出。

阴极反应:$2H^+ + 2e \longrightarrow H_2 \uparrow$(还原反应)

在上述反应中,H^+ 是由水的电离生成的,由于 H^+ 在阴极上不断得到电子而生成 H_2 放出,破坏了附近的水的电离平衡,水分子继续电离出 H^+ 和 OH^-,H^+ 又不断得到电子变成 H_2,结果在阴极区溶液里 OH^- 的浓度相对地增大,使酚酞试液变红。因此,电解饱和食盐水的总反应可以表示为:

总反应:$2NaCl + 2H_2O \xrightarrow{\text{通电}} 2NaOH + Cl_2 \uparrow + H_2 \uparrow$

工业上利用这一反应原理,制取烧碱、氯气和氢气。

在上面的电解饱和食盐水的实验中,电解产物之间能够发生化学反应,如 NaOH 溶液和 Cl_2 能反应生成 NaClO,H_2 和 Cl_2 混合遇火能发生爆炸。在工业生产中,要避免这几种产物混合,常使反应在特殊的电解槽中进行。

4.2　离子交换膜法制烧碱

目前世界上比较先进的电解制碱技术是离子交换膜法。这一技术在 20 世纪 50 年代开始研究,80 年代开始工业化生产。

离子交换膜电解槽主要由阳极、阴极、离子交换膜、电解槽框和导电铜棒等组成,每台电解槽由若干个单元槽串联或并联组成。电解槽的阳极用金属钛网制成,为了延长电极使用寿命和提高电解效率,钛阳极网上涂有钛、钌等氧化物涂层;阴极由碳钢网制成,上面涂有镍涂层;阳离子交换膜把电解槽隔成阴极室和阳极室。阳离子交换膜有一种特殊的性质,即它只允许阳离子通过,而阻止阴离子和气体通过,也就是说只允许 Na^+ 通过,而 Cl^-、OH^- 和气体则不能通过。这样既能防止阴极产生的 H_2 和阳极产生的 Cl_2 相混合而引起爆炸,又能避免 Cl_2 和 NaOH 溶液作用生成 NaClO 而影响烧碱的质量。

精制的饱和食盐水进入阳极室;纯水(加入一定量的 NaOH 溶液)加入阴极室。通电时,H_2O 在阴极表面放电生成 H_2,Na^+ 穿过离子膜由阳极室进入阴极室,导出的阴极液中含有 NaOH;Cl^- 则在阳极表面放电生成 Cl_2。电解后的淡盐水从阳极导出,可重新用于配制食盐水。

电解法制碱的主要原料是饱和食盐水,粗盐水中含有泥沙、Na_2SO_4、$CaCl_2$、$MgCl_2$、$FeCl_3$ 等杂质。

精制食盐水时经常加入 Na_2CO_3、NaOH、$BaCl_2$ 等,使杂质成为沉淀过滤除去,然后加入盐酸调节盐水的 pH。例如:

加入 Na_2CO_3 溶液以除去 Ca^{2+} 和过量的 Ba^{2+} 等:

$$Ca^{2+} + CO_3^{2-} \longrightarrow CaCO_3 \downarrow$$
$$Ba^{2+} + CO_3^{2-} \longrightarrow BaCO_3 \downarrow$$

加入 NaOH 溶液以除去 Mg^{2+}、Fe^{3+} 等:

$$Mg^{2+} + 2OH^- \longrightarrow Mg(OH)_2 \downarrow$$
$$Fe^{3+} + 3OH^- \longrightarrow Fe(OH)_3 \downarrow$$

这样处理后的盐水中仍含有一些 Ca^{2+}、Mg^{2+} 等金属离子,由于这些阳离子在碱性环境中会生成沉淀,损坏离子交换膜,因此该盐水还需送入阳离子交换塔,通过阳离子交换树脂进一步除去盐水中所含的 Ca^{2+}、Mg^{2+} 等金属离子。这时的精制盐水就可以送往电解槽中进行电解。

离子交换膜法制碱技术,具有设备占地面积小、能连续生产、生产能力大、产品质量高、能适应电流波动、能耗低、污染小等优点,是氯碱工业发展的方向。

4.3　以氯碱工业为基础的化工生产

NaOH、Cl_2 和 H_2 都是重要的化工生产原料,可以进一步加工成多种化工产品,广泛用于各行各业。所以,氯碱工业及相关产品几乎涉及国民经济及人民生活的各个领域。

由电解槽流出的阴极液中含有 30% 的 NaOH,称为液碱,液碱经蒸发、结晶可以得到固碱。阴极区的另一产物湿氢气经冷却、洗涤、压缩后被送往氢气储柜。阳极区产物湿氯气经冷却、干燥、净化、压缩后得到液氯。

$$2NaOH + Cl_2 \longrightarrow NaCl + NaClO + H_2O$$

$$H_2O + Cl_2 \Longleftrightarrow HCl + HClO$$

$$H_2 + Cl_2 \xrightarrow{\text{点燃}} 2HCl$$

$$2NaOH + CO_2 \longrightarrow Na_2CO_3（苏打）+ H_2O$$

$$NaOH + CO_2 \longrightarrow NaHCO_3（小苏打）$$

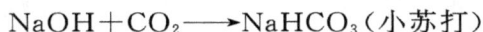

随着人们环境保护意识的增强,对以氯碱工业为基础的化工生产过程中所造成的污染及其产品对环境造成的影响越来越重视。例如,现已查明某些有机氯溶剂有致癌作用,氟氯烃会破坏臭氧层等,因此已停止生产某些有机氯产品。我们在充分发挥氯碱工业及以氯碱工业为基础的化工生产在国民经济发展中作用的同时,应尽量减小其对环境的不利影响。

4.4 我国氯碱工业的发展

我国最早的氯碱工厂是 1930 年投产的上海天原电化厂(现上海天原化工厂的前身),日产烧碱 2 t。到 1949 年解放时,全国只有少数几家氯碱厂,烧碱年产量仅 1.5 万吨,氯产品只有盐酸、液氯、漂白粉等几种。

近年来,我国的氯碱工业在产量、质量、品种、生产技术等方面都得到很大发展。到 1990 年,烧碱产量达 331 万吨,仅次于美国和日本,位于世界第三位。1995 年,烧碱产量达 496 万吨,其中用离子交换膜电解法生产的达 56.2 万吨,占总产量的 11.3%。2000 年,烧碱年产量已达到 540 万吨,其中用离子膜电解法生产烧碱有 180 万吨,占 33.3%。

第五节 电解和电镀

电解(Electrolysis)是将电流通过电解质溶液或熔融态物质(又称电解液),在阴极和阳极上引起氧化还原反应的过程,电化学电池在外加电压时可发生电解过程。

电解池:将电能转化为化学能的装置叫做电解池。电解池构成三要素:直流电源、电极(阴阳极)、电解质溶液(或熔融电解质)。

将直流电通过电解质溶液或熔体,使电解质在电极上发生化学反应,以制备所需产品的反应过程。电解过程必须具备电解质、电解槽、直流电供给系统、分析控制系统和对产品的分离回收装置。电解过程应当尽可能采用较低成本的原料,提高反应的选择性,减少副产物的生成,缩短生产工序,便于产品的回收和净化。电解过程已广泛用于有色金属冶炼、氯碱和无机盐生产以及有机化学工业。

1807 年,英国科学家 H.戴维将熔融苛性碱进行电解制取钾、钠,从而为获得高纯度物质开拓了新的领域。1833 年,英国物理学家 M.法拉第提出了电化学当量定律(即法拉第第一、第二定律)。1886 年美国工业化学家 C.M.霍尔电解制铝成功。1890 年,第一个电解氯化钾制取氯气的工厂在德国投产。1893 年,开始使用隔膜电解法,用食盐溶液制烧碱。1897 年,水银电解法制烧碱实现工业化。至此,电解法成为化学工业和冶金工业中的一种重要生产方法。1937 年,阿特拉斯化学工业公司实现了用电解法由葡萄糖生产山梨醇及甘露糖醇的工业化,这是第一个大规模用电解法生产有机化学品的过程。1969 年又开发了由丙烯腈电解生产己二腈的工艺。

5.1　概述

电解是电流通过物质而引起化学变化的过程。化学变化是物质失去或获得电子(氧化或还原)的过程。电解过程是在电解池中进行的。电解池是由分别浸没在含有阴、阳离子的溶液中的阴、阳两个电极构成。电流流进阴极,溶液中带正电荷的阳离子迁移到阴极,并与电子结合,变成中性的原子或分子;带负电荷的阴离子迁移到另一电极(阳极),给出电子,变成中性原子或分子。

例如:在氯碱生产过程中,浓的食盐水溶液用碳电极电解时,阴极上放出氢气,同时产生氢氧化钠,阳极放出氯气;稀的食盐水溶液电解时,阴极放出氢气,同时产生氢氧化钠,阳极放出氧气,同时产生盐酸。

5.2　两极放电顺序

阴离子:硫离子＞碘离子＞溴离子＞氯离子＞氢氧根离子＞硫酸根离子＞氟离子

阳离子:银离子＞汞离子＞＋3 价铁离子＞铜离子＞氢离子＞铂离子＞锡离子＞亚铁离子＞锌离子＞铝离子＞镁离子＞钠离子＞钙离子＞钾离子

1. 电解质水溶液电解反应的综合分析

在氯化铜电解的过程中,没有提到溶液里的 H^+ 和 OH^-,其实 H^+ 和 OH^- 虽少,但的确是存在的,只是它们没有参加电极反应。也就是说在氯化铜溶液中,除 Cu^{2+} 和 Cl^- 外,还有 H^+ 和 OH^-,电解时,移向阴极的离子有 Cu^{2+} 和 H^+,因为在这样的实验条件下 Cu^{2+} 比 H^+ 容易得到电子,所以 Cu^{2+} 在阴极上得到电子析出金属铜。移向阳极的离子有 OH^- 和 Cl^-,因为在这样的实验条件下,Cl^- 比 OH^- 更容易失去电子,所以 Cl^- 在阳极上失去电子,生成氯气。

说明:

① 阳离子得到电子或阴离子失去电子而使离子所带电荷数目降低的过程叫做放电。

② 用石墨、金、铂等还原性很弱的材料制成的电极叫做惰性电极,理由是它们在一般的通电条件下不发生化学反应。用铁、锌、铜、银等还原性较强的材料制成的电极叫做活性电极,它们做电解池的阳极时,先于其他物质发生氧化反应。

2. 惰性电极电解反应的一般方法和步骤

① 分析电解质水溶液的组成,找全离子并分为阴离子、阳离子两组;

② 分别对阴、阳离子排出放电顺序,写出两极上的电极反应式;

③ 合并两个电极反应式得出电解反应的总化学方程式或总离子方程式。

5.3　用途

电解广泛应用于冶金工业中,如从矿石或化合物提取金属(电解冶金)或提纯金属(电解提纯),以及从溶液中沉积出金属(电镀)。金属钠和氯气是由电解熔融氯化钠生成的;电解氯化钠的水溶液则产生氢氧化钠和氯气。电解水产生氢气和氧气。水的电解就是在外电场作用下将水分解为 $H_2(g)$ 和 $O_2(g)$。电解是一种非常强有力的促进氧化还原反应发生的手段,许多很难进行的氧化还原反应,都可以通过电解来实现。例如,将熔融的氟化物在阳极上氧化成单质氟,熔融的锂盐在阴极上还原成金属锂。电解工业在国民经济中具有重要作用,许多有色金属(如钠、钾、镁、铝等)和稀有金属(如锆、铪等)的冶炼及金属(如铜、锌、铅等)的精炼,基本化工产品(如氢气、氧气、烧碱、氯酸钾、过氧化氢、乙二腈等)的制备,还有电镀、电抛光、阳极氧化等,都是通过电解实现的。

5.4 类型

电解方式按电解质状态可分为水溶液电解和熔融盐电解两大类。

1. 水溶液电解:主要有电解水制取氢气和氧气;电解氯化钠(钾)水溶液制氢氧化钠(钾)和氯气、氢气;电解氧化法制各种氧化剂,如过氧化氢、氯酸盐、高氯酸盐、高锰酸盐、过硫酸盐等;电解还原法如丙烯腈电解制己二腈;湿法电解制金属如锌、镉、铬、锰、镍、钴等;湿法电解精制金属如铜、银、金、铂等。此外,电镀、电抛光、阳极氧化等都是通过水溶液电解来实现的。

2. 熔融盐电解:主要包括金属冶炼,如铝、镁、钙、钠、钾、锂、铍等;金属精制,如铝、钛等。此外,还有将熔融氟化钠电解制取元素氟等。

电解所用主体设备电解槽的形式,可分为隔膜电解槽和无隔膜电解槽两类。隔膜电解槽又可分为均向膜(石棉绒)、离子膜及固体电解质膜(如 $\beta - Al_2O_3$)等形式;无隔膜电解槽又分为水银电解槽和氧化电解槽等。

电极上发生的过程,可分为简单电子传递、气体释放、金属腐蚀、金属析出、氧化物生成和有机物二聚等类型。

电解生成物规律

十六字要诀:

阴得阳失:电解时,阴极得电子,发生还原反应,阳极失电子,发生氧化反应;

阴精阳粗:精炼铜过程中,阴极使用精铜,阳极使用粗铜,最后阳极逐渐溶解,且产生阳极泥;

阴碱阳酸:在电解反应后,不活泼金属的含氧酸盐会在阳极处生成酸,而活泼金属的无氧酸盐会在阴极处生成碱;

阴固阳气:电解反应后,阴极产生固体及还原性气体,而阳极则生成氧化性强的气体。

第四章

硝酸工业和硫酸工业

第一节 硝 酸 工 业

硝酸(分子式：HNO_3)是一种强酸,其水溶液俗称硝镪水或镪水。纯硝酸为无色液体,沸点为 83℃,在 −42℃ 时凝结为无色晶体,与水混溶,有强氧化性和腐蚀性。其不同浓度水溶液性质有别,市场上销售的浓硝酸为恒沸溶液,溶质质量分数为 69.2%,标准大气压下沸点为 121.6℃,密度为 1.42 g/cm³,物质的量浓度为约 16 mol/L,溶质质量分数足够大(市场上销售的浓度最高为 98% 以上)的,称为发烟硝酸,硝酸是一种重要的化工原料。在工业上可用于制化肥、农药、炸药、染料、盐类等;在有机化学中,浓硝酸与浓硫酸的混合液是重要的硝化试剂。

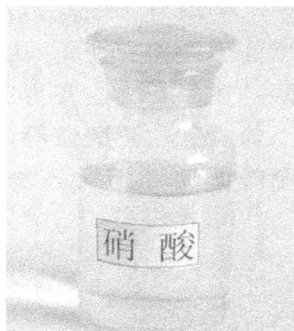

1.1 物质结构

硝酸为平面共价分子,中心氮原子为 sp² 杂化,未参与杂化的一个 p 轨道与两个端氧形成三中心四电子键。硝酸中的羟基氢与非羟化的氧原子形成分子内氢键,这是硝酸酸性不及硫酸、盐酸及熔沸点较低的主要原因。

1.2 物理性质

纯硝酸为无色透明液体,浓硝酸为淡黄色液体(溶有二氧化氮),正常情况下为无色透明液体。有刺激性气味。浓硝酸含量为 68% 左右,易挥发,在空气中易产生白雾,其原因是硝酸蒸气与水蒸气结合而形成的硝酸小液滴。见光能产生二氧化氮而变成棕色。有强酸性。能使羊毛织物和动物组织变成嫩黄色。能与乙醇、松节油、碳和其他有机物猛烈反应。能与水混溶。能与水形成恒沸混合物。对稀硝酸,一般认为浓硝酸和稀硝酸之间的界线是16 mol/L,市售普通试剂级硝酸浓度约为 68%,而工业级浓硝酸浓度则为 98%,通常发烟硝酸浓度约为 98%。

1.3 化学性质

1. 酯化反应

硝酸可以与醇发生酯化反应生成对应的硝酸酯,在机理上,硝酸参与的酯化反应过去被认为生成了碳正离子中间体,但许多文献将机理描述为费歇尔酯化反应(Fischer esterification),即"酸脱羟基醇脱氢"与羧酸的酯化机理相同。

硝酸的酯化反应被用来生产硝化纤维,化学方程式为:

$$3n HNO_3 + [C_6H_7O_2(OH)_3]_n \longrightarrow [C_6H_7O_2(ONO_2)_3]_n + 3n H_2O$$

2. 硝化反应

浓硝酸或发烟硝酸与脱水剂（浓硫酸、五氧化二磷）混合可作为硝化试剂对一些化合物引发硝化反应，硝化反应属于亲电取代反应（electrophilic substitution），反应中的亲电试剂为硝鎓离子，脱水剂有利于硝鎓离子的产生。

最为常见的硝化反应是苯的硝化：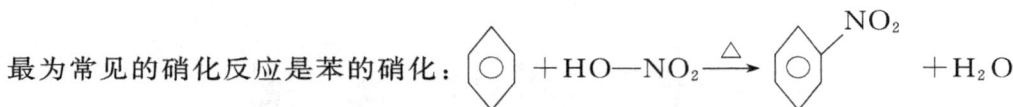

3. 氧化还原反应

硝酸分子中氮元素为最高价态（＋5），因此硝酸具有强氧化性，其还原产物因硝酸浓度的不同而有变化，从总体上说，硝酸浓度越高，平均每分子硝酸得到的电子数越少，浓硝酸的还原产物主要为二氧化氮，稀硝酸主要为一氧化氮，更稀的硝酸可以被还原为一氧化二氮、氮气、硝酸铵等，需要指出，上述只是优势产物，实际上随着反应的进行，硝酸浓度逐渐降低，所有还原产物都有可能出现。

4. 典型反应

浓硝酸：

$$Zn + 4HNO_3 \longrightarrow Zn(NO_3)_2 + 2NO_2 \uparrow + 2H_2O$$

$$P + 5HNO_3 \longrightarrow H_3PO_4 + 5NO_2 \uparrow + H_2O$$

稀硝酸：

$$3Zn + 8HNO_3 \longrightarrow 3Zn(NO_3)_2 + 2NO \uparrow + 4H_2O$$

$$3P + 5HNO_3 + 2H_2O \longrightarrow 3H_3PO_4 + 5NO \uparrow$$

很稀硝酸：

$$4Zn + 10HNO_3 \longrightarrow 4Zn(NO_3)_2 + N_2O \uparrow + 5H_2O$$

极稀硝酸：

$$4Zn + 10HNO_3 \longrightarrow 4Zn(NO_3)_2 + NH_4NO_3 + 3H_2O$$

1.4 毒理性质

1. 危险性概述

与硝酸蒸气接触有很大危险性。硝酸溶液及硝酸蒸气对皮肤和黏膜有强刺激作用和腐蚀作用。浓硝酸烟雾可释放出五氧化二氮（硝酐）遇水蒸气形成酸雾，后者可迅速分解而形成二氧化氮，浓硝酸加热时产生硝酸蒸气，也可分解产生二氧化氮，吸入后可引起急性氮氧化物中毒。人在低于 12 ppm（30 mg/m³）左右时未见明显的损害。吸入可引起肺炎。吸入硝酸烟雾可引起急性中毒。口服硝酸可引起腐蚀性口腔炎和胃肠炎，可出现休克或肾功能衰竭等。

危险性类别：酸性腐蚀品、氧化剂、易爆、强腐蚀（含量高于 70%）、氧化剂（含量不超过 70%）。

侵入人体的途径：吸入、食入。

对人体健康的危害：吸入硝酸气雾会对呼吸道产生刺激作用，可引起急性肺水肿。口服引起腹部剧痛，严重者可引发胃穿孔、腹膜炎、喉痉挛、肾损害、休克以及窒息。眼和皮肤接触引起灼伤。慢性影响为长期接触可引起牙齿酸蚀症。

环境危害:对环境有害。

燃爆危险:助燃。与可燃物混合会发生爆炸。

2. 急救措施

皮肤接触:立即脱去污染的衣物,用大量流动清水冲洗 20~30 min。如有不适感,立刻就医。

眼睛接触:立即提起眼睑,用大量流动清水或生理盐水彻底冲洗 10~15 min。如有不适感,立刻就医。

吸入:迅速脱离现场至空气新鲜处。保持呼吸道通畅,如呼吸困难,立刻输氧。呼吸、心跳停止,立即进行心肺复苏术。赶快就医。

食入:用水漱口,饮牛奶或蛋清。赶快就医。

3. 泄漏应急措施

应急处理:根据液体流动和蒸气扩散的影响区域划定警戒区,无关人员从侧风、上风向撤离至安全区。建议应急处理人员戴正压自给式呼吸器,穿防酸碱服。作业时使用的所有设备应接地。穿上适当的防护服前严禁接触破裂的容器和泄漏物。尽可能切断泄漏源。防止泄漏物进入水体、下水道、地下室或密闭性空间。喷雾状水能抑制蒸气或改变蒸气流向,避免水流接触泄漏物。勿使水进入包装容器内。

小量泄漏:用干燥的沙土或其他不燃材料覆盖泄漏物。

大量泄漏:构筑围堤或挖坑收容。用飞尘或石灰粉吸收大量液体。用农用石灰(CaO)、碎石灰石($CaCO_3$)或碳酸氢钠($NaHCO_3$)中和。用抗溶性泡沫覆盖,减少蒸发。用耐腐蚀泵转移至槽车或专用收集器内。

1.5 制备方法

1. 工业合成

(1) 氨氧化法

硝酸工业与合成氨工业密切相关,氨氧化法是工业生产中制取硝酸的主要途径,其主要流程是将氨和空气的混合气(氨气:氧气≈1:2)通入灼热(760℃~840℃)的铂铑合金网,在铂铑合金网的催化下,氨被氧化成一氧化氮(NO)。生成的一氧化氮利用反应后残余的氧气继续氧化为二氧化氮,随后将二氧化氮通入水中制取硝酸。稀硝酸、浓硝酸、发烟硝酸的制取在工艺上各不相同。

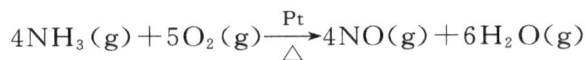

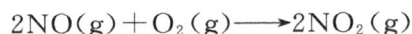

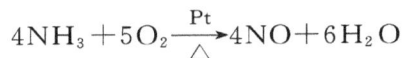

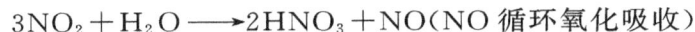

$$4NH_3(g) + 5O_2(g) \xrightarrow[\triangle]{Pt} 4NO(g) + 6H_2O(g)$$

$$2NO(g) + O_2(g) \longrightarrow 2NO_2(g)$$

$$3NO_2(g) + H_2O(l) \longrightarrow 2HNO_3(aq) + NO(g)$$

$$4NH_3 + 5O_2 \xrightarrow[\triangle]{Pt} 4NO + 6H_2O$$

$$2NO + O_2 \longrightarrow 2NO_2(工业上制取时要不停地通入氧气)$$

$$3NO_2 + H_2O \longrightarrow 2HNO_3 + NO(NO 循环氧化吸收)$$

$$4NO + 3O_2 + 2H_2O \longrightarrow 4HNO_3$$

$$4NO_2 + O_2 + 2H_2O \longrightarrow 4HNO_3$$

（2）工业上也曾使用浓硫酸和硝石制硝酸，但该法耗酸量大，设备腐蚀严重，现基本停止使用。

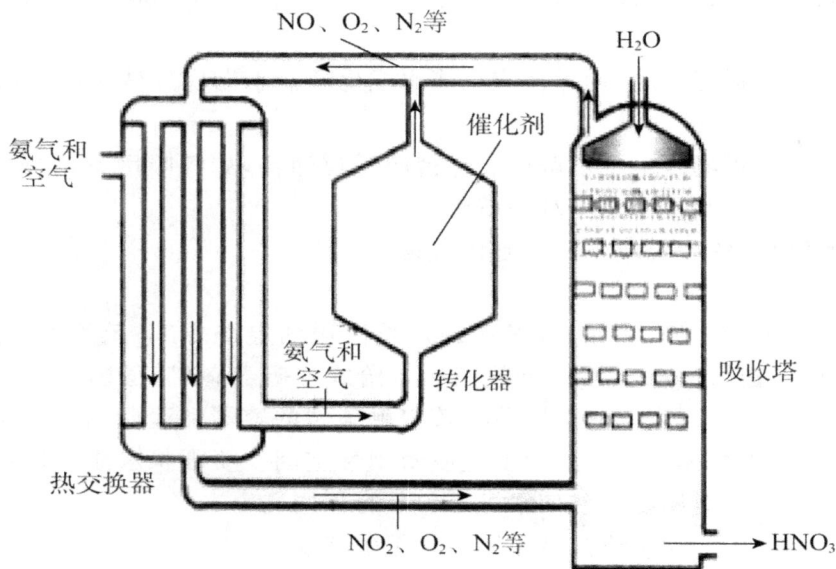

$$NaNO_3(s) + H_2SO_4(l) \xrightarrow{微热} NaHSO_4(s) + HNO_3(g)$$

硝酸工业制法的示意图

2. 实验室制法

原料：浓硫酸，硝酸钠。

设备：烧瓶，玻璃管，烧杯，橡皮塞，加热设备（酒精灯，煤气灯等）。

原理：$NaNO_3 + H_2SO_4 \xrightarrow{微热} NaHSO_4 + HNO_3$（原理：高沸点酸制低沸点酸）。

步骤：烧瓶中加入沸石，浓硫酸，硝酸钠。置于铁架台的铁圈上，铁圈上垫石棉网，下面放置加热设备，烧瓶口用带有玻璃管的橡皮塞塞住，玻璃管用橡皮管相连，另一头置于有水的烧杯中。

注意事项：加热硫酸需要用沸石以防止硫酸暴沸，玻璃管连接处要尽量挨在一起，防止反应生成的 HNO_3 蒸气泄漏，制备完成后要用碱中和瓶中物质，以免污染环境。

1.6 应用领域

作为硝酸盐和硝酸酯的必需原料，硝酸被用于制取一系列硝酸盐类氮肥，如硝酸铵、硝酸钾等，也用于制取硝酸酯类或含硝基的炸药。

由于硝酸同时具有氧化性和酸性，硝酸也被用来精炼金属，即先把不纯的金属氧化成硝酸盐，排除杂质后再还原。硝酸能使铁钝化而不致继续被腐蚀。还可用于制氮肥、王水、硝酸盐、硝化甘油、硝化纤维素、硝基苯、苦味酸等。

将甘油放入浓硝酸、浓硫酸混合液中，会生成硝化甘油。这是一种无色或黄色的透明油状液体，是一种很不稳定的物质，受到撞击会发生分解，产生高温，同时生成大量气体。气体体积骤然膨胀，产生猛烈爆炸。所以，硝化甘油是一种烈性炸药。

硝化炸药军事上用得比较多的是 2,4,6—三硝基甲苯（TNT）。它是由甲苯与浓硝酸和浓硫酸混合液反应制得的，是一种黄色片状物，具有爆炸威力大、药性稳定、吸湿性小等优点，常用做炮弹、手榴弹、地雷和鱼雷等的炸药，也可用于采矿等爆破作业。

1.7　储存方法

操作注意事项：密闭操作，注意通风。操作尽可能机械化、自动化。操作人员必须经过专门培训，严格遵守操作规程。建议操作人员佩戴自吸过滤式防毒面具（全面罩），穿橡胶耐酸碱服，戴橡胶耐酸碱手套。远离火种、热源，工作场所严禁吸烟。防止蒸气泄漏到工作场所空气中。避免与还原剂、碱类、醇类、碱金属接触。搬运时要轻装轻卸，防止包装及容器损坏。配备相应品种和数量的消防器材及泄漏应急处理设备。倒空的容器可能残留有害物。稀释或制备溶液时，应把酸加入水中，避免沸腾和飞溅。

储存注意事项：储存于阴凉、通风的库房。远离火种、热源。库温不超过 30℃，相对湿度不超过 80％。保持容器密封。应与还原剂、碱类、醇类、碱金属等分开存放，切忌混储。储区应备有泄漏应急处理设备和合适的收容材料。

铁路槽车装载，其中铅槽车用于输送 98％浓硝酸，稀硝酸应用不锈钢或玻璃钢增强塑料槽车或储罐输送或储存。少量采用耐酸陶瓷坛或玻璃瓶包装，每坛净重 33～40 kg。浓硝酸采用耐酸泥封口，稀硝酸采用石膏封口。每坛装入衬有细煤渣或细矿渣等物的坚固木箱中，以便运输。包装上应有明显的"腐蚀性物品"标志。因铝的表面有一层氧化膜，起钝化作用，而且经济，所以铝是硝酸理想的容器。禁止皮肤直接接触，作业操作时应带耐酸碱手套、口罩以及其他劳保用品。

1.8　发现历史

1. 世界史

公元 8 世纪，阿拉伯炼金术士贾比尔·伊本·哈扬（Jabiribn Hayyan）在干馏硝石时发现并制得硝酸，这是人类关于硝酸最早的记录。同时，他也是硫酸和王水的发现者。1905 年，挪威出现了电弧法生产硝酸的工厂，这是历史上最早的硝酸工业化尝试。

1908 年，德国建成了以铂网为催化剂的日产能力 3 吨的硝酸厂。

1913 年，合成氨问世，氨氧化法生产硝酸开始进入工业化阶段，如今依然是世界上生产硝酸的主要方法。

2. 中国史

1935 年，在中国化学家侯德榜的指导下，中国建成了第一座兼产合成氨、硝酸、硫酸和硫酸铵的联合企业—永利宁厂（现南京化学工业公司）。

1937 年 2 月，永利宁厂第一次生产出优质的硝酸，但开工不到半年就遇上日本发动侵华战争。由于硝酸与国防工业密切相关，日方多次威逼永利宁厂与其合作，均遭侯德榜拒绝，因此工厂遭日机轰炸而停产。1945 年 8 月日本投降后，硝酸生产逐渐恢复，但仍然处于十分落后的状态，在 1949 年，中国的硝酸生产企业只有两家：永利宁厂和大连化学厂（现大连化学工业公司）。

1951 年 5 月，大连化学厂的炼焦、合成氨、硝酸和硫酸等车间的生产得到全面恢复，生产硝酸。

1952～1958 年，中国先后在吉林、兰州、太原等地建成了综合法硝酸装置，其中兰州化学工业公司的浓硝酸在 1997 年之前的几十年里一直蝉联中国最大装置的桂冠。

1980 年起,中国国内硝酸产业的发展开始加速,总产量每年以 10％～15％ 的速度增长。特别是 20 世纪 90 年代后期,中国的硝酸工业进入蓬勃发展时期,总产量年增速达到 15％～20％。但是,这个时期中国硝酸生产技术仍然比较落后,早期的常压法、综合法工艺装置多为淘汰型生产线,高压法装置全部靠进口国外的二手设备。不久,山西化肥厂(现天脊集团)从国外引进了中国第一套双加压硝酸装置,从此中国的硝酸工业开始向国际先进行列迈进。1999 年,西安陕鼓动力股份有限公司成功研制出中国第一套"四合一"机组,并应用于云南云峰化学工业公司,从此加快了中国硝酸双加压工艺国产装备向国际先进水平进军的步伐。云南云峰化学工业公司作为第一个使用国产化"四合一"机组的硝酸生产企业,坚定了中国国内硝酸生产企业选择国产装备的信心。

2000 年后,中国的硝酸工业进入高速发展期,年总产量以高于 18％ 的速度快速增长,拥有规模不等的生产厂家 60 多家。

2007 年 11 月,中国第一套在满负荷生产条件下实现副产蒸汽自足、还能富余外供蒸汽的国产化双加压法硝酸装置在新乡市永昌化工有限责任公司诞生,标志着中国自己研制的国产硝酸装置完全能够替代进口,中国国内硝酸工业摆脱了对进口装备的依赖。

1.9 存在分布

自然界中的硝酸主要是由雷雨天生成的一氧化氮或微生物生命活动放出二氧化氮形成的。人类活动也产生氮氧化物,全世界人为污染源每年排出的氮氧化物大约为 5 300 万吨,这些氮氧化物也会形成硝酸。硝酸性质不稳定,因而无法在自然界中长期存在,但硝酸的形成是氮循环的一环。

自 然 界 生 成

一氧化氮的生成

$$N_2 + O_2 \xrightarrow{\text{放电}} 2NO$$

二氧化氮的生成

$$2NO + O_2 \longrightarrow 2NO_2$$

生成的二氧化氮溶于水中生成硝酸

$$3NO_2 + H_2O \longrightarrow 2HNO_3 + NO$$

第二节　硫　酸　工　业

硫酸是一种具有高腐蚀性的强矿物酸,一般为透明至微黄色,在任何浓度下都能与水混溶并且放热。作为二元酸的硫酸在不同浓度下有不同的特性,其对不同物质,如金属、生物组织甚至岩石等的腐蚀性,都归因于它的强酸性,以及它在高浓度下的强脱水性与氧化性。硫酸会对人体组织造成极大伤害,它除了会通过酸性水解反应分解蛋白质及脂肪造成化学烧伤外,还会与碳水化合物发生脱水反应并造成二级火

焰性灼伤,故在使用时,应做好安全措施。另外,硫酸还具有吸水性,会吸取空气中的水蒸气。正因为硫酸有不同的特性,它也有不同的应用,如家用强酸通渠剂、铅酸蓄电池的电解质、肥料、炼油厂材料及化学合成剂等。硫酸被广泛生产和使用,最常用的工业方法为接触法。

2.1 发现历史

硫酸发现于公元 8 世纪。阿拉伯炼丹家贾比尔通过干馏硫酸亚铁晶体得到硫酸。一些早期对化学有研究的人,如拉齐、贾比尔等,还写了有关硫酸及与其相关矿物质的分类名单;其他一些人,如伊本·西那医师,则较为重视硫酸的种类以及在医学上的价值。

在 17 世纪,德国化学家 Johann Rudolf Glauber 将硫与硝酸钾混合蒸气加热制得硫酸,在这过程中,硝酸钾分解并氧化硫使其成为能与水化合并变为硫酸的三氧化硫(SO_3)。在 1736 年,伦敦药剂师 Joshua Ward 用此方法开拓大规模的硫酸生产。

在 1746 年,John Roebuck 运用这个原则,开创铅室法,以更低成本有效地大量生产硫酸。经过多次改良,这个方法在工业生产中已被用了将近两个世纪。由 John Roebuck 创造的这个生产硫酸的方法能制造出浓度为 65% 的硫酸。后来,法国化学家约瑟夫·路易·盖-吕萨克以及英国化学家 John Glover 将其改良,使其能制造出浓度高达 78% 的硫酸,但是这浓度仍不能满足工业生产中的用途。

在 18 世纪初,硫酸的生产都依赖以下方法:黄铁矿(FeS_2)被煅烧成硫酸亚铁($FeSO_4$),然后再被煅烧,变为能在 480℃ 下分解成氧化铁以及能用以制造任何浓度硫酸的三氧化硫的硫酸铁[$Fe_2(SO_4)_3$]。可惜,此过程的庞大成本阻碍了浓硫酸的广泛运用。由约翰·道尔顿在 1808 年绘制的早期硫酸分子图显示了硫酸有一个位于中心的硫原子并与三个氧原子建立共价键。

1831 年,英国制醋商人 Peregrine Phillips 想到了接触法,能以更低成本制造出三氧化硫以及硫酸,这种方法已被广泛运用。

在古代,我国把稀硫酸称为"绿矾油"。在公元 650～683 年,炼丹家孤刚子在其所著《黄帝九鼎神丹经诀》卷九中就记载着"炼石胆取精华法",即干馏石胆(胆矾)而获得硫酸。

2.2 存在情况

1. 地球

酸雨中含有硫酸。二氧化硫(SO_2)与大气中的水反应,生成亚硫酸(H_2SO_3),亚硫酸又被大气中的氧气氧化,生成硫酸,随雨水降落到地面。改良酸性土壤通常用碱性物质进行中和。自然界中,很多含硫的矿物质,如硫化亚铁,在发生氧化反应后形成硫酸,所形成的液体具有强酸性,能氧化金属,释放出有毒的气体。在生物界中,海蛞蝓能喷射含硫酸的分泌物用于御敌。

2. 金星

在金星的上层大气中含有硫酸。主要由于太阳对二氧化硫、二氧化碳及水的光化作用。波长短于 160 nm 的紫外光子能光解二氧化碳,使其变为一氧化碳及原子氧。原子氧非常活跃,它与二氧化硫反应变为三氧化硫。三氧化硫进一步与水反应生成硫酸。硫酸在金星大气中较高较冷的区域变为液体,这层厚厚的、离星球表面约45～70 km的硫酸云层覆盖整个金星的表面。这层大气不断地形成酸雨。

在金星表面的大气层中,硫酸的形成过程是不断循环。当液态硫酸从大气较高较冷区域下降至较低较热的区域后被蒸发,其含水量越来越少而其浓度越来越高。当温度达到300℃时,硫酸开始分解为三氧化硫和水蒸气,产物均为气体。三氧化硫非常活跃并分解为二氧化硫及原子氧,原子氧接着氧化一氧化碳使其变为二氧化碳,二氧化硫及水蒸气会从大气中升高至上层,它们又会发生反应重新生成硫酸,整个过程不断循环。

3. 木卫二

从伽利略号探测器传来的影像显示,硫酸亦有可能出现于木星的一个卫星—木卫二,但有关细节仍有争议。

2.3 物理性质

纯硫酸一般为无色油状液体,密度为1.84 g/cm³,沸点为337℃,能与水以任意比例互溶,同时放出大量的热,使水沸腾。加热到290℃时开始释放出三氧化硫,最终变为98.54％的水溶液,在317℃时沸腾而成为恒沸混合物。硫酸的沸点及黏度较高,原因是其分子之间有氢键。由于硫酸的介电常数较高,因此它是电解质的良好溶剂,而作为非电解质的溶剂则不太理想。硫酸的熔点是10.371℃,加水或加三氧化硫均会使其凝固点下降。

1. 浓度的差异

尽管可以制出纯净的硫酸,且室温下是非常稳定的(分解成恒沸物的反应发生在接近沸点的高温),但是纯硫酸凝固点过高(283.4 K),为了方便运输通常制成98％硫酸,故一般所说的"高浓度硫酸"指的便是浓度为98％的硫酸。另外,硫酸在不同的浓度下有不同的应用。

H_2SO_4 质量分数	密度(kg/L)	浓度(mol/L)	俗 称
10％	1.07	1	稀硫酸
29％～32％	1.25～1.28	4.2～5	铅酸,蓄电池酸
62％～70％	1.52～1.60	9.6～11.5	室酸,肥料酸
98％	1.83	18	浓硫酸

硫酸亦可制成其他形态。例如,将高浓度的 SO_3 通入浓硫酸可制成发烟硫酸($H_2S_2O_7$)。有关发烟硫酸的浓度,人们通常以 SO_3 的质量分数或 H_2SO_4 的质量分数表示。例如,发烟硫酸中 SO_3 的质量分数为45％(含109％ H_2SO_4)或65％(含114.6％ H_2SO_4)等。100％纯发烟硫酸为固体,熔点为36℃。

2. 极性与导电性

纯硫酸是一种极性非常大的液体,其介电系数大约为100。因为其分子与分子之间能够发生质子化,形成极高的导电性,这个过程称为质子自迁移。

$$2H_2SO_4 \rightleftharpoons H_3SO_4^+ + HSO_4^-$$

2.4　化学性质

1. 腐蚀性

纯硫酸加热至 290℃ 时分解放出部分三氧化硫,直至酸的浓度降至 98.3％ 为止,这时硫酸为恒沸溶液,沸点为 338℃。无水硫酸体现酸性是给出质子的能力,纯硫酸仍然具有很强的酸性,98％ 硫酸与纯硫酸的酸性基本上没有差别,而溶解三氧化硫的发烟硫酸是一种超酸体系,酸性强于纯硫酸,有人认为稀硫酸的酸性强于浓硫酸,这种观点是错误的。原因是稀硫酸第一步电离完全,产生大量的水合氢离子(H_3O^+),但是浓硫酸和水一样,会发生自偶电离产生一部分硫酸合氢离子($H_3SO_4^+$),正是这部分硫酸合氢离子,使纯硫酸具有非常强的酸性,虽然少,但是酸性却要比水合氢离子强得多。

在硫酸溶剂体系中,$H_3SO_4^+$ 经常起酸的作用。

$$NaCl + H_2SO_4 \xrightarrow{微热} NaHSO_4 + HCl(不加热也能很快反应)$$

$$KNO_3 + H_2SO_4 \longrightarrow KHSO_4 + HNO_3$$

$$HNO_3 + H_2SO_4 \longrightarrow NO_2 + H_3O^+ + HSO_4^-$$

$$CH_3COOH + H_2SO_4 \longrightarrow CH_3C(OH)_2^+ + HSO_4^-$$

$$HSO_3F + H_2SO_4 \longrightarrow H_3SO_4^+ + SO_3F^-(氟磺酸酸性更强)$$

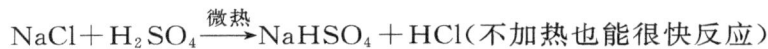

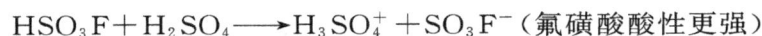

上述与 HNO_3 反应所产生的 NO_2,有助于芳香烃的硝化反应。

2. 浓硫酸特性

(1) 脱水性

脱水性是指浓硫酸脱去非游离态水分子或按照水分子中氢氧原子数之比脱去有机物中氢氧元素的过程。就硫酸而言,脱水性是浓硫酸的性质,而非稀硫酸的性质,浓硫酸有脱水性且脱水性很强,脱水时按水的组成比脱去氢氧元素。物质被浓硫酸脱水的过程是化学变化,反应时,浓硫酸按水分子中氢氧原子数之比(2∶1)夺取被脱水物中的氢原子和氧原子或脱去非游离态的结晶水,如五水合硫酸铜($CuSO_4 \cdot 5H_2O$)。可被浓硫酸脱水的物质一般为含氢、氧元素的有机物,其中蔗糖、木屑、纸屑和棉花等物质中的有机物,被脱水后生成黑色的炭,这种过程称为炭化。一个典型的炭化现象是蔗糖的"黑面包"反应。在 200 mL 烧杯中放入 20 g 蔗糖,加入几滴水(水应适量),搅拌均匀。然后再加入 15 mL 98％浓硫酸,迅速搅拌。观察实验现象。可以看到蔗糖逐渐变黑,体积膨胀,形成疏松多孔的海绵状的炭,反应放热,还能闻到刺激性气味的气体。

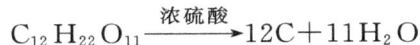

$$C_{12}H_{22}O_{11} \xrightarrow{浓硫酸} 12C + 11H_2O$$

同时发生炭与浓硫酸反应：

$$C + 2H_2SO_4(浓) \xrightarrow{\triangle} CO_2\uparrow + 2SO_2\uparrow + 2H_2O$$

(2) 强氧化性

① 与金属反应

(a)常温下浓硫酸能使铁、铝等金属发生钝化。(b)加热时,浓硫酸可与除金、铂之外的所有金属发生反应,生成高价金属硫酸盐,浓硫酸一般被还原成二氧化硫。

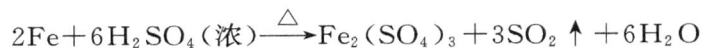

$$Cu + 2H_2SO_4(浓) \xrightarrow{\triangle} CuSO_4 + SO_2\uparrow + 2H_2O$$

$$2Fe + 6H_2SO_4(浓) \xrightarrow{\triangle} Fe_2(SO_4)_3 + 3SO_2\uparrow + 6H_2O$$

在上述反应中,硫酸表现出强氧化性和酸性。

② 与非金属反应

热的浓硫酸可将碳、硫、磷等非金属单质氧化到其高价态的氧化物或含氧酸,本身被还原为二氧化硫。在这类反应中,浓硫酸只表现出氧化性。

$$2P+5H_2SO_4(浓)\xrightarrow{\triangle}2H_3PO_4+5SO_2\uparrow+2H_2O$$

③ 与其他还原性物质反应

浓硫酸具有强氧化性,实验室制取硫化氢、溴化氢、碘化氢等还原性气体时不能选用浓硫酸。

$$H_2S+H_2SO_4(浓)\longrightarrow S\downarrow+SO_2\uparrow+2H_2O$$
$$2HBr+H_2SO_4(浓)\longrightarrow Br_2+SO_2\uparrow+2H_2O$$

3. 稀硫酸

(1) 性质

① 可与绝大多数金属氧化物反应;

② 可与所含酸根离子对应酸酸性比硫酸根离子弱的盐反应;

③ 可与碱反应生成相应的硫酸盐和水;

④ 可与金属活动性顺序表中排在氢前面的金属在一定条件下反应;

⑤ 加热条件下可催化蛋白质、二糖和多糖的水解;

⑥ 能与指示剂作用,使紫色石蕊试液变红,使无色酚酞试液不变色。

(2) 检验

① 所需药品:盐酸、氯化钡溶液、镁粉。

② 检验方法:向待测液中滴入稀盐酸无现象,再滴入氯化钡溶液,振荡,产生白色沉淀;另取待测液加入镁粉后生成可燃性气体,则待测液中含有硫酸。

(3) 常见误区

稀硫酸在中学阶段一般当成完全电离 $H_2SO_4\longrightarrow 2H^++SO_4^{2-}$,其实实际情况不是这样的。根据硫酸酸度系数 $pKa_1=-3.00$,$pKa_2=1.99$,其二级电离不够充分,在稀硫酸中存在 $HSO_4^-\Longleftrightarrow H^++SO_4^{2-}$,即 HSO_4^- 并未完全电离,1 mol/L 硫酸一级电离完全,二级电离约电离 10%,也就是溶液中仍存在大量的 HSO_4^-。即使很稀的 0.1 mol/LNaHSO$_4$溶液中,硫酸氢根也只电离了约 30%。

2.5 毒理性质

1. 实验室风险

硫酸(特别是高浓度硫酸)会对人体组织造成极大伤害。与其他具有腐蚀性的强酸强碱相似,硫酸可以迅速与蛋白质及脂肪发生酰胺水解作用及酯水解作用,从而分解生物组织,造成化学性烧伤。不过,其对人体组织的强腐蚀性还与它的强脱水性有关,因为硫酸还会与生物组织中的碳水化合物发生脱水反应并放出大量热。除了造成化学烧伤外,还会造成二级火焰性灼伤,故由硫酸造成的伤害,比其他强酸(如盐酸及硝酸)要大。若不慎让硫酸接触到眼睛有可能造成永久性失明;若不慎误服,则会对体内器官构成不可逆的伤害,甚至会致命。浓硫酸具有强氧化性,会腐蚀大部分金属,故需小心存放。

随着浓度的增加,硫酸的危险性也会增加。这是因为除了酸性物质的比例在加大外,其脱水性及氧化性亦在上升。硫酸浓度超过 1.5 mol/L,应贴上"腐蚀性"警告标示,而在 0.5～1.5 mol/L,应贴上"刺激性"。即便实验室常用的低浓度硫酸(浓度大约为 1 mol/L,质量分数为 10%)放置一定时间后也会蚀穿纸张。

旧的教科书上认为,为了避免浓硫酸与水接触后放出大量的热,进一步伤害皮肤,应先用干燥的布将皮肤上的浓硫酸擦去后再行处理。然而在实际操作中,与其他腐蚀性物质相似,第一时间用大量清水冲洗 10～15 min 是最有效的方法,大量的水能够迅速冷却受损组织并带走热量。由于浓硫酸接触皮肤后会迅速将皮肤炭化,用干布擦拭可能会将已受损的皮肤擦破甚至擦掉。浓硫酸意外溅到衣物上,应立即将其脱掉,并彻底冲洗有关部位的皮肤。

由于浓硫酸溶于水会放出大量热,当稀释浓硫酸时,应把浓硫酸倒入水中而不是把水倒入浓硫酸中,这样可以利用水的高比热容,降低因高温沸腾而使酸溅出的风险。一般在实验室中,稀释 6 mol/L(约 35%)或浓度更高的硫酸时最为危险,因为浓硫酸在溶于水时能释放出足够的热量使整杯溶液沸腾。

2. 工业风险

虽然硫酸不是易燃物,但当与金属发生反应后会释放出易燃性氢气,可能会导致爆炸,而作为强氧化剂的浓硫酸与金属进行氧化还原反应时会释放出二氧化硫,污染环境。另外,长时间露置在带有硫酸成分的浮质中(特别是高浓度),会使呼吸道受到刺激,可能引发肺水肿。但风险会因露置时间的缩短而减少。在美国,硫酸的最多可接触浓度(PEL)定为 1 mg/m^3。误服硫酸会导致维生素 B_{12} 缺乏症,其中脊椎是最易受影响的部位。

3. 急救措施

硫酸与皮肤接触需用大量水冲洗,再涂上 3%～5% 碳酸氢钠溶液,并迅速就医。溅入眼睛后应立即提起眼睑,用大量流动清水或生理盐水彻底冲洗,至少 15 min,并迅速就医。吸入蒸气后应迅速离开现场至空气新鲜处。保持呼吸道通畅。如呼吸困难,应输氧。如呼吸停止,应立即进行人工呼吸,并迅速就医。误服后应用水漱口,饮牛奶或蛋清,并迅速就医。

2.6 储存方法

储存于阴凉、通风的库房。库温不超过 35℃,相对湿度不超过 85%,容器密封。远离火种、热源,工作场所严禁吸烟。远离易燃、可燃物。防止蒸气泄漏至空气中。避免与还原剂、碱类、碱金属接触。搬运时要轻装轻卸,防止包装及容器损坏。配备相应品种和数量的消防器材及泄漏应急处理设备。倒空容器,以免有残留物。稀释或制备溶液时,应把酸加入水中,避免沸腾和飞溅伤及人员。

2.7 制备方法

(1) 实验室制法

a. 可用 $FeSO_4 \cdot 7H_2O$ 加强热,用加有冰水共存物的 U 形管冷凝即可,用 NaOH 吸收 SO_2,理论上可得到 29.5% H_2SO_4。关键是尾气要用碱液吸收。

b. 可将二氧化硫气体通入双氧水制取硫酸,此法产率较低。

c. 另一种鲜为人知的方法是,先把12.6 mol/L盐酸加入五氧化二硫(S_2O_5),接着把所产生的气体通入硝酸,这时会释放出棕色或红色的气体,当再无气体产生时代表反应完成。

（2）工业制法

① 方法一

生产硫酸的原料有硫粉、硫铁矿、有色金属冶炼烟气、石膏、硫化氢、二氧化硫和废硫酸等。硫粉、硫铁矿和冶炼烟气是三种主要原料。

a. 制取二氧化硫（沸腾炉）

燃烧硫或高温处理黄铁矿

$$4FeS_2 + 11O_2 \xrightarrow{\text{煅烧}} 8SO_2 + 2Fe_2O_3$$

b. 二氧化硫接触氧化为三氧化硫（接触室）

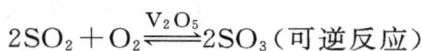
$$2SO_2 + O_2 \underset{}{\overset{V_2O_5}{\rightleftharpoons}} 2SO_3 \text{（可逆反应）}$$

c. 用98.3％硫酸吸收三氧化硫（吸收塔）

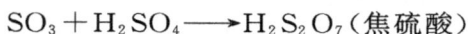
$$SO_3 + H_2SO_4 \longrightarrow H_2S_2O_7 \text{（焦硫酸）}$$

d. 用水稀释

$$H_2S_2O_7 + H_2O \longrightarrow 2H_2SO_4$$

e. 提纯

可将工业浓硫酸进行蒸馏,便可得到浓度为95％～98％的商品硫酸。

② 方法二

a. 制取二氧化硫（沸腾炉）

$$4FeS_2 + 11O_2 \xrightarrow{\text{煅烧}} 8SO_2 + 2Fe_2O_3$$

b. 将二氧化硫溶于水变成亚硫酸。

c. 亚硫酸氧化得到硫酸。

③ 其他制备工艺

- 氨酸法增浓低浓度二氧化硫气体生产硫酸方法
- 采用就地再生的硫酸作为催化剂的一体化工艺
- 草酸生产中含硫酸废液的回收利用
- 从芳香族化合物混酸硝化得到废硫酸的纯化与浓缩工艺
- 从氧化钛生产过程中排出的废硫酸溶液的再生方法
- 从稀硫酸中分离有机磷化合物和其他杂质的方法
- 从制备2－羟基－4－甲巯基丁酸（MHA）工艺的含硫副产物中回收硫酸的方法
- 催化氧化回收含有机物废硫酸的方法
- 电瓶用硫酸生产装置
- 二氧化硫向硫酸的液相转化方法
- 沸腾炉焙烧硫磺制备硫酸的方法
- 沸腾炉掺烧硫磺生产装置中稀酸的回收利用
- 高浓二氧化硫气三转三吸硫酸生产方法
- 高温浓硫酸液下泵耐磨轴套

- 高效阳极保护管壳式浓硫酸冷却器
- 节能精炼硫酸炉装置
- 精苯再生酸焚烧制取硫酸的方法
- 利用废硫酸再生液的方法和装置
- 利用含硫化氢的酸性气体与硫磺联合制取高浓度硫酸
- 利用含硫化氢的酸性气体制取高浓度硫酸

2.8　应用领域

1. 工业用途

（1）冶金及石油工业

在冶金工业部门用于冶金工业和金属加工，特别是有色金属的生产过程中需要使用硫酸。例如，用电解法精炼铜、锌、镉、镍时，电解液就需要使用硫酸，某些贵金属的精炼，也需要硫酸来溶解去除夹杂的其他金属。在钢铁工业中进行冷轧、冷拔及冲压加工之前，都必须用硫酸清除钢铁表面的氧化膜。在轧制薄板、冷拔无缝钢管和其他质量要求较高的钢材时，都必须每轧一次用硫酸洗涤一次。另外，有缝钢管、薄铁皮、铁丝等在进行镀锌之前，都要经过硫酸酸洗。在某些金属机械加工过程中，如镀镍、镀铬等金属制件，也需用硫酸来洗净表面的氧化膜。在黑色冶金企业部门中，需要酸洗的钢材一般约占钢总产量的 5%～6%，而每吨钢材的酸洗，约消费 98% 的硫酸 30～50 kg。

用于石油工业汽油、润滑油等石油产品的生产过程中，都需要浓硫酸精炼，以除去其中的含硫化合物和不饱和碳氢化合物。每吨原油精炼需要硫酸约 24 kg，每吨柴油精炼需要硫酸约 31 kg。石油工业所使用的活性白土的制备，也消耗不少硫酸。

在浓缩硝酸中，以浓硫酸为脱水剂；氯碱工业中，以浓硫酸来干燥氯气、氯化氢气体等；无机盐工业中，如冰晶石、硼砂、磷酸三钠、磷酸氢二钠、硫酸铅、硫酸锌、硫酸铜、硫酸亚铁以及其他硫酸盐的制备都要用到硫酸。许多无机酸如磷酸、硼酸、铬酸（有时也指 CrO_3）、氢氟酸、氯磺酸；有机酸如草酸、醋酸等的制备，也常需要用硫酸作原料。此外炼焦化学工业（用硫酸与焦炉气中的氨起作用副产硫酸铵）、电镀业、制革业、颜料工业、橡胶工业、造纸工业、油漆工业（有机溶剂的制备）、工业炸药和铅蓄电池制造业等，都消耗相当数量的硫酸。

硫酸还可用作硬水的软化剂、离子交换再生剂、pH 调节剂、氧化剂和洗涤剂等。还可用于化肥、农药、染料、颜料、塑料、化纤、炸药以及各种硫酸盐的制造。在石油的炼制、有色金属的冶炼、钢铁的酸洗处理、制革过程以及炼焦业、轻纺业、国防军工都有广泛的应用。强酸性清洗腐蚀剂。在集成电路制造工艺中主要用于硅片清洗。

（2）解决衣食住行

用于化学纤维生产的黏胶丝，它需要使用硫酸、硫酸锌、硫酸钠的混合液作为黏胶抽丝的凝固浴。每生产 1 t 黏胶纤维，需要消耗硫酸 1.2～1.5 t，每生产 1 t 维尼龙短纤维，就要消耗 98% 硫酸 230 kg，每生产 1 t 卡普纶单体，需要用 1.6 t 20% 发烟硫酸。此外，在尼龙、醋酸纤维、聚丙烯腈纤维等化学纤维生产中，也需要使用相当数量的硫酸。

用于化学纤维以外的高分子化合物生产，硫酸在国民经济中越来越占有重要的地位。每生产 1 t 环氧树脂，需用硫酸 2.68 t，号称"塑料王"的聚四氟乙烯，每生产 1 t，需用硫酸 1.32 t；有机硅树胶、硅油、丁苯橡胶及丁腈橡胶等的生产，也都要使用硫酸。

用于染料工业,在燃料工业中几乎每一种染料(或其中间体)的制备都需要使用硫酸。偶氮染料中间体的制备需要进行磺化反应,苯胺染料中间体的制备需要进行硝化反应,两者都需要使用大量浓硫酸或发烟硫酸。所以,有些染料厂就设有硫酸车间,以满足需要。

用于日用品生产。生产合成洗涤剂需要用发烟硫酸和浓硫酸。塑料的增塑剂(如苯二甲酸酐和苯二甲酸酯)、赛璐珞制品所需的原料硝化棉,都需要硫酸来制备。玻璃纸、羊皮纸的制造,也需要使用硫酸。此外,纺织印染工业、搪瓷工业、小五金工业、肥皂工业、人造香料工业等生产部门,也都需要使用硫酸。

用于制药工业。磺胺药物的制备过程中的磺化反应,强力杀菌剂呋喃西林的制备过程中的硝化反应,都需要使用硫酸。此外,许多抗生素的制备,常用药物如阿司匹林、咖啡因、维生素 B_2、维生素 B_{12} 及维生素 C、某些激素、异烟肼、汞溴红、糖精等的制备,都需要使用硫酸。

(3) 巩固国防

某些国家硫酸工业的发展,曾经是和军用炸药的生产紧密结合在一起。无论军用炸药(发射药、爆炸药)或工业炸药,大都是以硝基化物或硝酸酯为主要成分。主要有硝化棉、三硝基甲苯(TNT)、硝化甘油、苦味酸等。虽然这些化合物的制备以硝酸为原料,但同时必须使用浓硫酸或发烟硫酸。

(4) 原子能工业及火箭技术

原子反应堆用的核燃料的生产,反应堆用的钛、铝等合金材料的制备以及用于制造火箭、超声速喷气飞机和人造卫星材料的钛合金,都和硫酸有直接或间接的关系。从硼砂制备硼烷的过程需要使用硫酸。硼烷的衍生物是最重要的一种高能燃料。硼烷可制备硼氢化铀(用于分离铀-235的一种原料)。因此,硫酸与国防工业和尖端科学技术都有密切的关系。

2. 农业用途

(1) 土壤改良

在农业生产中,越来越多地采用硫酸改良石灰质土壤。将硫酸注入牛奶场湖泊,改变湖水 pH,可解决圈养牲畜过程中产生的若干空气和水质问题,将硫酸施入农用土壤和水中,其主要作用是溶解钙、镁的碳酸盐和碳酸氢盐。这些钙、镁盐取代可交换的钠盐,钠盐随后用水浸洗除去。当碳酸盐和碳酸氢盐被分解后,硫酸与其他物质反应,释放出磷、铁等植物养分。降低土壤的 pH 可引起许多元素溶解度的变化,提高植物对它们的吸收力。在石灰质土壤中施用硫酸,可使植物更加健壮,增加收成。

(2) 化肥生产

用于肥料的生产。硫酸铵(俗称硫铵或肥田粉)和过磷酸钙(俗称过磷酸石灰或普钙)这两种化肥的生产都要消耗大量的硫酸。

用于农药的生产。许多农药都以硫酸为原料如硫酸铜、硫酸锌可作植物的杀菌剂,硫酸铊可作杀鼠剂,硫酸亚铁、硫酸铜可作除莠剂。最普通的杀虫剂,如 1059 乳剂(45%)和 1605 乳剂(45%)的生产都需要使用硫酸。

(3) 日常家居用途

世界各地大多数酸性化学通渠用品均含有浓硫酸。这类通渠用品与碱性通渠用品一样,可以溶解淤塞在渠道里的油污及食物残渣等。不过,浓硫酸溶于水会放出大量的热,故建议在使用前尽量保持渠道干燥,并慢慢倒入有关化学用品,另需佩戴防护手套。

第五章
氯、溴、碘的发现与用途

第一节　氯的发现与用途

氯是一种非金属元素,属于卤族元素之一。氯气常温常压下为黄绿色气体,化学性质十分活泼,具有毒性。氯以化合态的形式广泛存在于自然界中,对人体的生理活动也有重要意义。

1.1　发现简史

1774 年,瑞典化学家舍勒在进行软锰矿研究时发现:软锰矿与盐酸混合后加热会生成一种令人窒息的黄绿色气体。当时,化学家拉瓦锡认为氧是酸性的起源,一切酸中都含有氧。舍勒及许多化学家都坚信拉瓦锡的观点,认为这种黄绿色的气体是一种化合物,是由氧和另外一种未知的基所组成的,所以舍勒称它为"氧化盐酸"。英国化学家戴维却持不同的观点,他用尽一切办法想从氧化盐酸中把氧夺取出来,但均告失败。他怀疑氧化盐酸中根本就没有氧存在。1810 年,戴维以无可辩驳的事实证明氧化盐酸不是一种化合物,而是一种化学元素的单质。他将这种元素命名为 Chlorine。它的希腊文原意是绿色。中文译名为氯。

1.2　自然界中分布

自然界中游离态的氯存在于大气层中,是破坏臭氧层的主要原因之一。氯气受紫外线作用后分解成两个氯原子(自由基)。大多数通常以氯化物(Cl^-)的形式存在,常见的主要是氯化钠(食盐)。

1. 单质介绍

氯单质由两个氯原子构成,化学式为 Cl_2。气态氯单质俗称氯气,液态氯单质俗称液氯。

2. 化合物

无机氯化物、次氯酸、次氯酸盐、亚氯酸、亚氯酸盐、氯酸、氯酸盐、高氯酸、高氯酸盐、有机氯化合物。

3. 同位素

氯元素有 ^{35}Cl 和 ^{37}Cl 两种稳定同位素。核外电子构型都为 $3s^2 3p^5$。相对原子质量分别为 34.968 852 和 36.965 903。在自然界中的丰度分别为 75.77% 和 24.23%。

1.3　操作处置

1. 操作注意事项

严加密闭,提供充分的局部排风和全面通风。操作人员必须经过专门培训,严格遵守操作规程。建议操作人员佩戴空气呼吸器,穿带面罩式胶布防毒衣,戴橡胶手套。远离火种、热源,工作场所严禁吸烟。远离易燃物和可燃物。防止气体泄漏到工作场所空气中。避免与醇类物质接触。搬运时轻装轻卸,防止钢瓶及附件破损。配备相应品种和数量的消防器材及泄漏应急处理设备。

2. 储存注意事项

储存于阴凉、通风的库房。远离火种、热源。库温不超过30℃,相对湿度不超过80％。应与易燃物(可燃物)、醇类物质、食用化学品分开存放,切忌混储。储区应备有泄漏应急处理设备。应严格执行极毒物品管理制度。

1.4　物理性质

氯气为黄绿色气体,密度比空气大(3.214 g/L),熔点为－101.0℃,沸点为－34.4℃,有强烈的刺激性气味。

氯气分子由两个氯原子组成,微溶于水,易溶于碱液,易溶于四氯化碳、二硫化碳等有机溶剂。

氯元素有 26 种同位素,其中只有 ^{35}Cl 和 ^{37}Cl 是稳定的,其余同位素均具有放射性。

1.5　营养功能

1. 参与光合作用

在光合作用中,氯作为锰的辅助因子参与水的光解反应。水光解反应是光合作用最初的光解反应。在缺氯条件下,植物细胞的增殖速率减小,叶的表面积减少,生长量明显下降(大约 60％),但氯并不影响植物体中光合作用的速率。由此可见,氯对水光解反应放出 O_2 的影响不是直接的作用,氯可能是锰的配合基,有助于稳定锰离子,使之处于较高的氧化态。氯不仅是希尔反应放出 O_2 所必需,它还能促进光合磷酸化作用。

2. 调节气孔运动

氯对气孔的开张和关闭有调节作用。当某些植物叶片气孔开张K$^+$流入时,有机酸根阴离子(主要是苹果酸根)作为陪伴离子,这些离子在代谢过程中是靠消耗淀粉产生的;但是对某些淀粉含量不多的作物(如洋葱),当K$^+$流入保卫细胞时,由于缺少苹果酸根离子,则需由Cl$^-$作为陪伴离子。缺氯时,洋葱的气孔就不能自如地开合,而导致水分过多损失。由于氯在维持细胞膨胀压、调节气孔运动方面有明显作用,从而能增强植物的抗旱能力。

3. 激活 ATP 酶

以往人们了解较多的是原生质上的 ATP 酶,它受K$^+$的激活。而在液泡膜上也存在有 ATP 酶。与原生质上的 ATP 酶不同,这种酶不受＋1 价阳离子的影响,而专靠氯化物激活。该酶可以把原生质中的 H$^+$ 转运到液泡内,使液泡膜内外产生 pH 梯度(胞液,pH＞7;液泡,pH＜6)。缺氯时,植物根的伸长严重受阻,这可能和氯的上述功能有关。因为缺氯时,影响活性溶质渗入液泡内,从而使根的伸长受到抑制。

4. 抑制病害发生

施用含氯肥料对抑制病害的发生有明显作用。2013 年以前至少有 10 种作物的 15 个品种,其叶、根病害可通过增施含氯肥料而明显减轻。例如,冬小麦的全蚀病,春小麦的叶锈病、枯斑病,大麦的根腐病,玉米的茎枯病,马铃薯的空心病、褐心病等。氯能抑制土壤中铵态氮的硝化作用。当施入铵态氮肥时,氯使大多数铵态氮不能被转化,而迫使作物吸收更多的铵态氮;在作物吸收铵态氮肥的同时,根系释放出 H^+,使根际酸度增加。由于许多土壤微生物适宜在酸度较大的环境中大量繁衍,从而抑制病菌的滋生,如小麦因施用含氯肥料而减轻全蚀病害的发生。还有一些研究者从 Cl^- 和 NO_3^- 存在吸收上的竞争性来解释。施含氯肥料可降低作物体内 NO_3^- 的浓度,一般认为 NO_3^- 含量低的作物很少发生根腐病。

5. 其他作用

在许多阴离子中,Cl^- 是生物化学性质最稳定的离子,它能与阳离子保持电荷平衡,维持细胞内的渗透压。植物体内氯的流动性很强,输送较快,能迅速进入细胞内,提高细胞的渗透压和膨胀压。渗透压的提高可增强细胞吸水性,并提高植物细胞和组织束缚水分的能力。这就有利于促进植物从外界吸收更多的水分。在干旱条件下,也能减少植物丢失水分。提高膨胀压后可使叶片直立,延长功能期。作物缺氯时,叶片往往失去膨胀压而萎缩。氯对细胞液缓冲体系也有一定的影响。氯在离子平衡方面的作用,可能有特殊的意义。

氯对酶活性也有影响。氯化物能激活利用谷氨酰胺为底物的天冬酰胺合成酶,促进天冬酰胺和谷氨酸的合成。氯在氮素代谢过程中有重要作用。

适量的氯有利于碳水化合物的合成和转化。

1.6　化学性质

氯原子的最外电子层有 7 个电子,在化学反应中容易结合一个电子,使最外电子层达到 8 电子稳定状态,因此氯气具有强氧化性,能与大多数金属和非金属发生化合反应。

氯气遇水歧化为盐酸和次氯酸,次氯酸不稳定易分解放出游离氧,所以氯气具有漂白性(比 SO_2 强且加热不恢复原色)。

氯气也能和很多有机物发生加成或取代反应,在生活中有广泛应用。

氯气具有较大的毒性,曾被用作军用毒气。

Cl^- 检验

检验水中是否含有氯离子可以向其中加入可溶的银离子(硝酸银)(加入酸性硝酸银可以排除其他离子干扰),银离子和氯离子反应会生成氯化银白色沉淀。再取白色沉淀,加入稀硝酸,沉淀不溶解,则说明含氯离子。

含氧酸

1. 次氯酸($HClO$)及其盐

(1) 制备

① 通氯气于冰水中:$Cl_2 + H_2O \rightleftharpoons HClO + HCl$

② 通氯于碱液中可得次氯酸盐:$Cl_2 + 2NaOH \longrightarrow NaClO + NaCl + H_2O$

③ 工业上用电解冷浓食盐水并剧烈搅拌来制备 $NaClO$

(2) 性质

① 是弱酸,但是强氧化剂,且具有漂白性。

② 受热易发生氧化还原反应:$3ClO^- \longrightarrow ClO_3^- + 2Cl^-$

(3) 用途

① 制造漂白粉。

② 制 84 消毒液。

Cl_2 与 $NaOH$ 反应：$Cl_2 + 2NaOH \longrightarrow NaCl + NaClO + H_2O$

Cl_2 与 $Ca(OH)_2$ 反应：$2Cl_2 + 2Ca(OH)_2 \longrightarrow Ca(ClO)_2 + CaCl_2 + 2H_2O$

2. 亚氯酸（$HClO_2$）及其盐

亚氯酸是唯一的亚卤酸，非常不稳定。

性质与用途

① 非常不稳定的化合物，但亚氯酸盐较稳定。

② 具有漂白性。

3. 氯酸（$HClO_3$）及其盐

浓度高于 40% 则不稳定。

（1）制备

① 次氯酸根水溶液加热，产生自身氧化还原反应（歧化反应）：

$$3ClO^- \longrightarrow ClO_3^- + 2Cl^-$$

② 电解热氯化钠水溶液并搅拌或 Cl_2 通入热的氢氧化钠溶液：

$$3Cl_2 + 6OH^- \longrightarrow ClO_3^- + 5Cl^- + 3H_2O$$

（2）性质及用途

① 氯酸和氯酸盐皆为强氧化剂。

② 氯酸钾用于制造炸药。

③ $KClO_3$ 受热反应。

A. 无催化剂，微热：$4KClO_3 \longrightarrow 3KClO_4 + KCl$（约 100℃）

B. 催化剂（MnO_2）：$2KClO_3 \longrightarrow 2KCl + 3O_2 \uparrow$（约 300℃）

4. 高氯酸（$HClO_4$）及其盐

（1）制备

① 低压蒸馏 $KClO_4$ 与 H_2SO_4 的混合液：$KClO_4 + H_2SO_4 \longrightarrow HClO_4 \uparrow + KHSO_4$

② 电解食盐水时，阳极产生的氯气被氧化：$\frac{1}{2}Cl_2 + 4H_2O \longrightarrow ClO_4^- + 8H^+ + 7e$

③ 氯酸盐受热分解：$4KClO_3 \xrightarrow{\triangle} 3KClO_4 + KCl$

（2）性质与用途

① 氯最稳定的含氧酸，不易分解。

② 非常强的酸（高中范围内最强的酸，强于 100% 硫酸，但弱于氟锑酸等超强酸）。

1.7　制备方法

1. 工业制法

通常用电解饱和食盐水来制取，电解饱和食盐水时，阴极有氢气逸出（放有铁丝）：

$$2H_2O + 2e \longrightarrow H_2 \uparrow + 2OH^-$$

阳极有氯气逸出（放有石墨）：

$$2Cl^- \longrightarrow Cl_2 \uparrow + 2e$$

化学方程式为：

$$2NaCl + 2H_2O \xrightarrow{\text{通电}} 2NaOH + H_2\uparrow + Cl_2\uparrow$$

2. 实验室制法

反应原理：在酸性条件下，用氧化剂氧化－1价氯化物制得。实验室中可以用浓盐酸和二氧化锰共热来制取，也可以用浓盐酸和高锰酸钾反应来制取。反应的化学方程式为：

$$MnO_2 + 4HCl(浓) \xrightarrow{\triangle} MnCl_2 + Cl_2\uparrow + 2H_2O$$

或

$$2KMnO_4 + 16HCl(浓) \longrightarrow 2MnCl_2 + 2KCl + 5Cl_2\uparrow + 8H_2O$$

1.8 主要用途

1. 工业

氯主要用于化学工业尤其是有机合成工业，以生产塑料、合成橡胶、染料及其他化学制品或中间体，还用于漂白剂、消毒剂、合成药物等。氯气亦用于制造漂白粉、漂白纸浆和布匹、合成盐酸、制造氯化物、饮水消毒、合成塑料和农药等。提炼稀有金属等方面也需要使用氯气。

2. 在人体中作用

氯是人体必需常量元素之一，是维持体液和电解质平衡中所必需的，也是胃液的一种必需成分。自然界中常以氯化物形式存在，最普通形式是食盐。氯在人体中含量平均为1.17 g/kg，广泛分布于全身。氯离子主要与钠、钾离子共存。其中氯化钾主要在细胞内液，而氯化钠主要在细胞外液中。

膳食氯几乎完全来源于氯化钠，仅少量来自氯化钾。因此食盐及其加工食品酱油、腌制肉或烟熏食品、酱菜类以及咸味食品等都富含氯化物。一般天然食品中氯的含量差异较大；天然水中也几乎都含有氯。

3. 主要生理功能

（1）维持体液酸碱平衡。

（2）氯离子与钠离子是细胞外液中维持渗透压的主要离子，两者约占离子总数的80%，调节与控制细胞外液的容量和渗透压。

（3）氯离子还参与胃液中胃酸形成，胃酸促进维生素 B$_{12}$ 和铁的吸收；激活唾液淀粉酶分解淀粉，促进食物消化；刺激肝脏功能，促使肝中代谢废物排出；氯还有稳定神经细胞膜电位的作用等。

1.9 安全防护

氯气对眼、呼吸道黏膜有刺激作用，能引起流泪、咳嗽、咳少量痰、胸闷、气管炎和支气管炎、肺水肿等呼吸道症状，严重时会导致休克、死亡。在第一次世界大战中曾经被用作化学武器（窒息性毒剂）。

氯气对环境有严重危害，对水体可造成污染。

同时，氯气有助燃性，湿润的氯气具有强腐蚀性。

所以接触氯气时，需注意全身严格防护，严禁直接嗅闻、接触氯气，不得将含氯气的废气直接排放到大气中。

第五章　氯、溴、碘的发现与用途

Practical Chemistry in Life

63

第二节　溴的发现与用途

溴是一种化学元素,元素符号是 Br,原子序数是 35。其单质是唯一在室温下呈液态的非金属元素,溴在常温下有挥发性,是红棕色液体,活性介于氯与碘之间。纯溴也称溴素。溴蒸气具有腐蚀性,且有毒。溴与其化合物可被用作阻燃剂、净水剂、杀虫剂、染料等。曾是常用消毒药剂的红药水中含有溴和汞。在照相术中,溴化银作为感光剂。

2.1　物理性质

溴单质是唯一在室温下呈液态的非金属元素,并且是元素周期表中在室温或接近室温下单质为液体的六种元素之一。溴的熔点为 −7.2℃,沸点为 58.8℃。元素单质的形式是双原子分子(Br_2)。它是黏稠、可流动、红棕色的液体,在常温常压下容易挥发,形成红色的蒸气(颜色近似于二氧化氮)且有一股与氯气相似的恶臭。溴是一种卤素,它的活性小于氯但大于碘。溴微溶于水,在二硫化碳、有机醇类(像甲醇)和有机酸中溶解性好。它很容易与其他原子结合并有强烈的漂白作用。

一些特定的溴化物被认为是有可能破坏臭氧层的或是具有生物累积性的。所以许多工业用的溴化物不再生产,限制使用,逐渐淘汰。

溴是一种强氧化剂。它会和金属和大部分有机化合物发生反应,若有水参与则反应更加剧烈,溴和金属反应会产生金属溴化物及次溴酸盐(有水参与时),和有机化合物反应可能产生磷光或萤光化合物。

性状:深红棕色易挥发性液体。有刺激性气味,其烟雾能强烈地刺激眼睛和呼吸道。在空气中迅速挥发。易溶于乙醇、乙醚、氯仿、二硫化碳、四氯化碳、浓盐酸和溴化物水溶液,微溶于水。

对大多数金属和有机物组织均有侵蚀作用,甚至包括铂和钯。与铝、钾等作用发生燃烧和爆炸。属于元素周期表中的ⅦA 族元素(卤族元素)。

2.2　化学性质

1. 氧化还原性

溴最外层电子为 $4s^2 4p^5$,有很强的得电子倾向,因此具有较强氧化性。而溴的 4d 轨道是全空的,可以接受电子,因此也表现出一定的还原性。

溴单质能与大部分单质化合,部分需要加热或其他条件。氢与溴在含铂的石棉或硅胶催化下,加热至 200℃～400℃可以化合为溴化氢。溴可以把磷氧化为磷(Ⅲ),生成的三溴化磷为液体,掺杂有部分五溴化磷。溴与一氧化碳反应,可得到碳酰溴。与氨反应,生成溴化铵与氮气。

溴可以置换水溶液中的一些非金属阴离子,如溴与硫离子的反应。

溴与氟气混合,可以得到三氟化溴,氟过量则生成五氟化溴。

溴在水中及碱溶液中易发生歧化反应,在水中反应为

$$Br_2 + H_2O \rightleftharpoons HBr + HBrO$$

在碱溶液中则因温度不同而发生不同反应：

$$Br_2 + 2NaOH \xrightarrow{常温} NaBr + NaBrO + H_2O$$

$$3Br_2 + 6NaOH \xrightarrow{\triangle} 5NaBr + NaBrO_3 + 3H_2O$$

2. 有机反应

Br—Br 键键能相对较小，在一定条件下易断裂，根据断裂时电子的分布，可分为均裂与异裂。

在紫外线或 250℃～400℃下，将溴与烷烃混合，会发生自由基取代反应，反应将烷烃上的氢取代为溴。溴发生自由基取代反应时，反应活性相差非常大，选择性较好，得到的产物较为纯净。

在极性溶剂中，溴易发生异裂，生成溴离子，发生离子型反应，如溴与烯烃的加成，便是这类反应。

3. 苯（用溴化铁作催化剂）和溴的取代反应：用的溴是纯溴，不能是溴的水溶液。不用催化剂反应很慢。铁作催化剂时，不需加热，该反应是放热反应。

4. 乙醇可与 HBr、PBr_3 发生取代反应；CH_3COOH 可与 PCl_3、PCl_5、$SOCl_2$ 等发生羟基位的取代反应。例如：

$$CH_3COOH + SOCl_2 \longrightarrow CH_3COCl$$

CH_3COOH 在 P 作催化剂的条件下与卤素发生 α-卤代反应。例如：

$$CH_3COOH + Cl_2 \longrightarrow ClCH_2COOH + HCl$$

醛与溴在碱的催化下，由于羰基的作用，醛的 α-氢变得异常活泼而被溴取代，生成 α-溴代醛和溴化氢。而且 α-氢趋向于全部被取代。例如：

$$CH_3CHO + Br_2 \longrightarrow Br—CH_2CHO + HBr$$

反应机理

1. 碱和 α-氢结合生成碳负离子，是一个慢过程，反应速率与溴的浓度无关。

2. 生成的烯醇负离子很快与 Br_2 反应，得到 α-溴代醛。重复以上过程，可以得到二溴代醛，三溴代醛（乙醛有三个 α-氢原子）。

3. 得到的 α-溴代产物由于溴的强吸电子效应，使羰基碳原子正电性大大加强，在碱性条件下，C—C 键容易断裂，生成溴仿和羧酸盐。$Br_3CCHO + H_2O \longrightarrow CHBr_3 +$ HCOOH（与催化剂碱中的金属离子结合成甲酸盐）。在酸性条件下，溴化反应的速率与醛的浓度有关，反应的本质是溴与烯醇式 C=C 的亲电加成。与碱催化不同，酸催化的条件下可以使溴化反应停留在一溴代醛阶段。

2.3 溴的发现过程

1824 年，法国某药学专科学校中 22 岁青年学生波拉尔，对他家乡蒙彼利埃（Montpellier）的水提取结晶盐后的母液，进行了许多实验。当通入氯气时，母液变成红棕色。最初，巴拉尔认为这是一种氯的碘化物溶液，希望找到这些废弃母液的组成元素。但是，他尝试了种种办法都无法将这种物质分解出来，所以他断定这是和氯以及碘相似的新元素。巴拉尔把它命名为 muride，来自拉丁文 muria（盐水）。1826 年 8 月 14 日法国科学院组成委员会审查巴拉尔的报告，肯定了他的实验结果，把 muride 改称 bromine，来自希腊文 brōmos（恶臭），因为溴具有刺激性臭味。实际上所有卤素都具有类似臭味。溴的拉丁文名（bromium）和元素符号（Br）由此而来。

事实上，在巴拉尔发现溴的前几年，有人曾把一瓶取自德国克鲁兹拉赫（Keluzilahe）盐泉的红棕色液体样品交给化学家李比希鉴定，李比希并没有进行细致的研究，就断定它是"氯化碘"，几年后，李比希知道溴的发现过程后，立刻意识到自己的错误，把那瓶液体放进一个柜子，并在柜子上写上"错误之柜"以警示自己，此事成为化学史上的一桩趣闻。

溴分别被两位科学家安东尼·巴拉尔和卡尔·罗威（CarlLöwig）在 1825 年和 1826 年发现。

1826 年，刚刚取得药剂师学位的年轻化学实验室助理巴拉尔在蒙彼利埃的盐沼中的海苔的灰烬中发现了一种棕黄色的液体，这种液体后来被证明是溴的化合物。那些海苔是用来制备碘的，但其中也含有溴。巴拉尔从含有饱和氯的海苔灰溶液中分离出溴。他发现产物的性质介于氯与碘之间，因此他试着证明该化合物是一氯化碘（ICl），在多次失败后他确信发现了一种新元素，并把它称之为 rutile（意为红色），而他的导师约瑟夫·安哥拉达则建议称之为 muride，源自拉丁文，意思是卤水。

卡尔·贾古柏·罗威在 1825 年从巴特克罗伊茨纳赫村里的水泉中分离出了溴。罗威用有饱和氯的矿物盐溶液，并用乙醚提取出了溴。在醚蒸发后，留下了一些棕色的液体。他用此液体作为他工作的样本在里欧波得·甘末林实验室中申请到一个职位。巴拉尔率先发表了他的研究成果。

在法国科学家路易斯·尼可拉斯·瓦奎宁、路易斯·贾奎斯·瑟纳德和约瑟夫·路易·盖-吕萨克证实年轻药剂师巴拉尔的实验之后，结论出现在法国科学院的一场演讲会上，并被发表在化学纪实上。在他发表的论文中，巴拉尔说他基于安格拉达的建议把新元素的名字从 muride 改成 bromine。法国的化学与物理学家盖-吕萨克基于它蒸气的独特气味建议这个名称。溴直到 1860 年才被大量制造。

在少数的药学应用之外，溴的第一个商业应用是用于银版摄影法。在 1840 年，发现用溴制造银版摄影法用的光敏卤化银在许多方面超过之前使用的碘蒸气。

溴化钾与溴化钠在 19 世纪末期到 20 世纪初期被用作抗癫痫药与镇静剂，直到它们渐渐被水合氯醛与巴比妥类药物取代。

2.4　溴元素的来源

溴在自然界中和其他卤素一样，基本没有单质状态存在。它的化合物常常和氯的化合物混杂在一起，但是数量比氯少得多，在一些矿泉水、盐湖水（如死海）和海水中含有溴。盐卤和海水是提取溴的主要来源。从制盐工业的废盐汁直接电解可得。整个大洋水体的溴储量可达 100 万亿吨。地球上 99％的溴元素以 Br^- 的形式存在于海水中，所以人们也把溴称为"海洋元素"。

溴化物：一般指含 Br^- 的化合物。包括金属溴化物、非金属溴化物以及溴化铵等。碱金属、碱土金属溴化物以及溴化铵易溶于水。难溶溴化物与难溶氯化物相似，但前者的溶解度通常小于相应的氯化物。溴化氢的水溶液称为氢溴酸，氢溴酸是一种强酸。也存在一些属于溴化物的卤素互化物，如溴化碘（IBr）。碱金属和碱土金属的溴化物可由相应的碳酸盐或氢氧化物与氢溴酸作用制得。例如，溴化锰、溴化钡、溴化铜、溴化镁、溴化铊、溴化汞等。

2.5　制备方法

溴主要以溴盐的形式存在于地壳中。溴盐在海水里的含量约为 65 ppm,它在海水中的浓度比氯小。溴可在溴含量丰富的卤井与死海(接近 50 000 ppm)中进行商业开采。

全世界每年生产近 556 000 吨(价值约 25 亿美金)溴,其中最主要的生产国是美国、以色列和中国。溴的生产量比 20 世纪 60 年代增长了 6 倍,美国溴含量最多的地方在哥伦比亚县与犹尼昂县。中国的溴主要产于山东省,而以色列的溴主要产于死海。使用氯气来处理富含溴的卤水,溴离子被氯气氧化而形成溴分子。

$$2Br^- + Cl_2 \longrightarrow 2Cl^- + Br_2$$

少量溴可用固态溴化钠与浓硫酸制备。反应的第一步是制造溴化氢(HBr),部分溴化氢会被硫酸进一步氧化为溴分子。

$$NaBr(s) + H_2SO_4(aq) \longrightarrow HBr(aq) + NaHSO_4(aq)$$

$$2HBr(aq) + H_2SO_4(aq) \longrightarrow Br_2(g) + SO_2(g) + 2H_2O(l)$$

还可以用氢溴酸和过氧化氢反应制备。

$$2HBr(aq) + H_2O_2(aq) \longrightarrow 2H_2O(l) + Br_2(g)$$

该反应放热,要注意控制温度。溴会腐蚀橡胶制品,所以在进行有关溴的实验时要避免使用胶塞和胶管。

在实验室里,也可以用加热溴化钾、溴酸钾和浓硫酸的混合物并蒸馏来制取溴单质。

2.6　元素毒性

溴是一种氧化剂,它不能与大部分的有机物或无机物稳定共存,所以输送溴时需要谨慎,通常是使用内衬有铅的钢制桶,并以坚固的金属架支撑。

当某些特定的含溴离子化合物在酸性环境下与高锰酸钾(KMnO$_4$)混合时,会产生棕色的溴雾,有漂白水气味,并且对黏膜有很强刺激性。一旦有人露置于其中,应立即移至新鲜空气的地方,如果出现某些症状,应立即送医。

吸入低浓度溴后可引起咳嗽、胸闷、黏膜分泌物增加,并有头痛、头晕、全身不适等,部分会引发胃肠道症状;吸入较高浓度后,鼻咽部和口腔黏膜被腐蚀,口中呼出的气体有特殊臭味,有流泪、怕光、剧咳、嘶哑、水肿甚至产生窒息,部分患者可发生过敏性皮炎,接触高浓度溴可造成皮肤重度灼伤。长期吸入溴,可有蓄积性,除表现黏膜刺激症状外,还伴有神经衰弱综合征等。溴气的预防,主要应做好生产设备及管道密闭,加强局部通风,注意个人防护。

治疗,一次误服大量溴化物者速饮高渗盐水并探咽导吐,随即以等渗盐水洗胃,其后用硫酸钠导泻。因溴离子在体内分布与氯离子相同,且可互相替代,两者都经肾脏排泄,用氯化物后,氯离子排出增加,溴离子相应地增加排出,故对中毒病儿,给服适量氯化铵或氯化钠(食盐),对原有心脏病或心衰水肿的患儿,不宜用大剂量氯化钠,可用氯化铵代替。

2.7　安全措施

泄漏:人员迅速撤离泄漏污染区至安全区,并立即进行隔离,小泄漏时隔离 150 m,大泄漏时隔离 300 m,严格限制出入。建议应急处理人员戴自给正压式呼吸器,穿防酸碱工作服。不要直接接触泄漏物。尽可能切断泄漏源,不要进入下水道、排洪沟等封闭性空间。

小量泄漏:用苏打或石灰中和吸收。也可以用大量水冲洗,洗涤水稀释后放入废水系统。

大量泄漏:构筑围堤或挖坑收容;用泡沫覆盖,降低蒸气灾害。用喷雾状水冷却和稀释蒸气。用泵转移至槽车或专用收集器内,回收或运至废物处理场所处置。

灭 火 方 法

灭火剂:雾状水、氨水、沙土等。

灭火注意事项:消防人员必须佩戴氧气呼吸器,穿全身防护服。喷水使容器冷却,直至灭火结束。用雾状水赶走泄漏的液体。用氨水从远处喷射,驱赶溴蒸气,并使之反应。但对泄漏出来的溴液不可用氨水喷射,以免发生剧烈反应,放热而产生大量剧毒的溴蒸气。

紧 急 处 理

吸入:迅速离开现场至新鲜空气处。保持呼吸道通畅。如呼吸困难,输氧。如呼吸停止,立即进行人工呼吸,并就医。

食入:误服者用水漱口,给饮牛奶或蛋清或纯碱水,并就医。

皮肤接触:立即脱去被污染衣物,先用水冲洗,然后用 1 体积(25%)氨水、1 体积松节油和 10 体积(95%)乙醇的混合液涂敷,也可先用苯、甘油等除去溴,然后再用水冲洗,就医。

眼睛接触:立即提起眼睑,用大量流动清水或生理盐水彻底冲洗至少 15 min,就医。

第三节 碘的发现与用途

碘是一种卤族化学元素,它的化学符号是 I,原子序数是 53,属于元素周期表中第ⅦA族元素。1811 年法国药剂师库尔图瓦利首次发现单质碘。单质碘呈紫黑色晶体,易升华。有毒性和腐蚀性。碘易溶于乙醚、乙醇、氯仿、四氯化碳等有机溶剂,形成紫红色溶液,碘单质遇淀粉会变蓝色。主要用于制药物、染料、碘酒、试纸和含碘化合物等。碘是人体的必需微量元素之一,缺乏碘会引发碘缺乏病而影响甲状腺,健康成人体内的碘总量约为 30 mg(20～50 mg),其中 70%～80%存在于甲状腺,国家规定在食盐中添加碘的标准为 20～30 mg/kg。

碘 的 简 介

碘是人体(包括所有的动物)的必需微量元素,为卤族元素之一,也就是第Ⅶ族元素。碘在卤族元素中化学活性最弱,但仍可与大多数元素直接化合,并以化合物形式广泛存在于自然界中。碘微溶于水,水解产生稳定的次碘酸可使棕黄色水溶液呈酸性。碘易溶于乙醇、乙醚、甘油等有机溶剂。碘遇淀粉呈蓝色,可用以定性、定量检测碘。海藻中碘含量最丰富,是提取纯碘的主要原料。工业上碘亦来源于海藻,主要用于医药、燃料、感光材料及化学试剂等。

3.2　碘的发现

中国远在公元前 4 世纪的《庄子》一书中就有关于瘿病(即今碘缺乏病)的记载。其中,晋葛洪(公元 4 世纪)首先用海藻的酒浸液治疗瘿病;隋巢元方(公元 7 世纪)提出了瘿病与水、土有关的学说;孙思邈与王涛(公元 8 世纪)用昆布来治疗瘿病。国外于公元 12 世纪才开始用海藻治疗甲状腺肿大,比中国晚了约 800 年。经过几个世纪的生活实践和对碘的研究,碘在 1813 年由法国 Courtois 从海藻灰中首次分离得到;后来由盖-吕萨克命名为碘;1820 年 Coindet 建议用碘制剂防治甲状腺肿;1896 年 Baumann 首次证实甲状腺有聚碘的功能,并从甲状腺中分离出碘。

在法国、英国的沿海岸,当春天风浪大作的时候,海生植物受到海浪和潮水的冲击,漂到浅滩上。在退潮的时候,药剂师库特瓦经常到那些地方采集黑角菜、昆布和其他藻类植物。回家后,把采集的植物堆集起来,使其缓缓燃烧成灰,然后加水浸渍、过滤得到一种植物的浸取液。库特瓦想从这些溶液中提取硝石和其他盐类,因此就对溶液进行蒸发,使其溶解的硫酸钾、硫酸钠、氯化钠、碳酸钠等依次结晶析出,可是在提取过程中,他发现铜锅被溶液腐蚀得很厉害。他想硫酸钾、氯化钠等物质是不会腐蚀铜锅的,是不是溶液中有什么新物质跟铜发生了化学变化?于是他将水溶液加热蒸发,氯化钠首先结晶析出,然后才是氯化钾、硫酸钾。由于海藻在燃灰过程中有不少硫酸盐被碳还原生成硫化物。库特瓦为了除掉其中的硫化物,就往溶液中加入浓硫酸。在蒸发母液过程中,库特瓦意外地发现,母液中产生一种美丽的紫色蒸气,像彩云一样冉冉上升,这一现象使他惊喜不已。最后,这种使人窒息的蒸气竟然充满了实验室。当蒸气在冷的物体上凝结时,它并不变成液体,而凝结成片状的暗黑色晶体,并具有金属光泽(这是 1811 年的事)。制得这种晶体后,库特瓦利用这种新物质作进一步研究,他发现这种新物质不易跟氧或碳发生反应,但能与氢和磷化合,也能与锌直接化合。尤为奇特的是这种物质高温不分解。库特瓦根据这一事实推想,它可能是一种新元素。由于库特瓦的实验设备简陋,药物缺乏,加之他还要把主要精力放在经营硝石工业上,所以他无法证实这种新物质是一种新元素。最后,他只好请法国化学家德索尔姆和克莱芒继续进行这一研究,并同意他们自主向科学界宣布这种新元素的发现经过。1813 年德索尔姆和克莱芒在《库特瓦先生从一种碱金属盐中发现新物质》的报告中写道:"从海藻灰所得的溶液中含有一种特别奇异的东西,它很容易提取,方法是将硫酸倾入溶液中,放进曲颈瓶内加热,并用导管将曲颈瓶的口与彩形器连接。溶液中析出一种黑色有光泽的粉末,加热后,紫色蒸气冉冉上升,蒸气凝结在导管和球形器内,结成片状晶体。"克莱芒相信这种晶体是一种与氯类似的新元素,再经戴维和盖-吕萨克等化学家的研究,提出了碘具有元素性质的论证。1814 年这一元素被命名为碘,取希腊文紫色的含义。1913 年 10 月 9 日,在第戎学院为库特瓦举行了隆重的纪念大会,庆祝他发现碘 100 周年。同时在库特瓦诞生的地方竖立了一块纪念碑,以纪念他发现碘的功绩。

碘 化 合 物

$I_2 + Fe \longrightarrow FeI_2$

$2KI + Cl_2 \longrightarrow 2KCl + I_2$

$2KI + Br_2 \longrightarrow 2KBr + I_2$

$3I_2 + 6NaOH \longrightarrow 5NaI + NaIO_3 + 3H_2O$（与氯不同，$I_2$ 歧化生成的是 IO_3^-）

$I_2 + H_2O \rightleftharpoons HI + HIO$

$5Cl_2 + I_2 + 6H_2O \longrightarrow 2HIO_3 + 10HCl$

$SO_2 + I_2 + 2H_2O \longrightarrow H_2SO_4 + 2HI$

$I_2 + H_2 \overset{\triangle}{\rightleftharpoons} 2HI$

$2KI + O_3 + H_2O \longrightarrow 2KOH + I_2 + O_2$

$2NaI + 3H_2SO_4 + MnO_2 \longrightarrow 2NaHSO_4 + MnSO_4 + 2H_2O + I_2$

$H_2SO_4 + 2HI \longrightarrow 2H_2O + SO_2 \uparrow + I_2 \uparrow$

3.3 化合物质

发 展 历 史

碘在 19 世纪早期，巴黎的 Bernard Courtois 大量制造硝石（硝酸钾，KNO_3），用海藻灰作为钾的来源。1811 年的一天，他添加硫酸后看到了紫色的烟，其冷凝后形成了有金属光泽的晶体。Courtois 猜测这是一种新元素。他给了 Charles Bernard Desormes 和 Nicolas Clément 一些晶体，实施了系统化的研究并进行确认。在 1813 年 11 月，他们在巴黎皇家学院展示。Joseph Gay Lussac 确认它的确是一种新元素，访问巴黎的 Humphry Davy 也确认了这个结果。Davy 送了一份报告给伦敦皇家学院，因此后人误认为他是碘元素的发现者，这种误解持续了 50 多年。

3.4 物质特性

物 理 性 质

碘紫黑色晶体，具有金属光泽，性脆，易升华，易凝华，有毒性和腐蚀性。密度为 4.93 g/cm^3。熔点为 113.5℃，沸点为 184.35℃。化合价有 -1、$+1$、$+3$、$+5$ 和 $+7$。

加热时，碘升华为紫色蒸气，这种蒸气有刺激性臭味，有毒。冷却后凝华成紫黑色固体，即碘单质。

易溶于乙醚、乙醇、氯仿、四氯化碳等有机溶剂，形成紫红色溶液，微溶于水（如水中含碘离子会使其溶解度增大：$I^- + I_2 \longrightarrow I_3^-$），也溶于氢碘酸和碘化钾溶液而呈深褐色。

注意：和同族卤素气体一样，碘蒸气也有毒，所以取用碘时，应尽量在通风橱中操作。

3.5 元素含量

碘在自然界中的丰度不大，但几乎一切物质里都含有碘，无论坚硬的土块还是岩石，甚至最纯净的透明水晶,都含有碘。海水里含有碘,土壤和流水里含有碘,动植物和人体里也含有碘。

自然界中的海藻含、智利硝石和石油产区的矿井水中含有碘。工业生产正是通过向海藻灰或智利硝石的母液中加亚硫酸氢钠经还原而生产单质碘。

3.6　化学特性

1. 化学性质

碘可与大部分元素直接化合,但不像其他卤族元素(F、Cl、Br)那样剧烈反应。

碘的典型有机反应有:芳香族化合物的亲电子置换,形成芳基碘化物;邻近羰基官能团的碳原子的碘化作用;碘在跨越不饱和烃的多重键上的加成反应。但碘不易溶于水,由于歧化反应所得棕黄色的溶液显酸性。在水溶液中,需要强的还原剂才能使碘还原成 I^-。

2. 合成酸类

氢　碘　酸

氢碘酸在常温常压下是一种有刺激性气味的无色气体。碘化氢在空气中不可燃,但遇潮湿空气会产生白雾。易溶于水并可溶于乙醇,其水溶液呈酸性,称为氢碘酸,是一种无色或淡黄色液体,具有强腐蚀性。它还是一种强还原剂,是卤化氢中最不稳定的,氯气和液溴皆可把碘化氢中的碘置换出来。碘化氢加热会分解出有毒碘蒸气。

次　碘　酸

黄色溶液,有氧化性的弱酸。显两性,强氧化剂,氧化性比双氧水强,但比 HBrO 氧化性弱,且极不稳定,会自行分解,光照或微热条件下迅速分解成氢气、氧气和碘(由于碘能和双氧水反应生成次碘酸,所以碘可以对双氧水分解起催化作用),是优质的漂白剂。

碘　酸

无色斜方晶体或有光泽的白色晶体,有特殊气味。不吸湿,见光变暗。110℃时会转化为 HI_3O_8(二缩三碘酸),200℃时完全脱水生成 I_2O_5(五氧化二碘),碘酸是中强酸,其水溶液有强氧化性。

高　碘　酸

碘和溴、氯都属于卤族元素,而且高溴酸($HBrO_4$)、高氯酸($HClO_4$)都是强酸,但正高碘酸(H_5IO_6)是弱酸,而偏高碘酸(HIO_4)是强酸。

制备方法:

方法一:与制取氯气的方法相似,将碘化物(通常用碘化钠)与浓硫酸混合后与二氧化锰反应制得。去除杂质的方法也与实验室制取氯气的方法相似。反应的化学方程式为:

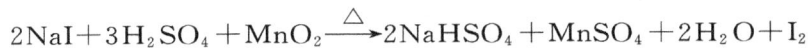

$$2NaI + 3H_2SO_4 + MnO_2 \xrightarrow{\triangle} 2NaHSO_4 + MnSO_4 + 2H_2O + I_2$$

方法二:先将碘酒微热,使溶剂酒精挥发掉,酒精蒸干后,用少量水冲洗析出的溶质2~3次,洗去表面的酒精,得到的固体就是碘单质。

方法三：和方法一相似，将碘化钾和二氧化锰混合，装入烧杯内，盖上加了水的烧瓶，一边加热一边慢慢加入硫酸，等蒸气变成紫色后让其冷却，会有碘附在烧瓶外壁的底部，刮下来的就是碘单质。也许因有杂质而结成块状。可以再把制得的碘放入烧杯中加热一会儿，一段时间后（大概半分钟）让它冷却，这时烧瓶外壁的底部和烧杯上均有碘附着，这时刮下来的碘呈粉末状。

方法四：用硫酸和氢碘酸反应得到碘。反应的化学方程式为：

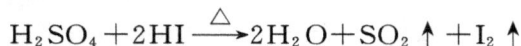

$$H_2SO_4 + 2HI \xrightarrow{\triangle} 2H_2O + SO_2\uparrow + I_2\uparrow$$

方法五：用氯水或溴水从碘化物的水溶液中置换出碘。

方法六：用二氯甲烷的萃取剂萃取碘水，得到碘的二氯甲烷溶液，蒸发后得到晶体碘。

方法七：从海带中提取碘。先将干海带烧成灰，加入少量水，一边加热一边搅拌，沸腾后停止加热。再加入少量稀硫酸，搅拌后加入稀的双氧水氧化（这一步也可以用制取氯气的设备制取碘，在分液漏斗中加入过滤后的海带水和稀硫酸，烧瓶里加入二氧化锰，加热即得到碘）。氧化后得到碘水，再用二氯甲烷萃取碘水，加热得到碘晶体。

3.7 生产应用

1. 碘的作用

碘的应用

核辐射突发事件发生后，人体有可能摄入放射性碘，并集中在甲状腺内，使这个器官受到较大剂量的照射。切尔诺贝利核事故的经验教训表明，放射性碘是最大的影响因素，该事故造成年龄在 0～18 周岁的儿童暴发甲状腺癌病例超过了 5 000 例。因此，如果在吸入放射性碘的同时服用稳定性碘，能阻断 90% 放射性碘在甲状腺内的沉积。在吸入放射性碘数小时内服用稳定性碘，仍可使甲状腺吸收放射性碘的量降低一半左右。对成年人推荐的服用量为 100 mg 碘，对孕妇和 3～12 岁的儿童，服用量为 50 mg，3 岁以下儿童服用量为 25 mg。

日本 9 级大地震导致的福岛核泄漏，主要泄漏的物质为碘－131，碘－131 一旦被人体吸入会引发甲状腺疾病，引发低甲状腺素（简称低甲）症状，患者必须长期服用甲状腺素片，而更严重的甚至可能引发甲状腺癌变。

服用碘的确可封闭甲状腺，让放射性碘无法"入侵"，但是过量的碘会导致碘中毒。在短期内可能会出现肠部不适和过敏现象及甲状腺疾病，严重的甚至会致命。

因此，在防止核辐射对人体造成的伤害时，中国人民大可不必惊慌。在日常生活中适当多吃一些含碘食品，碘盐、海鱼、海虾、紫菜等，服用含碘的药品等，微量补充碘，确保补足身体所需的碘元素并且不会过量。

2. 补碘方法

从胎儿到出生后 2 岁，是人脑发育的重要阶段。这个时期每日至少需要 40～71 mg 碘来合成足够的甲状腺激素以保证正常脑发育，而此时婴幼儿尚未添加辅食，碘摄入如果仅靠代乳品将远远跟不上婴幼儿的体格生长发育和脑发育需要。

最好的补碘途径是通过母乳喂养的方法，从母体得到足够的碘以保证婴幼儿生理需要。有资料表明,母乳喂养的婴幼儿尿碘水平高出其他方式喂养的 1 倍以上。

这个时期只要供给母体足够的碘,婴幼儿就不会发生碘缺乏,对哺乳期妇女每天至少要供给 200 mg 碘,才能保证母婴两人的碘需要量,有效地预防碘缺乏对母婴的危害。

3. 在化学中的作用

碘可以用来验证某物质中是否含有淀粉。

在一块饼干上滴一滴碘液,可以发现碘液显蓝黑色,说明饼干里含有淀粉(淀粉是多糖的一种)。1811 年,法国的库特尔,用硫酸处理海草灰母液时,发现了碘的存在。

18 世纪末和 19 世纪初,法国皇帝拿破仑发动战争,需要大量硝酸钾制造火药。当时法国第戎(Dijon)制造硝石的商人、药剂师库尔图瓦利用海草或海藻灰溶液把天然的硝酸钠或其他硝酸盐转变成硝酸钾,用于生产硝酸钾。1811 年,他发觉盛装海草灰溶液的铜制容器很容易受到腐蚀。他认为海草灰溶液中可能含有一种不明物质在与铜作用,于是他进行了研究。

他将硫酸倒进海草灰溶液中,发现放出一股美丽的紫色气体。这种气体在冷凝后不形成液体,却变成暗黑色带有金属光泽的晶体。这就是碘。

用现在学到的化学知识可以解释当时的反应过程:硫酸遇到海草灰中含有的碱金属碘化物—碘化钾(KI)和碘化钠(NaI),生成了碘化氢(HI)。它再与硫酸作用,就产生了游离态碘:

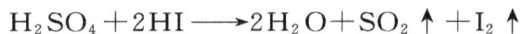

$$H_2SO_4 + 2HI \longrightarrow 2H_2O + SO_2 \uparrow + I_2 \uparrow$$

1813 年,库尔图瓦发表了论文《海草灰中新物质的发现》,并把他取得的碘送请当时的法国化学家克莱门、德索梅、盖-吕萨克等人进行研究鉴定,并得到他们的肯定。

正是盖-吕萨克把它命名为 iode(来自希腊文紫色一词)。而得到碘的拉丁文名称 iodium 和元素符号 I。

4. 碘对人体的作用

碘是人体的必需微量元素之一,有"智力元素"之称。健康成人体内的碘的总量为 30 mg(20～50 mg),其中 70％～80％存在于甲状腺。

5. 碘的生理功能

(1) 促进生物氧化

甲状腺素能促进三羧酸循环中的生物氧化,协调生物氧化和磷酸化的偶联、调节能量转换。

(2) 调节蛋白质合成和分解

当蛋白质摄入不足时,甲状腺素有促进蛋白质合成作用;当蛋白质摄入充足时,甲状腺素可促进蛋白质分解。

(3) 促进糖和脂肪代谢

甲状腺素能加速糖的吸收利用,促进糖原和脂肪分解氧化,调节血清胆固醇和磷脂浓度等。

(4) 调节水盐代谢

甲状腺素可促进组织中水盐进入血液并从肾脏排出,缺乏时可引起组织内水盐潴留,在组织间隙出现含有大量黏蛋白的组织液,发生黏液性水肿。

(5) 促进维生素的吸收利用

甲状腺素可促进烟酸的吸收利用,胡萝卜素转化为维生素 A 过程及核黄素合成核黄素腺嘌呤二核苷酸等。

（6）增强酶的活力

甲状腺素能活化体内 100 多种酶,如细胞色素酶系、琥珀酸氧化酶系、碱性磷酸酶等,在物质代谢中起作用。

（7）促进生长发育

甲状腺素促进骨骼的发育和蛋白质合成,维护中枢神经系统的正常结构。

值得注意的是,人体摄入过多的碘也是有害的,日常饮食中碘过量同样会引起"甲亢"。是否需要在正常膳食之外特意"补碘",要经过正规体检,听取医生的建议,切不可盲目"补碘"。

含碘制剂如碘酊、复方碘溶液、碘喉片、碘甘油等为医疗中应用较广的药物,碘酊是家庭中常备的消毒药品。小儿碘中毒多因误服或用量过大所致,曾有人将碘酊误认为是止咳糖浆,而给小儿服用。少数病儿对碘过敏,在治疗剂量内也会发生严重反应。小儿误服碘酊3～4 mL即可致死亡。

小儿误服较高浓度的碘剂,对胃肠道有强烈的刺激和腐蚀作用,吸收后与组织中蛋白反应引起全身中毒症状。小儿误服后口腔内有碘味,口腔、食道和胃部有烧灼热和疼痛,口腔和咽喉部有水肿,呈棕色,病愈后可引起食管和胃的疤痕和狭窄。病儿还出现头晕、头痛、口渴、恶心、呕吐、腹泻、发热等症状。中毒严重的小儿面色苍白、呼吸急促、紫绀、四肢震颤、意识模糊、定向力丧失、感觉障碍、言语杂乱,甚至昏迷、休克,或有中毒性肾炎,出现血尿、蛋白尿,严重者引起急性肾功能衰竭。过敏的病儿可引起过敏性休克。

由于碘制剂的腐蚀性强,可引起喉部水肿,甚至窒息,重症者还可出现精神症状、昏迷,如抢救不及时,可引起大脑严重缺氧,损害中枢神经系统,从而影响小儿的智力发育。因此一定要将碘制剂放置在安全的地方,不让小儿随便拿到,特别是碘喉片不宜多服,另外碘酊要与止咳糖浆分开放置,并标明名称,防止将碘酊误认为是止咳糖浆,以防中毒。如误服用较大剂量碘制剂应立即送医院抢救治疗。

口服碘制剂中毒的小儿应立即给小儿口服大量淀粉食物,如米汤、藕粉、面条、稀饭、面包、饼干等,然后催吐,再用1％～10％的淀粉液或米汤洗胃,也可用 1％的硫代硫酸钠溶液洗胃,直到洗出液体无蓝色为止。洗胃后导泻,口服米汤、生蛋清、牛奶、植物油等以保护胃黏膜。重度喉部水肿者应给氧,引起窒息时进行人工呼吸。同时还要注意对症处理。

国家标准对奶米粉的碘含量要求是 30～150 μg/100 g。过量食用碘会发生甲状腺肿大。中国营养学会提出每日膳食中碘的推荐摄入量,婴幼儿为 50 mg,儿童为90～120 mg,成年人为 150 mg。

而世界卫生组织 2001 年的最新的每日碘的推荐供给量如下:

0～59 个月学前儿童 90 μg。

6～12 岁学龄儿童 120 μg。

12 岁以上成人 150 μg。

孕妇和哺乳期妇女 200 μg。

（8）含量规定

中国于 1994 年第一次确定食用盐碘含量标准:碘盐含碘浓度(以碘离子计):加工为 50 mg/kg,出厂不低于 40 mg/kg。

随后,中国在 1996 年对盐碘含量规定不得超过 60 mg/kg 的上限值。

2000 年,盐碘含量标准下调为加工水平 35 mg/kg,允许波动范围为 ±15 mg/kg。

2006 年,按照"因地制宜、科学补碘"的原则,对食盐标准(GB5461－2000)进行修订。

2011 年 9 月 15 日,卫生部发布了食品安全国家标准《食用盐碘含量》。

2012 年 3 月 15 日,食用盐中的碘含量标准不再全国"一刀切",各地可以根据当地人群的实际碘营养水平,在规定范围内浮动添加。按照新标准,各地陆续推出三种不同含量的碘盐。

(9) 注意事项

1.有口腔疾病患者慎用,浓碘液可致唾液腺肿胀、触痛、口腔、咽喉部烧灼感、金属味、齿和牙龈疼痛,唾液分泌增加。

2.急性支气管炎、肺水肿、肺结核、高钾血症、甲状腺功能亢进、肾功能受损者慎用。

3.应用碘盐能影响甲状腺功能,影响甲状腺吸碘率的测定,甲状腺核素扫描显像结果亦受影响,这些检查均宜安排在应用碘盐前进行。

(10) 如何补碘

一、食用碘盐

国家规定在食盐中添加碘元素,全民可通过食用加碘盐这一简单、安全、有效和经济的补碘措施,来预防碘缺乏病。

加碘盐是用碘酸钾按一定比例与普通食盐混匀。由于碘是一种比较活泼、易于挥发的元素,碘盐在储存期间可损失 20％～25％,加上烹调方法不当又会损失 15％～50％,所以需要正确使用加碘盐。

1.不能放在温度较高、在阳光照射的地方。

2.储存容器要加盖盖严。

3.快取快盖。

4.应在菜即将出锅时加盐,防止高温挥发减少含碘量,降低效果。

二、海带、紫菜、海白菜、海鱼、虾、蟹、贝类含碘也很丰富,可以多食。

三、婴幼儿食用加碘奶粉。考虑到婴幼儿时期的饮食主要是乳制品,中国政府同时规定在婴幼儿奶粉中必须加碘。

(11) 碘缺乏症

胎　儿　期

1.流产、死胎、先天畸形、围产期死亡率增高、婴幼儿期死亡率增高;

2.地方性克汀病;

3.神经运动功能发育滞后;

4.胎儿甲状腺功能减退。

新　生　儿　期

新生儿甲状腺功能减退、新生儿甲状腺肿大。

儿童期和青春期

甲状腺肿大、青春期甲状腺功能减退、亚临床型克汀病、智力发育障碍、体格发育障碍、单纯聋哑。

成 人 期

甲状腺肿大及其并发症、甲状腺功能减退、智力障碍、碘致性甲状腺功能亢进。

需 要 人 群

缺碘患甲状腺肿大、甲状腺机能减退等疾病患者。

生 理 需 要

成人碘推荐摄入量为 $150\ \mu g/d$；可耐受最高摄入量为 $1\ 000\ \mu g/d$。

过 量 表 现

较长时间内高碘摄入可导致高碘性甲状腺肿大等高碘性危害。

（12）碘过量

导致甲状腺疾病，继而导致甲状腺功能减退。

当甲状腺功能减退时，激素分泌不够，就会出现三种不同程度的症状：

一是女性不孕；

二是即使怀孕，也会容易流产或者胎死腹中；

三是虽然顺利生下胎儿，但孩子的智力可能会受到影响。

3.8 碘的现状

一刀切补碘导致没有病的人跟着吃药，甚至在碘过量的情况下，还要吃碘盐。这些年来，各地甲状腺疾病高发，与不合理补碘分不开。

1. 碘食物来源

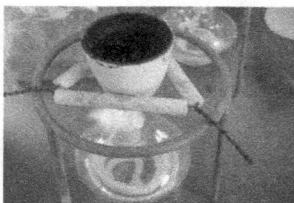

碘

人类所需的碘，主要来自食物，其次为饮水与食盐。食物碘含量的高低取决于各地区的生物地质化学状况。

海洋生物含碘量很高，如海带、紫菜、海鲜鱼、干贝、淡菜、海蜇、龙虾等，其中干海带含碘可达 $240\ mg/kg$；而远离海洋的内陆山区或不易被海风吹到的地区，土壤和空气中含碘量较少，这些地区的食物含碘量不高。

陆地食品含碘量以动物性食品高于植物性食品，蛋、奶含碘量相对稍高，其次为肉类，淡水鱼的含碘量低于肉类。植物含碘量是最低的，特别是水果和蔬菜。

2. 代谢吸收

人从食物、水和空气中每日摄取的碘总量约为 $100\sim300\ \mu g$，主要以碘化物的形式由消化道吸收，其中有机碘一部分可直接吸收，另一部分则需在消化道转化为无机碘后，才可吸收。肺、皮肤及黏膜也可吸收极微量的碘。人体碘来源的 80％～90％ 来自食物，10％～20％ 来自饮水，5％ 的碘来自空气。

　　膳食和水中的碘主要为无机碘化物，经口进入人体后，在胃及小肠上段被迅速、完全吸收，一般在进入胃肠道后 1 小时内大部分被吸收，3 小时内几乎完全被吸收。有机碘经肠降解释放出碘化物后方被吸收，但甲状腺激素碘约有 80％ 可直接吸收。与氨基酸结合的碘可直接被吸收。而同脂肪酸结合的有机碘可不经肝脏，由乳糜管进入血液。被吸收的碘很快转运至血浆，遍布于全身各组织中。膳食钙、镁以及一些药物如磺胺等，对碘吸收有一定阻碍影响。蛋白质、能量不足时。也妨碍胃肠道内碘的吸收。

　　碘在人体内主要被用于合成甲状腺激素，甲状腺从血液中摄取碘的能力很强，甲状腺中碘的浓度比血浆高 25 倍以上。

　　消化道吸收的碘进入门静脉。有机碘经肝脏改造为无机碘化物后，一部分进入血液循环，输送至甲状腺、心、肺、肾、肌肉、皮肤及其他组织；另一部分则由肝脏进入胆汁，再进入消化道，其中有的经再吸收重新进入静脉到肝，谓之"肠肝循环"。余下部分经肠道排出体外。

　　3. 生理功能

　　（1）参与能量代谢。在蛋白质、脂肪与碳水化合物的代谢中，碘促进氧化和磷酸化过程；促进分解代谢、能量转换、增加氧耗量、加强产热作用，这些均在心、肝、肾及骨骼肌中进行，而对脑的作用不明显；碘参与维持与调节体温，保持正常的新陈代谢和生命活动。

　　（2）促进代谢和体格的生长发育。所有的哺乳类动物都必须有甲状腺素，即需要碘维持其细胞的分化与生长。发育期儿童的身高、体重、肌肉、骨骼的增长和性发育都必须有甲状腺激素的参与，此时期碘缺乏可致儿童生长发育受阻，侏儒症的一个最主要病因就是缺碘。已有的研究表明，甲状腺激素促进 DNA 及蛋白质合成、维生素的吸收和利用，并有活化许多重要酶的作用，包括细胞色素酶系、琥珀酸氧化酶等 100 多种，对生物氧化和代谢都有促进作用。

　　（3）促进神经系统发育。在脑发育阶段，神经元的迁移及分化，神经突起的分化和发育，尤其是树突、树突棘、触突、神经微管以及神经元联系的建立，髓鞘的形成和发育都需要甲状腺激素的参与。

　　（4）垂体激素作用。碘代谢与甲状腺激素合成、释放及功能作用受垂体前叶的调节，垂体前叶的分泌受血浆甲状腺激素浓度的反馈影响。

第六章
磷和硅的发现与用途

第一节　磷和硅的发现与用途

磷是第 15 号元素,处于元素周期表的第 3 周期第 ⅤA 族。人体内的磷 85%～90% 以羟磷灰石形式存在于骨骼和牙齿中,其余 10%～15% 与蛋白质、脂肪、糖及其他有机物结合,分布在细胞膜、骨骼肌、皮肤、神经组织及体液中。磷还是使心脏有规律地跳动、维持肾脏正常机能和传达神经刺激的重要物质。没有磷时,烟酸不能被吸收;磷的正常机能需要维生素(维生素食品)D 和钙(钙食品)来维持。

1.1　概述

磷的第一次制取是由 Hennig Brandt 在汉堡(德国西北部一城市)于 1669 年完成的,他蒸发尿液并加热残渣直到它变为红热,蒸馏得到磷蒸气,然后他用水冷凝后收集。Brandt 保留着他发现的秘密,以为自己发现了点金石,它能把基本材料变成金子。当他没钱时,他把磷卖给了 Daniel Kraft,他在欧洲各地包括伦敦进行展示,Robert Boyle 对磷非常着迷。他发现了磷是如何制造的并系统地对磷进行研究。他的助手 Ambrose Godfrey 建立了自己的业务,制造并出售磷而变得富有。

当意识到人体骨头就是磷酸钙,而且能用于制作磷后,其应用变得更为广泛。在 19 世纪,火柴制造商确保了一个现成的市场。

在化学史上第一个发现磷元素的人,当推 17 世纪德国商人波兰特(Henning・Brand,1630—1710 年)。他是一个相信炼金术的人,他曾听说从尿液里可以制得"金属之王"黄金,于是抱着图谋发财的目的,用尿做了大量实验。1669 年,他将砂、木炭、石灰等和尿混合,加热蒸馏,虽没有得到黄金,竟意外地得到一种十分美丽的物质,它色白质软,能在黑暗的地方放出闪烁的亮光,于是波兰特给它取了个名字,叫"冷光",这消息立刻传遍了德国。

德国化学家孔克尔用了很多方法想打听其制法,终于探知这种发光物质,是从尿液里提取出来的,于是他也开始用尿做试验,经过苦心摸索,终于在 1678 年获得成功。他把新鲜的尿液蒸馏,待蒸到水分快干时,取出黑色残渣,放置在地窖里,使它腐烂,经过数日后,他将黑色残渣取出,与两倍于尿渣重的细沙混合。一起放在曲颈甑中,加热蒸馏,瓶颈则接连盛水的容器。起初用微火加热,继用大火干馏,及至尿中的挥发性物质完全蒸发后,磷就在容器中凝结成白色蜡状的固体。后来,他为介绍磷,曾写过一本书,书名为《论奇异的磷质及其发光丸》。

在磷元素的发现上,英国化学家罗伯特・波义耳差不多与孔克尔同时,用与他相近的方法制得了磷。波义耳的学生汉克维茨(Codfrey・Hanckwitz)曾用这种方法在英国制得大量的磷,作为商品运到欧洲其他国家出售。他在1733年曾发表论文,介绍制磷的方法,不过说得十分含糊,以后,又有人从动物骨质中发现了磷。

磷广泛存在于动植物体中,因而它最初从人和动物的尿液以及骨骼中取得。这和古代人们从矿物中取得金属元素不同,它是第一个从有机体中取得的元素。最初发现时取得的是白磷,是白色半透明晶体,在空气中缓慢氧化,产生的能量以光的形式放出,因此在暗处发光。当白磷在空气中缓慢氧化到表面积聚的能量使温度达到40℃时,白磷便会发生自燃。所以在19世纪早期白磷被用于制作火柴,但由于当时白磷的产量很少而且白磷有剧毒,使用白磷制成的火柴极易着火,效果很好,可是不安全,而且常常会发生自燃,所以很快就不再使用白磷制造火柴。到1845年,奥地利化学家施勒特尔发现了红磷,确定白磷和红磷是同素异形体。由于红磷无毒,在240℃左右着火,于是红磷成为制造火柴的原料,一直沿用至今。

拉瓦锡首先把磷列入化学元素的行列。他燃烧了磷和其他物质,确定了空气的组成成分。磷的发现促进了人们对空气的认识。

磷的拉丁文名称phosphorum由希腊文phos(光)和phero(携带)组成,也就是"发光物"的意思,元素符号是P。

另外,我们常说的"鬼火"是P_2H_4气体在空气中自燃的现象。

磷,原子序数15,1669年德国科学家布兰德从尿中制得。磷在地壳中的含量为0.118%。自然界中含磷的矿物有磷酸钙、磷辉石等,磷还存在于细胞、蛋白质、骨骼中。磷有一种稳定的同位素:磷-31。

磷有白磷、红磷、黑磷三种同素异构体。白磷又叫黄磷,为白色至黄色蜡状固体,熔点44.1℃,沸点280℃,密度1.82 g/cm³。白磷活性很高,必须储存在水里,人体吸入0.1 g白磷就会中毒死亡。白磷在隔绝空气的条件下,加热到260℃或在光照下就会转变成红磷,而红磷在加热到416℃变成蒸气之后冷凝就会变成白磷。红磷无毒,加热到240℃以上才着火。在高压下,白磷可转变为黑磷,它具有层状网络结构,能导电,是磷的同素异形体中最稳定的。

如果氧气不足,在潮湿情况下,白磷氧化很慢,并伴随有磷光现象。白磷可溶于热的浓碱溶液,生成磷化氢和次磷酸二氢盐;干燥的氯气与过量的磷反应生成三氯化磷,过量的氯气与磷反应生成五氯化磷。磷在充足的空气中燃烧可生成五氧化二磷,如果空气不足则生成三氧化二磷。

约三分之二的磷用于制磷肥。磷还用于制造磷酸、烟火、燃烧弹、杀虫剂等。三聚磷酸盐用于合成洗涤剂。

1.2 磷

1. 黑磷(金属磷)

黑色有金属光泽的晶体,在磷的同素异形体中反应活性最弱,在空气中不会点燃。化学结构类似于石墨,可导电。

化学式一般写为P。

深黑色粉末。

2. 白磷（黄磷）

化学式：P_4。

白色至黄色蜡状固体，黑暗中能发光。有特臭，剧毒。密度为 1.83 g/cm^3，熔点为 44.4℃，沸点为 287℃。

3. 红磷（赤磷）

化学结构为巨型共价分子。

化学式一般写为 P。

鲜红色粉末，无毒，密度为 2.296 g/cm^3，熔点为 725℃。

4. 紫磷

把黑磷加热到 125℃ 则变成蓝色紫磷。

紫磷的化学活动性比白磷小，但仍能被硝酸氧化成磷酸。紫磷跟氯酸钾一起摩擦可以剧烈燃烧。化学结构为层状，但与黑磷不同。

化学式一般写为 P。

5. 名称由来

由于单质磷在空气中会自燃而发光，因此在英语中，磷来源于希腊语中的 Phosphoros，原指"启明星"，意为"光亮"。而在中文里，磷的本义是薄石。

实验室中用过量红磷在密闭的集气瓶内充分燃烧测定氧气在空气中所占的体积分数。

涉及的化学方程式为

$$4P + 5O_2 \xrightarrow{\text{点燃}} 2P_2O_5$$

6. 元素描述

磷有几种同素异形体。其中，白磷或黄磷是无色或淡黄色蜡状固体。密度为 1.82 g/cm^3。熔点为 44.1℃，沸点为 280℃，着火点为 40℃。放于暗处会发出磷光，有恶臭。剧毒。白磷几乎不溶于水，易溶解于二硫化碳中。在高压下加热会变为黑磷，其密度为 2.70 g/cm^3，略显金属性。不溶于普通溶剂。白磷经放置或在 250℃ 隔绝空气加热可转化为红磷。红磷是红棕色粉末，无毒，密度为 2.34 g/cm^3，熔点为 59℃（在 43 atm 下，熔点是 590℃，升华温度为 416℃），沸点为 200℃，着火点为 240℃。不溶于水。在自然界中，磷主要以磷酸盐的形式存在，是生命体的重要元素。存在于细胞、蛋白质、骨骼和牙齿中。在含磷化合物中，磷原子通过氧原子和其他原子或基团相连。

元素来源：

单质磷是由磷酸钙、石英砂和炭粉的混合物在电弧炉中熔烧或蒸馏尿液而制得。

元素用途：

白磷用于制造磷酸、燃烧弹和烟雾弹。红磷用于制造农药和安全火柴。

7. 化学反应

磷可以在空气中燃烧，产生大量白烟：

$$4P + 5O_2 \longrightarrow P_4O_{10}$$

1.3 生产应用

1. 植物影响

磷肥能够促进番茄花芽分化,提早开花结果,促进幼苗根系生长和改善果实品质。缺磷时,幼芽和根系生长缓慢,植株矮小,叶色暗绿,无光泽,背面紫色。

番茄对磷的吸收以植株生长前期为高,在果实长到核桃大小时,植株吸收的磷量约占全生育期90%。所以,番茄苗期不能缺磷,以免影响花芽分化。番茄吸收磷肥的能力较弱,尤其在低温下的吸收率较低。磷肥一般作基肥,也可用0.5%磷酸二氢钾溶液作叶面喷施,进行根外追肥。钾在植物体内促进氨基酸、蛋白质和碳水化合物的合成和运输,对延迟植株衰老,延长结果期,增加后期产量有良好的作用。

磷通常以正磷酸盐(磷酸氢根或磷酸二氢根)形式被植物吸收。当磷进入植物体后,大部分成为有机物,有一部分仍然保持无机盐的形式。磷以磷酸根形式存在于糖磷酸、核酸、核苷酸、辅酶、磷脂、植酸等中。磷在ATP的反应中起关键作用,磷在糖类代谢、蛋白质代谢和脂肪代谢中起重要作用。

施磷能够促进各种代谢正常进行,植物生长发育良好,同时提高植物的抗寒性和抗旱性。由于磷与糖类、蛋白质和脂肪的代谢和三者相互转变都有关系,所以栽培粮食作物、豆类作物和油类作物都需要磷肥。缺磷时,蛋白质合成受阻,新的细胞质和细胞核形成较少,影响细胞分裂,生长缓慢,少分枝,植株矮小,叶片暗绿,可能是细胞生长慢,叶绿素含量相对提高。某些植物(如油菜)叶子有时呈红色或紫色。缺磷阻碍了糖分运输,不利于黄色素苷的形成。缺磷时,开花期和成熟期延迟,产量降低,抗性减弱。

2. 军事用途

白磷是一种无色或浅黄色、半透明蜡状物质,具有强烈的刺激性气味,其气味类似于大蒜,燃点极低,一旦与氧气接触很快就会燃烧起来,在发出黄色火焰的同时散发浓烈的烟雾。用于燃烧普通材料难以燃烧的物质,其特点为能够在狭小或空气密度不大的空间充分燃烧,一般燃烧的温度可以达到1 000℃以上,足以在有效范围内将所有生物体消灭。

白磷弹的危害性非常大,碰到物体后会不断燃烧,直到燃烧完全,因此,当它接触到人体后,肉皮会被穿透,深入骨头。同时产生的烟雾对眼鼻刺激极大。最初是美国用它对付在太平洋诸岛工事里的日本人,非常有效。由于技术含量不大,现在各国军队基本都有。

白磷弹基本结构,就是在弹体内充填磷药,遇空气即开始自燃直到消耗完为止。完整的白磷弹由弹底、炮弹底塞、塑料垫圈、起爆药、起爆药室、黄磷发烟罐、铝质隔片、弹体、销针、限位器、保险与解除保险装置、延期雷管、抛射药和机械瞬发引信组成。例如,MK•77白磷炮弹是一种攻击型燃烧武器,功能与喷火器相似,弹体内含有大量黏稠剂,能粘在人体和装备上燃烧,通常用于打击裸露或易燃目标,杀伤效果极佳,曾被1980年通过的《联合国常规武器公约》列为违禁武器,不允许对平民或在平民区使用。尽管美国没有签署该公约,不受其制约,但作为一项被80多个国家所接受的国际性公约,其普遍性和合法性已毋庸置疑,而美国作为国际社会的一员,理应自觉遵守,否则就会引起国际公愤。

白磷炮弹主要用作燃烧弹,在特定情况下也可代替照明弹,第二次世界大战末期各国陆军就开始使用。

烟幕弹中装有白磷,当其引爆后,白磷会在空气中迅速燃烧产生大量白烟。

$$4P+5O_2 \xrightarrow{\text{点燃}} 2P_2O_5$$

生成的 P_2O_5 会与空气中的水分发生化学反应:

$$P_2O_5+H_2O \longrightarrow 2HPO_3（偏磷酸）$$

$$P_2O_5+3H_2O \longrightarrow 2H_3PO_4（磷酸）$$

这些酸液滴与一部分未发生反应的白色小颗粒状 P_2O_5 悬浮在空气中便形成了烟雾。

处于白磷燃烧弹作用范围内,最有效的方法是全身浸入水中隔绝空气,降低温度。对于伤处,应立即进行外科处理(将伤处切除)。

1.4　主要分类

按化合价分类,磷可以生成以下四类含氧酸,其中 P 原子都是 sp^3 杂化。

+5 价——H_3PO_4(正磷酸)、$H_4P_2O_7$(焦磷酸)、$H_5P_3O_{10}$(三聚磷酸)、$(HPO_3)_n$(偏磷酸)

+4 价——$H_4P_2O_6$(连二磷酸)

+3 价——H_3PO_3(正亚磷酸)、$H_4P_2O_5$(焦亚磷酸)、HPO_2(偏亚磷酸)

+1 价——H_3PO_2(次磷酸)

1.5　制备方法

磷的现代制法是将磷酸钙与石英砂(主要成分为二氧化硅)及焦炭一起放在电弧炉中加热。为使反应过程易于理解,写成如下两步:

$$Ca_3(PO_4)_2+3SiO_2 \longrightarrow 3CaSiO_3+P_2O_5$$

$$P_2O_5+5C \xrightarrow{\text{高温}} 2P+5CO$$

配　制

将磷酸钙、石英砂(SiO_2)和炭粉的混合物放在电弧炉中熔烧还原:

$$2Ca_3(PO_4)_2+6SiO_2+10C \xrightarrow{1\,373\sim1\,713K} 6CaSiO_3+P_4+10CO$$

把生成的磷蒸气(P_4)通入水中冷却,就得到凝固的白色固体白磷。

该反应的本质是碳把高价的磷还原成单质磷,炭还原磷酸钙的反应需要很高的温度。

1.6　磷的用途

1. 分布区域

磷在生物圈内的分布很广,地壳含量列前 10 位,在海水中浓度属第 2 类。广泛存在于动植物组织中,也是人体含量较多的元素之一,仅次于钙排列为第六位。约占人体重的 1%,成人体内约含有 $600\sim900$ g 的磷。体内的磷 85.7% 集中于骨和牙,其余分布于全身各组织及体液中,其中一半存在于肌肉组织中。它不但构成人体成分,且参与生命活动中非常重要的代谢过程,是机体中很重要的一种元素。

2. 食物来源

磷在食物中分布很广,无论动物性食物或植物性食物,在其细胞中,都含有丰富的磷,动物的乳汁中也含有磷,蛋白质中一般都含有磷,所以瘦肉、蛋、奶、动物的肝、肾中含有磷,海带、紫菜、芝麻酱、花生、干豆类、坚果粗粮中含磷也较丰富。但是,粮谷中的磷为植酸磷,不经过加工处理,吸收利用率低。

代谢吸收磷的吸收部位是小肠,其中以十二指肠及空肠部位吸收最快,回肠较差。磷的吸收分为通过载体需能的主动吸收和扩散被动吸收两种。磷的代谢过程与钙相似,体内的磷平衡取决于体内和体外环境之间磷的交换。磷的主要排泄途径是经肾脏。未经肠道吸收的磷从粪便排出,这部分平均约占机体每日摄磷量的30%,其余70%经由肾以可溶性磷酸盐形式排出,少量也可由汗液排出。

3. 生理功能

（1） 磷和钙都是骨骼和牙齿的重要构成材料,磷是促成骨骼和牙齿的钙化不可缺少的营养素。有些婴儿因为缺少钙和磷,常发生软骨病或佝偻病。骨骼和牙齿的主要成分叫做磷灰石,它就是由磷和钙组成的。人到成年后,虽然骨骼已经停止生长,但其中的钙与磷仍在不断更新,每年约更新20%。也就是说,每隔5年就更新一遍。可是牙齿一旦长出后,便会失去自行修复的能力。如果儿童长牙时缺钙,牙齿就容易损坏。

（2） 磷保持体内 ATP 代谢的平衡。

（3） 磷是组成遗传物质核酸的基本成分之一,而核苷酸是生命中传递信息和调控细胞代谢的重要物质——核糖核酸（RNA）和脱氧核糖核酸（DNA）的基本组成单位。

（4） 磷参与体内的酸碱平衡的调节,参与体内能量的代谢。人体中许多酶都含有磷。碳水化合物、脂肪、蛋白质三种含热能的营养素在氧化时会放出热能,但能量不是一下子释放出来的,其中磷在储存与转移能量的过程中扮演着重要角色。

4. 需要人群

甲状腺功能亢进的人需要补充磷脂。

5. 生理需要

成人适宜摄入量为 700 mg/d。

6. 过量表现

骨质疏松易碎、牙齿蛀蚀、各种钙缺乏症状日益明显、精神不振甚至崩溃,破坏其他矿物质平衡。高磷血症。

7. 所需剂量

一般国家都无明确规定;因 1 周岁以下的婴儿只要按正常要求喂养,钙能满足需要,磷必然也能满足需要;1 周岁以上的幼儿以至成人,由于所吃食物种类广泛,磷的来源不成问题,故实际上并不要规定磷的供给量。一般说来,如果膳食中钙和蛋白质含量充足,则所得到的磷也能满足需要。

美国对磷的供给量有一定的规定,其原则是出生至 1 周岁的婴儿,按钙、磷比值以1.5∶1的量供给磷;1 周岁以上,则按 1∶1 的量供给磷。

8. 摄取提示

因为人类食物中含有丰富的磷,故人类营养性的磷缺乏很少见,中国人不缺乏磷,已经过量并干扰钙的吸收。

9. 元素间影响

磷广泛存在于动植物组织中,并与蛋白质或脂肪结合成核蛋白、磷蛋白和磷脂等,也有少量其他有机磷和无机磷化合物。除植酸形式的磷不能被机体充分吸收和利用外,其他都能被机体利用。谷类种子中主要是植酸形式的磷,利用率很低,但当用酵母发面时,或预先将谷粒浸泡于热水中,则可大大降低植酸磷的含量,从而提高其吸收率。若长期食用大量谷类食品,可形成对植酸的适应力,植酸磷的吸收率也可有不同程度的提高;磷的吸收,也需要维生素 D。维生素 D 缺乏,常使血清无机磷酸盐下降,所以佝偻病患者血钙浓度往往正常,而血清无机磷含量较低。

1.7　元素性质

磷至少有 10 种同素异形体,其中主要的是白磷、红磷和黑磷三种。

1. 白磷

纯白磷是无色而透明的晶体,遇光逐渐变黄,因而又叫黄磷。黄磷剧毒,误食 0.1 g 就会致死。皮肤若经常接触到单质磷也会引起吸收性中毒。白磷不溶于水,易溶于 CS_2。经测定,在溶液或蒸气状态,白磷的分子式为 P_4。白磷蒸气热至 1 073 K 时,P_4 分解为 P_2。P_2 分子结构和 N_2 相同。

白磷晶体是由 P_4 分子组成的分子晶体,P_4 分子呈四面体构型,分子中 P—P 键长是 221 pm,键角∠PPP 是 60°。理论研究认为,P—P 键是 98%3p 轨道形成的键(3s 和 3d 仅占很少成分),纯 p 轨道间的夹角应为 90°,而实际仅有 60°,因此 P_4 分子中 P—P 键受到很大应力而弯曲的键。其键能比正常无应力时的 P—P 键要弱,易于断裂,因此白磷在常温下就有很高的化学活性。

白磷在潮湿的空气中会发生缓慢氧化作用,部分反应能量以光能的形式放出,故在暗处能看到白磷发光。当缓慢氧化积聚的能量达到白磷的着火点时便发生自燃,因此白磷通常要储存在水中以隔绝空气。

白磷和氧化剂反应猛烈,它在氯气中可自燃;遇液氯或溴会发生爆炸,与冷浓硝酸反应剧烈生成磷酸;在热的浓碱液中发生歧化反应生成磷化氢(主要是 PH_3,还有 P_2H_4)和次磷酸盐。

2. 白磷的主要反应有

(1) 白磷在空气中自燃生成氧化物。

$$P_4 + 5O_2 \longrightarrow P_4O_{10}$$

(2) 白磷与卤素单质剧烈反应,在氯气中也能自燃生成三氯化磷和五氯化磷。

$$P_4 + 6Cl_2 \longrightarrow 4PCl_3$$

$$P_4 + 10Cl_2 \longrightarrow 4PCl_5$$

(3) 白磷能被硝酸氧化成磷酸。

$$3P + 5HNO_3 + 2H_2O \longrightarrow 3H_3PO_4 + 5NO \uparrow$$

(4) 白磷溶解在热的浓碱中,歧化生成磷化氢和次磷酸盐。

$$P_4 + 3OH^- + 3H_2O \longrightarrow PH_3 + 3H_2PO_2^-$$

(5) 白磷还可以把金、银、铜和铅从它们的盐中取代出来,如白磷与热的铜盐反应生成磷化亚铜,在冷溶液中会析出铜。

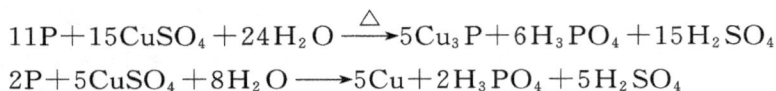

$$11P+15CuSO_4+24H_2O \xrightarrow{\triangle} 5Cu_3P+6H_3PO_4+15H_2SO_4$$

$$2P+5CuSO_4+8H_2O \longrightarrow 5Cu+2H_3PO_4+5H_2SO_4$$

硫酸铜是白磷中毒的解毒剂,如不慎白磷沾到皮肤上,可用 $CuSO_4$ 溶液冲洗,其原理是用磷的还原性来解毒。

(6) 白磷可以被氢气还原生成磷化氢。

$$P_4+6H_2 \longrightarrow 4PH_3$$

3. 红磷

将白磷隔绝空气加热到 533 K 就转变为无定形红磷。它是一种暗红色的粉末,不溶于水、碱和 CS_2,基本无毒,其化学性质比较稳定,虽然可与各种氧化剂反应,但不如白磷那样猛烈,在空气中也不会发生自燃,加热到 673 K 以上才会着火。若与空气长期接触也会发生缓慢氧化,形成易吸水的氧化物,所以红磷保存在未密闭的容器中会逐渐潮解,使用前应小心用水洗涤、过滤和烘干。

4. 黑磷

黑磷是磷的一种最稳定的变体,但因形成它所需的活化能很高,故在一般条件下,其他变体不容易转变为黑磷,只有在 1 200 MPa(12 000 atm)的压强下,将白磷加热到 473 K 会转化为类似石墨片状结构的黑磷。黑磷能导电。在磷的三种同素异形体中,黑磷的密度最大(2.7 g/cm^3),不溶于有机溶剂,一般不易发生化学反应。

工业上用白磷来制备高纯度的磷酸,生产有机磷杀虫剂、烟幕弹等。含有少量磷的青铜叫做磷青铜,它富有弹性、耐磨、抗腐蚀,用于制作轴承、阀门等。大量红磷用于火柴生产,火柴盒侧面所涂物质就是红磷与三硫化二锑等的混合物。磷还用于制备发光二极管的半导体材料如 $GaAS_xP_{1-x}$ 等。

1.8 相关物质

1. 氧化物

磷的氧化物有三氧化二磷和五氧化二磷。

2. 三氧化二磷

(1) 三氧化二磷的制备

磷在常温下慢慢氧化,或在不充分的空气中燃烧,均生成 P($+3$ 价)的氧化物 P_4O_6,常称为三氧化二磷。

$$P_4+3O_2 \longrightarrow P_4O_6$$

(2) 三氧化二磷的结构

P_4O_6 的生成可以看成是 P_4 分子中的 P—P 键因受到 O_2 分子的进攻而断开,在每个 P 原子间嵌入一个 O 原子而形成稠环分子。形成 P_4O_6 分子后,4 个 P 原子的相对位置(正四面体的角顶)并不发生变化。

(3) 三氧化二磷的性质

由于三氧化二磷的分子具有类似球状的结构而容易滑动,所以三氧化二磷是具有滑腻感的白色吸潮性蜡状固体,熔点 296.8 K,沸点(在氮气中)446.8 K。

① 三氧化二磷有很强的毒性,溶于冷水缓慢地生成亚磷酸,它是亚磷酸酐。

$$P_4O_6 + 6H_2O(冷) \longrightarrow 4H_3PO_3$$

② 三氧化二磷在热水中歧化生成磷酸并放出磷化氢:

$$P_4O_6 + 6H_2O(热) \longrightarrow PH_3\uparrow + 3H_3PO_4$$

③ 三氧化二磷易溶于有机溶剂中。

（4）五氧化二磷

① 五氧化二磷的制备

磷在充分的氧气中燃烧,可以生成 P_4O_{10},这个化合物常简称为五氧化二磷。其中 P 的化合价为 +5。

$$P_4 + 5O_2 \longrightarrow P_4O_{10}$$

② 五氧化二磷的结构

在 P_4O_6 的球状分子中,每个 P 原子上还有一对孤电子对,会受到 O_2 分子的进攻,生成四个 P=O 双键,而形成 P_4O_{10} 的分子。

③ 五氧化二磷的性质

五氧化二磷是白色粉末状固体,熔点为 693 K,在 573 K 时升华。它有很强的吸水性,在空气中很快会潮解,它是一种吸水性很强的干燥剂。

五氧化二磷与水剧烈反应,放出大量热,生成 P(+5 价)的各种含氧酸,并不能立即转变成磷酸,只有在 HNO_3 存在下煮沸才能转变成磷酸:

$$P_4O_{10} + 6H_2O \longrightarrow 4H_3PO_4（在 HNO_3 溶液中煮沸）$$

五氧化二磷是磷酸的酸酐。

（5）卤化物

所有的单质卤素都能和白磷反应,和红磷反应则较缓慢,它们都能生成 PX_3、P_2X_4 和 PX_5 等类型的卤化物和混合卤化物。

（6）三卤化磷

用气态的氯和溴与白磷作用可以得到 PCl_3 和 PBr_3,根据理论比值混合白磷和碘在 CS_2 中反应可以得到 PI_3。三氟化磷可用三氟化砷与三氯化磷的反应制备:

$$PCl_3 + AsF_3 \longrightarrow PF_3 + AsCl_3$$

磷也可以生成一些混合卤化物如 PF_2Cl 和 $PFBr_2$。

（7）五卤化磷

单质和卤素直接反应或三卤化物和卤素反应可以得到五卤化磷:

$$P_4 + 10Cl_2 \longrightarrow 4PCl_5$$

$$PF_3 + Cl_2 \longrightarrow PF_3Cl_2$$

第二种方法特别适用于制备混合卤化物。

（8）卤氧化磷

五卤化磷和过量的水直接接触时会迅速发生水解作用,产生磷酸和氢卤酸:

$$PX_5 + 4H_2O \longrightarrow H_3PO_4 + 5HX$$

如果使五卤化磷和有限量的水作用,水解产物是氢卤酸和卤氧化磷 P_8X_3:

$$PX_5 + H_2O \longrightarrow PPX_3 + 2HX$$

卤化氧磷是许多金属卤化物的非水溶剂,它们也能和许多金属卤化物形成配合物,如 $ZrCl_4 \cdot 2POCl_3$,这种配合物应用于分离 Zr 和 Hf。

第二节 硅的发现与用途

2.1 概述

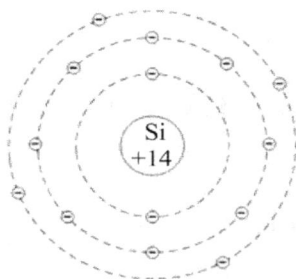

硅原子

硅元素位于元素周期表中第ⅣA族,它的原子序数为14,核外有 14 个电子,相对原子质量为 28.09。在计算中一般用 28。硅原子的核外第一电子层有 2 个电子,第二电子层有 8 个电子,达到稳定态。最外电子层有 4 个电子即为价电子,它对硅原子的导电性等起主导作用。由于电子排布的特点,硅具有一些特殊的性质:最外层的 4 个价电子让硅原子处于亚稳定结构,这些价电子使硅原子相互之间以共价键结合,由于共价键较稳定,硅具有较高的熔点和密度;硅晶体中没有自由电子,导电性较差,且随温度升高而增加,具有半导体性质。

1. 元素描述

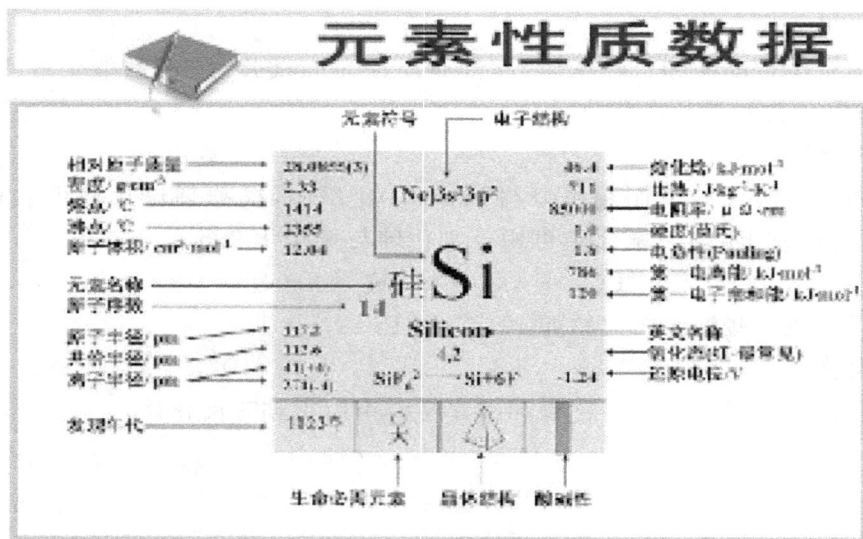

元素性质数据

硅有无定型和晶体两种同素异形体。硅晶体具有明显的金属光泽,呈灰色,密度 2.32~2.34 g/cm³,熔点为 1 410℃,沸点为 2 355℃,具有金刚石的晶体结构。加热下能同单质的卤素、氮、碳等非金属作用,也能同某些金属如 Mg、Ca、Fe、Pt 等作用。生成硅化物。不溶于一般无机酸中,可溶于碱溶液中,并有氢气放出,形成相应的碱金属硅酸盐溶液,与水蒸气发生反应。硅元素在自然界中分布很广,在地壳中的原子百分含量为16.7%。是组成岩石和矿物的基本元素,以石英砂和硅酸盐为主。

2. 来源

用镁还原二氧化硅可得到无定形硅。用炭在电炉中还原二氧化硅可得到晶体硅。电子工业中用的高纯硅则是用氢气还原三氯氢硅或四氯化硅而制得。

3. 主要存在形态

硅在地壳中的含量是除氧元素外最多的元素,约占地壳质量的28%。如果说碳是组成一切有机生命的基础,那么硅对地壳来说,占有同样的位置,因为地壳的主要部分都是由含硅的岩石层构成的。这些岩石几乎全部是由硅石和各种硅酸盐组成。

长石、云母、黏土、橄榄石、角闪石等都是硅酸盐类;水晶、玛瑙、碧石、蛋白石、石英、砂子以及燧石等都是硅石。硅与氧、碳不同,在自然界中没有单质状态存在。

4. 常用化学方程式

$$Si + O_2 \xrightarrow{高温} SiO_2$$

$$Si + 2OH^- + H_2O \longrightarrow SiO_3^{2-} + 2H_2 \uparrow$$

$$Si + 2F_2 \longrightarrow SiF_4$$

$$Si + 4HF \longrightarrow SiF_4 \uparrow + 2H_2 \uparrow$$

$$SiO_2 + 2OH^- \longrightarrow SiO_3^{2-} + H_2O$$

$$SiO_3^{2-} + 2NH_4^+ + H_2O \longrightarrow H_4SiO_4 \downarrow + 2NH_3 \uparrow$$

$$SiO_3^{2-} + CO_2 + 2H_2O \longrightarrow H_4SiO_4 \downarrow + CO_3^{2-}$$

$$SiO_3^{2-} + 2H^+ \longrightarrow H_2SiO_3 \downarrow$$

$$SiO_3^{2-} + 2H^+ + H_2O \longrightarrow H_4SiO_4 \downarrow$$

$$H_4SiO_4 \longrightarrow H_2SiO_3 + H_2O$$

$$3SiO_3^{2-} + 2Fe^{3+} \longrightarrow Fe_2(SiO_3)_3 \downarrow$$

$$3SiO_3^{2-} + 2Al^{3+} \longrightarrow Al_2(SiO_3)_3 \downarrow$$

$$Na_2CO_3 + SiO_2 \xrightarrow{高温} Na_2SiO_3 + CO_2 \uparrow$$

5. 部分化合物

二氧化硅、硅胶、硅酸盐、硅酸、原硅酸、硅烷、二氯硅烷、三氯硅烷、四氯硅烷。

2.2　发现史

1. 硅名称的由来

英文 silicon,来自拉丁文的 silex,silicis,意思为燧石(火石)。最初,有学者原将此元素译为"硅"而令其读为"xi(圭旁确可读 xi 音)"(又,"硅"字本为"砉"字之异体,读 huo)。然而在当时的时空下,由于拼音方案尚未推广普及,一般大众多误读为 gui。化学元素译词除中国原有命名者外,多用音译,中国化学学会注意到此问题,于是又创"矽"字避免误读。所以中国台湾省至今仍用"矽"字。中国大陆在 1953 年 2 月,中国科学院召开了一次全国性的化学物质命名扩大座谈会,有学者以"矽"与另外的化学元素"锡"和"硒"同音易混淆为由,通过并公布改回原名字"硅"并读"gui",但并未意识到其实"硅"字本亦应读 xi

音。有趣的是,矽肺与矽钢片等词汇至今仍在使用。在中国香港,两种用法皆有,但"矽"较通用。

2. 发现过程

1787年,拉瓦锡首次发现硅存在于岩石中。然而在1800年,戴维将其错认为一种化合物。1811年,盖-吕萨克和Thénard可能已经通过将单质钾和四氟化硅混合加热的方法制备了不纯的无定形硅。1823年,硅首次作为一种元素被贝采利乌斯发现,并于一年后提炼出无定形硅,其方法与盖-吕萨克使用的方法大致相同。他随后还用反复清洗的方法将单质硅提纯。

3. 化学性质

(1) 与单质反应:

$$Si + O_2 \xrightarrow{\triangle} SiO_2$$

$$Si + 2F_2 \longrightarrow SiF_4$$

$$Si + 2Cl_2 \xrightarrow{\triangle} SiCl_4$$

(2) 不与其他氧化物反应

(3) 与氧化性酸反应:

$$Si + 4HF \longrightarrow SiF_4\uparrow + 2H_2\uparrow (只与氢氟酸反应)$$

(4)与碱反应:$Si + 2OH^- + H_2O \longrightarrow SiO_3^{2-} + 2H_2\uparrow$(如 NaOH)

4. 应用

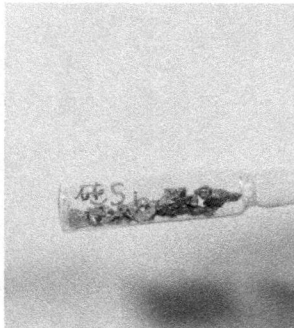

安瓿中的硅

目前,硅主要有以下几方面的应用:

① 高纯的单晶硅是重要的半导体材料。在单晶硅中掺入微量的第ⅢA族元素,形成p型硅半导体;掺入微量的第ⅤA族元素,形成n型半导体。n型和p型半导体结合在一起,就可制成太阳能电池,将辐射能转变为电能。在开发能源方面是一种很有前途的材料。另外广泛应用的二极管、三极管、晶体管和各种集成电路(包括计算机内的芯片和CPU)都是以硅为原材料。单晶硅作为半导体器件的核心材料,大大促进了信息技术的革命。自20世纪中叶以来,单晶硅随着半导体工业的需要而迅速发展。

② 金属陶瓷、宇宙航行的重要材料。将陶瓷和金属混合烧结,制成金属陶瓷复合材料,它耐高温,富韧性,可以切割,既继承了金属和陶瓷各自的优点,又弥补了两者的缺陷。可应用于军事武器的制造。第一架航天飞机"哥伦比亚号"能抵挡住高速穿行稠密大气时摩擦产生的高温,主要依靠其31 000块硅瓦拼砌成的外壳。

③ 光导纤维通信,最新的现代通信手段。用纯二氧化硅可以拉制出高透明度的玻璃纤维。激光可在玻璃纤维的通路里,发生无数次全反射而向前传输,代替笨重的电缆。光纤通信容量高,一根头发丝粗细的玻璃纤维,可以同时传输256路电话;并且还不受电、磁的干扰,不怕窃听,具有高度的保密性。

④ 性能优异的硅有机化合物。有机硅化合物是指含有 Si—O 键且至少有一个有机基团直接与硅原子相连的化合物,习惯上也常把通过氧、硫、氮等使有机基团与硅原子相连接的化合物也当作有机硅化合物。其中,以硅氧键(—Si—O—Si—)为骨架组成的聚硅氧烷,是有机

硅化合物中为数最多、研究最深、应用最广的一类,约占总用量的 90% 以上。例如,有机硅塑料是非常好的防水涂布材料。在地下铁管喷涂有机硅,可以一劳永逸地解决渗水问题。在古文物、雕塑的外表,涂一层薄薄的有机硅塑料,可以防止青苔滋生,抵挡风吹雨淋和风化。天安门广场上的人民英雄纪念碑,就是经过有机硅塑料处理的,因此永远洁白、清新。

用途

⑤ 硅与有机橡胶合成的材料俗称硅胶,其柔软度、韧性和防水性都优于普通橡胶,是人造血管、骨骼的最佳材料。

2.3 硅与人体健康

1. 硅的生理功能

在结缔组织、软骨形成中硅是必需的材料,硅能将粘多糖互相连接,并将粘多糖结合到蛋白质上,形成纤维性结构,从而增加结缔组织的弹性和强度,维持结构的完整性;硅参与骨的钙化作用,在钙化初始阶段起作用,食物中的硅能增加钙化的速率,尤其当钙摄入量低时效果更为明显;胶原中氨基酸约 21% 为羟脯氨酸,脯氨酰羟化酶使脯氨酸羟基化,它显示最大活力时需要硅;通过对不同来源的胶原分析,结果显示硅是胶原组成成分之一。

2. 参考摄入量

由于没有人体硅需要量的实验资料,因此难以提出合适的人体每日硅的需求量,由动物实验推算,硅易吸收,每天人体的需要量可能为 2~5 mg。但是,膳食中大部分硅不易被吸收,推荐摄入量每天约为 5~10 mg,可以认为每日摄入 20~50 mg 是适宜的。

3. 过量表现

(1) 高硅症

高硅饮食的人群中曾发现局灶性肾小球肾炎,肾组织中含硅量明显增高。也有报道有人大量服用硅酸镁（含硅抗酸剂）可能诱发人体的尿路结石。

（2）硅肺病

经呼吸道长期吸入大量含硅的粉尘，可引起矽肺。

（3）不足表现

饲料中缺少硅可使动物生长迟缓、缺乏导致头发、指甲易断裂，皮肤失去光泽。动物试验结果显示，喂饲致动脉硬化饮料的同时补充硅，有利于保护动物的主动脉的结构。另外，已确定血管壁中硅含量与人和动物粥样硬化程度呈反比。在心血管疾病长期发病率相差两倍的人群中，其饮用水中硅的含量也相差约两倍，饮用水硅含量高的人群患病较少。

第七章

常见金属

第一节　铝

　　铝是银白色轻金属,有延性和展性。商品中常制成棒状、片状、箔状、粉状、带状和丝状。潮湿空气中其表面能形成一层防止金属腐蚀的氧化膜。铝粉和铝箔在空气中加热能剧烈燃烧,并发出眩目的白色火焰。易溶于稀硫酸、硝酸、盐酸、氢氧化钠和氢氧化钾溶液,不溶于水。密度为 2.70 g/cm³、熔点为 660℃、沸点为 2 327℃。铝元素在地壳中的含量仅次于氧和硅,居第三位,是地壳中含量最丰富的金属元素,应用极为广泛。是国民经济中不可缺少的基础原材料,广泛用于建筑、包装、交通运输、电力等领域。

　　铝及铝合金是当前用途十分广泛的、最经济适用的材料之一。世界铝产量从 1956 年开始超过铜产量,并一直居有色金属之首。当前铝的产量和用量(按吨计算)仅次于钢材,成为人类应用的第二大金属;而且铝的资源十分丰富,据初步计算,铝的矿藏储存量约占地壳构成物质的 8% 以上。

　　铝是元素周期表中第 3 周期第ⅢA 族元素,原子序数为 13,相对原子质量为26.981 54,原子半径为 0.143 nm,离子半径为 0.086 nm。

　　铝的密度小和耐腐蚀,是其性能中两大突出优点。纯铝的密度约为 2.7 g/cm³,仅为铁、铜密度的三分之一。无论是固体铝或熔融铝,其密度均随着纯度的提高而降低;同等纯度的熔融铝的密度,则随温度的提高而降低。铝对自然界的水(含海水)、大气中的各种元素以及油料与各种化学物品,都有良好的耐腐蚀性。这是由于铝的化学性质极其活泼,其最特殊的性能是具有同氧(特别是空气中的氧)强烈结合的倾向,铝在空气中被其表面生成一层厚度约为 2×10^{-4} mm 的致密氧化膜(氧化铝)所覆盖,防止了铝的继续氧化,从而使铝具有良好的耐蚀性。

　　铝氧化程度,取决于温度、铝的粉碎程度及存在于其中的其他金属杂质。当温度高于铝的熔点时,被氧化最快;而粉碎的很细的铝粉,当在空气中加热时可剧烈燃烧。铝中若存在镁、纳、铜、硅时,可增加氧化程度。铝中有杂质存在时,氧化膜与铝的链接力大小减弱。

　　铝生成氧化膜的化学方程式为:

$$4Al + 3O_2 \longrightarrow 2Al_2O_3$$

1.1　基本性质

　　铝为银白色轻金属。有延展性。商品常制成棒状、片状、箔状、粉状、带状和丝状。制作日用器皿的铝通常叫做"钢精"或"钢种"。

　　由于铝的活泼性强,不易被还原,因而它被发现得较晚。1800 年意大利物理学家伏特创建电池后,在 1808～1810 年,英国化学家戴维和瑞典化学家贝齐里乌斯都曾试图利用电流从铝钒土中分离出铝,但都没有成功。贝齐里乌斯还给这个未能取得的金属起了一个名字 alumien。这来自拉丁文 alumen。该名词在中世纪的欧洲是对具有收敛性矾的总称,是指染棉织品时用的媒染剂。铝后来的拉丁文名称 aluminium 和元素符号 Al 正是由此而来。

1825 年丹麦化学家奥斯特发表用实验制取铝的论文。1827 年,德国化学家武勒重复了奥斯特的实验,并不断改进制取铝的方法。1854 年,德国化学家德维尔利用钠代替钾还原氯化铝,制得成锭的金属铝。

1.2 化学性质

铝是活泼金属,在干燥空气中铝的表面很快会形成厚约 50 埃(1 埃＝0.1 nm)的致密氧化膜,使铝不会进一步被氧化并能耐水;但铝的粉末与空气混合则极易燃烧;熔融的铝能与水剧烈反应;高温下能将许多金属氧化物还原为相应的金属;铝具有两性,既易溶于强碱,也溶于稀酸。

有关铝的化学方程式为:

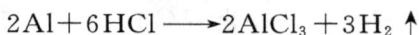

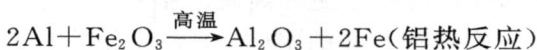

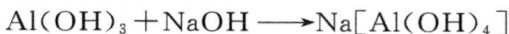

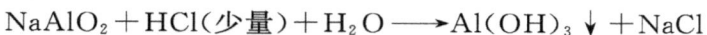

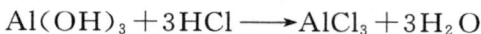

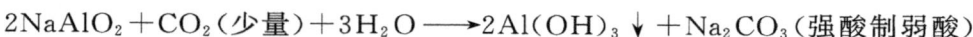

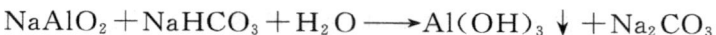

$$2Al + 6HCl \longrightarrow 2AlCl_3 + 3H_2 \uparrow$$

$$2Al + 3H_2SO_4(稀) \longrightarrow Al_2(SO_4)_3 + 3H_2 \uparrow$$

$$2Al + 2NaOH + 6H_2O \longrightarrow 2Na[Al(OH)_4] + 3H_2 \uparrow$$

$$Al + 6HNO_3(浓) \xrightarrow{\triangle} Al(NO_3)_3 + 3NO_2 \uparrow + 3H_2O$$

$$Al + 4HNO_3(稀) \longrightarrow Al(NO_3)_3 + NO \uparrow + 2H_2O$$

$$8Al + 30HNO_3(较稀) \longrightarrow 8Al(NO_3)_3 + 3N_2O \uparrow + 15H_2O$$

$$8Al + 30HNO_3(极稀) \longrightarrow 8Al(NO_3)_3 + 3NH_4NO_3 + 9H_2O$$

$$2Al + Fe_2O_3 \xrightarrow{高温} Al_2O_3 + 2Fe(铝热反应)$$

$$2Al + 6H_2O \xrightarrow{\triangle} 2Al(OH)_3 + 3H_2 \uparrow$$

$$2Al(OH)_3 \xrightarrow{\triangle} Al_2O_3 + 3H_2O$$

$$Al_2(SO_4)_3 + 6NH_3 \cdot H_2O \longrightarrow 2Al(OH)_3 \downarrow + 3(NH_4)_2SO_4$$

$$Al_2O_3 + 6HCl \longrightarrow 2AlCl_3 + 3H_2O$$

$$Al_2O_3 + 2NaOH + 6H_2O \longrightarrow 2Na[Al(OH)_4] + 3H_2O$$

$$Al_2O_3 + 2NaOH + 3H_2O \longrightarrow 2Na[Al(OH)_4]$$

$$AlCl_3 + 3NaOH \longrightarrow Al(OH)_3 \downarrow + 3NaCl$$

$$Al(OH)_3 + NaOH \longrightarrow Na[Al(OH)_4]$$

$$Al_2(SO_4)_3 + 6NaHCO_3 \longrightarrow 2Al(OH)_3 \downarrow + 3Na_2SO_4 + 6CO_2 \uparrow$$

$$NaAlO_2 + HCl(少量) + H_2O \longrightarrow Al(OH)_3 \downarrow + NaCl$$

$$Al(OH)_3 + 3HCl \longrightarrow AlCl_3 + 3H_2O$$

$$NaAlO_2 + 4HCl(过量) \longrightarrow AlCl_3 + NaCl + 2H_2O$$

$$2NaAlO_2 + CO_2(少量) + 3H_2O \longrightarrow 2Al(OH)_3 \downarrow + Na_2CO_3(强酸制弱酸)$$

$$NaAlO_2 + CO_2(过量) + 2H_2O \longrightarrow Al(OH)_3 \downarrow + NaHCO_3$$

$$NaAlO_2 + NaHCO_3 + H_2O \longrightarrow Al(OH)_3 \downarrow + Na_2CO_3$$

$$AlCl_3 + 3NaAlO_2 + 6H_2O \longrightarrow 4Al(OH)_3 \downarrow + 3NaCl$$

$$4Al + 3O_2 \xrightarrow{\text{点燃}} 2Al_2O_3$$

1.3　含铝化合物

铝在地壳中的含量相当高，主要以铝硅酸盐矿石形式存在，还有铝土矿和冰晶石。氧化铝为一种白色无定形粉末，它有多种变体，其中最为人们所熟悉的是 α-Al_2O_3 和 β-Al_2O_3。自然界中存在的刚玉即属于 α-Al_2O_3，它的硬度仅次于金刚石，熔点高、耐酸碱，常用来制作轴承，制造磨料、耐火材料，如刚玉坩埚，可耐 1 800℃的高温。Al_2O_3 由于含有不同的杂质而有多种颜色。例如，含微量 $Cr(+3)$ 的呈红色，称为红宝石；含有 $Fe(+2)$、$Fe(+3)$ 或 $Ti(+4)$ 的称为蓝宝石。

β-Al_2O_3 是一种多孔的物质，每克内表面积可高达数百平方米，有很高的活性，又名活性氧化铝，能吸附水蒸气等许多气体、液体分子，常用作吸附剂、催化剂载体和干燥剂等，工业上冶炼铝也以此作为原料。

氢氧化铝可用于制备铝盐、吸附剂、媒染剂和离子交换剂，也可用作瓷釉、耐火材料、防火布等原料，其凝胶液和干凝胶在医药上用作止酸药，有中和胃酸和治疗溃疡的作用，用于治疗胃和十二脂肠溃疡病以及胃酸过多症。

偏铝酸钠常用于印染织物，生产湖蓝色染料，制造毛玻腐、肥皂、硬化建筑石块。此外它还是一种较好的软水剂、造纸的填料、水的净化剂，人造丝的去光剂等。

无水氯化铝是石油工业和有机合成中常用的催化剂。例如，芳烃的烷基化反应，也称为傅列德尔—克拉夫茨烷基化反应，在无水三氯化铝催化下，芳烃与卤代烃（或烯烃和醇）发生亲电取代反应，生成芳烃的烷基取代物。六水合氯化铝可用于制备除臭剂、安全消毒剂及石油精炼等。

溴化铝是常用的有机合成和异构化的催化剂。

磷化铝遇潮湿或酸放出剧毒的磷化氢气体，可毒死害虫，农业上用于谷仓杀虫的熏蒸剂。

硫酸铝常用作造纸的填料、媒染剂、净水剂和灭火剂，油脂澄清剂，石油脱臭除色剂，并用于制造沉淀色料、防火布和药物等。

冰晶石即六氟合铝酸钠，在农业上常用作杀虫剂；硅酸盐工业中用于制造玻璃和搪瓷的乳白剂。

由明矾石经加热萃取而制得的明矾是一种重要的净水剂、染媒剂，医药上用作收敛剂。硝酸铝可用于鞣革和制白热电灯丝，也可用作媒染剂；硅酸铝常用于制玻璃、陶瓷、油漆的颜料以及油漆、橡胶和塑料的填料等，硅铝凝胶具有吸湿性，常被用作石油催化裂化或其他有机合成的催化剂载体。

在铝的羧酸盐中，二甲酸铝、三甲酸铝常用作媒染剂、防水剂和杀菌剂等；二乙酸铝除可作媒染剂外，还被用作收剑剂和消毒剂，也用于防腐液；三乙酸铝用于制造防水防火织物、色淀；药物（含漱药、收敛药、防腐药等），并用作媒染剂等；十八酸铝（硬脂酸铝）常用于油漆的防沉淀剂、织物防水剂、润滑油的增厚剂、工具的防锈油剂、聚氯乙烯塑料的耐热稳定剂等；油酸铝除用作织物等的防水剂、润滑油的增厚剂外，还用于油漆的催干剂、塑料制品的润滑剂等。

硫糖铝又名胃溃宁,学名蔗糖硫酸酯碱式铝盐,它能和胃蛋白酶配合,直接抑制蛋白分解活性,作用较持久,并能形成一种保护膜,对胃黏膜有较强的保护作用和制酸作用,帮助黏膜再生,促进溃疡愈合,毒性低,是一种良好的胃肠道溃疡治疗剂。

近年,人们又开发了一些新的含铝化合物,如烷基铝等,随着科学的发展,人们将会更好地利用铝及化合物为人类造福。

1.4　铝合金

纯的铝很软,强度不大,有着良好的延展性,可拉成细丝和轧成箔片,大量用于制造电线、电缆、无线电工业以及包装业。它的导电能力约为铜的三分之二,但由于其密度仅为铜的三分之一,因而,将等质量和等长度的铝线和铜线相比,铝的导电能力约为铜的两倍,且价格较铜低,所以野外高压线多由铝做成,既节约了大量成本,又缓解了铜材的紧张。

铝的导热能力比铁大三倍,工业上常用铝制造各种热交换器、散热材料等,家庭使用的许多炊具也由铝制成。与铁相比,它还不易锈蚀,延长了使用寿命。铝粉具有银白色的光泽,常和其他物质混合用作涂料,刷在铁制品的表面,保护铁制品免遭腐蚀,而且美观。由于铝在氧气中燃烧时能发出耀眼的白光并放出大量的热,又常被用来制造一些爆炸混合物,如铵铝炸药等。

冶金工业中,常用铝热剂来熔炼难熔金属。例如,铝粉和氧化铁粉混合,引发后即发生剧烈反应,工业上常用此法焊接钢轨;炼钢工业中铝常用作脱氧剂;光洁的铝板具有良好的光反射性能,可用于制造高质量的反射镜、聚光碗等。铝还具有良好的吸音性能,根据这一特点,一些广播室,现代化大建筑内的天花板等有的采用了铝。纯的铝较软,1906年,德国冶金学家维尔姆在铝中加入少量镁、铜,制得了坚韧的铝合金。后来,德国杜拉公司购买这一专利,所以铝又称为"杜拉铝",在以后几十年的发展过程中,人们根据不同的需要,研制出了许多铝合金,它在许多领域起着非常重要的作用。

在某些金属中加入少量铝,便可大大改善其性能。例如,青铜铝(含铝 4%～15%),该合金具有高强度的耐蚀性,硬度与低碳钢接近,且有着不易变暗的金属光泽,常用于珠宝饰物和建筑工业中,制造机器的零件和工具,用于酸洗设备和其他与稀硫酸、盐酸和氢氟酸接触的设备;制作电焊机电刷和夹柄;重型齿轮和蜗轮,金属成型模、机床导轨、不发生火花的工具、无磁性链条、压力容器、热交换器、压缩机叶片、船舶螺旋桨和锚等。在铝中加入镁,便制得铝镁合金,其硬度比纯的镁和铝都大许多,而且保留了其质轻的特点,常用于制造飞机的机身,火箭的箭体;制造门窗、美化居室环境;制造船舶。

渗铝,是钢铁化学热处理方法的一种,使普通碳钢或铸铁表面上形成耐高温的氧化铝膜以保护内部的铁。铝是一种十分重要的金属,然而,许多含铝化合物对人类的作用也是非常重大的。

1.5　根据铝合金中铝及其他元素的含量

(1) 纯铝:纯铝按其纯度分为高纯铝、工业高纯铝和工业纯铝三类。焊接主要是工业纯铝,工业纯铝的纯度为 99.7%～98.8%。

(2) 铝合金:往纯铝中加入合金元素就得到了铝合金。根据铝合金的加工工艺特性,可将它们分为形变铝合金和铸造铝合金两类。形变铝合金塑性好,适宜于压力加工。

形变铝合金按照其性能特点和用途可分为防锈铝(LF)、硬铝(LY)、超硬铝(LC)和锻铝(LD)四种。铸造铝合金按加入主要合金元素的不同,分为铝硅系(AL－Si)、铝铜系(Al－Cu)、铝镁系(Al－Mg)和铝锌系(Al－Zn)四种。

1.6 历史简介

中国 3 世纪的军事家周处的墓葬中发现一个奇特的金属装饰物,分析后发现其含有 85% 的铝。它是如何产生的至今还是一个未解之谜。在 18 世纪末,氧化铝被发现包含一种金属,但都没能从中提取出来。Humphry Davy 使用电流提取了钠和钾,从"泥土"(氧化物)中,不能用同样的方法提取铝。1827 年第一个制取铝的人是哥本哈根(丹麦首都)的 Hans Christian Oersted,并第一次使用钠代替钾获得了纯净的铝。

1.7 工业制法

1854 年,法国化学家德维尔把铝矾土、木炭、食盐混合,通入氯气后加热得到 NaCl 和 AlCl 的复盐,再将此复盐与过量的钠熔融,得到了金属铝。这时的铝十分珍贵,据说在一次宴会上,法国皇帝独自用铝制的刀叉,而其他人都用银制的餐具。泰国当时的国王曾用过铝制的表链;1855 年巴黎国际博览会上,展出了一小块铝,标签上写道:"来自黏土的白银。"并将它放在最珍贵的珠宝旁边。1889 年,俄国沙皇赐给门捷列夫铝制奖杯,以表彰其编制化学元素周期表的贡献。1886 年,美国的豪尔和法国的海朗特,分别独立地用电解熔融的铝矾土和冰晶石的混合物制得了金属铝,奠定了今天大规模生产铝的基础。

铝以化合态的形式存在于各种岩石或矿石里,如长石、云母、高岭石、铝土矿、明矾石等。由铝的氧化物与冰晶石($3NaF \cdot AlF_3$)共熔电解可制得铝,其主要反应过程如下。

从铝土矿中提取铝反应的过程:

① 溶解:将铝土矿溶于 $NaOH(aq)$:$Al_2O_3 + 2NaOH \longrightarrow 2NaAlO_2 + H_2O$

② 过滤:除去残渣氧化亚铁(FeO)、硅铝酸钠等

③ 酸化:向滤液中通入过量 CO_2:

$$NaAlO_2 + CO_2 + 2H_2O \longrightarrow Al(OH)_3 \downarrow + NaHCO_3$$

④ 过滤、灼烧 $Al(OH)_3$:$2Al(OH)_3 \xrightarrow{\text{高温}} Al_2O_3 + 3H_2O$

⑤ 电解:$2Al_2O_3(l) \xrightarrow{\text{通电}} 4Al + 3O_2 \uparrow$

注:① 电解时为使氧化铝熔融温度降低,在 Al_2O_3 中添加冰晶石(Na_3AlF_6)。

② 不用电解熔融 $AlCl_3$ 炼 Al 的原因:$AlCl_3$ 是共价化合物,其熔融态不导电。

1. 从整个工艺流程分析,可分成提纯和冶炼两个阶段。

2. NaOH 溶解铝土矿的实质是溶解氧化铝。

3. 两次过滤的作用是除去杂质和分离 $Al(OH)_3$。

4. 把滤液酸化的作用是生成 $Al(OH)_3$。

5. 流程中用二氧化碳而不用盐酸的原因是 $Al(OH)_3$ 可溶解在过量的 HCl 中。

6. 将过滤后的白色固体灼烧,生成了 Al_2O_3:$2Al(OH)_3 \xrightarrow{\triangle} Al_2O_3 + 3H_2O$

1.8 相关测定

1. 方法名称

硫糖铝—铝的测定—配合滴定法

2. 应用范围

本方法采用配合滴定法测定硫糖铝中铝的含量。

本方法适用于硫糖铝中铝的含量测定。

3. 方法原理

取样品适量,经溶解稀释中和处理后,加醋酸—醋酸铵缓冲液,加乙二胺四乙酸二钠滴定液(0.05 mol/L),煮沸 3～5 min,放冷至室温。每 1 mL 乙二胺四乙酸二钠滴定液(0.05 mol/L)相当于 1.349 mg 的铝,计算,即得。

4. 测定试剂

（1） 水（新沸放置至室温）

（2） 醋酸—醋酸铵缓冲液（pH＝6.0）

（3） 二甲酚橙指示液

（4） 锌滴定液（0.05 mol/L）

（5） 乙二胺四乙酸二钠滴定液（0.05 mol/L）

（6） 基准氧化锌

（7） 稀盐酸

（8） 甲基红的乙醇溶液（0.025％）

（9） 氨试液

（10） 铬黑 T 指示剂

（11） 氨—氯化铵缓冲液（pH＝10.0）

5. 试样制备

（1） 乙酸—乙酸铵缓冲液（pH＝6.0）

取乙酸铵 100 g,加水 300 mL 溶解,加冰醋酸 7 mL,摇匀,即得。

（2） 二甲酚橙指示液

取二甲酚橙 0.2 g,加水 100 mL 溶解。

（3） 锌滴定液（0.05 mol/L）

配制:取硫酸锌 15 g（相当于锌约 3.3 g）,加稀盐酸 10 mL 与水适量,使其溶解成 1 000 mL,摇匀。

标定:精确量取试液 25 mL,加 0.025％甲基红的乙醇溶液 1 滴,滴加氨试液至溶液显微黄色,加水 25 mL,氨—氯化铵缓冲液（pH10.0）与铬黑 T 指示剂少量,用乙二胺四乙酸二钠滴定液（0.05 mol/L）滴定至溶液由紫色变为纯蓝色,并将滴定的结果用空白试验校正。根据乙二胺四乙酸二钠滴定液的消耗量,算出待测液的浓度,即得。

（4） 乙二胺四乙酸二钠滴定液（0.05 mol/L）

配制:取乙二胺四乙酸二钠 19 g,加新煮沸过的冷水配成 1 000 mL,摇匀。

标定:每 1 mL 乙二胺四乙酸二钠滴定液（0.05 mol/L）相当于 4.069 mg 的氧化锌。根据待测液的消耗量与氧化锌的取用量,算出待测液的浓度。

储藏：置玻璃塞瓶中，避免与橡胶塞、橡胶管等接触。

（5）稀盐酸

取盐酸 234 mL，加水稀释至 1 000 mL，即得。待测液含 HCl 应为 9.5%～10.5%。

（6）氨试液

取浓氨溶液 400 mL，加水配成 1 000 mL，即得。

（7）铬黑 T 指示剂

取铬黑 T0.1 g，加氯化钠 10 g，研磨均匀，即得。

（8）氨—氯化铵缓冲液（pH=10.0）

取氯化铵 5.4 g，加水 20 mL 溶解后，加浓氨水 35 mL，再加水稀释至 100 mL，即得。

操 作 步 骤

取样品约 1.0 g，精确称定，置于 200 mL 量瓶中，加稀盐酸 10 mL 溶解后，加水稀释至刻度，摇匀，精确量取 20 mL，加氨试液中和至恰好析出沉淀，再滴加稀盐酸至沉淀恰好溶解为止，加醋酸—醋酸铵缓冲液（pH=6.0）20 mL，再精确加乙二胺四乙酸二钠滴定液（0.05 mol/L）25 mL，煮沸 3～5 min，冷至室温，加二甲酚橙指示液 1 mL，用锌滴定液（0.05 mol/L）滴定至溶液自黄色转变为红色，并将滴定结果用空白试验校正。

注 1："精确称取"系指称取质量应准确至所称取质量的千分之一，"精确量取"系指量取体积的准确度应符合国家标准中对该体积移液管的精度要求。

注 2："水分测定"用烘干法，取样品 2～5 g，平铺于干燥至恒重的扁形称瓶中，厚度不超过 5 mm，疏松样品不超过 10 mm，精确称取，打开瓶盖在 100℃～105℃ 干燥 5 h，将瓶盖盖好，移置干燥器中，冷却 30 min，精确称定质量，再在上述温度下干燥 1 h，冷却，称重，至连续两次称重的差异不超过 5 mg 为止。根据减失的质量，计算样品中含水量（%）。

1.9　与水反应

铝和水的反应是 $2Al+6H_2O \longrightarrow 2Al(OH)_3+3H_2 \uparrow$，反应实质：水是极弱的电解质，但水电离出的氢离子和氢氧根离子与铝反应，生成 $Al(OH)_3$ 和 H_2。反应条件可加热也可以在常温下进行，在常温下反应的现象很难观察。

实 验 说 明

根据铝的还原性可推断铝可以与水反应，但实验发现，铝与沸水几乎没有反应现象，因此许多人认为铝与水不反应。其实不然，铝在加热条件下能与水蒸气发生明显反应，但反应一开始就与水中的氧气生成致密氧化膜而阻止反应进一步进行。

实 验 改 进

用氢氧化钠溶液除去铝表面致密氧化膜后，让去膜铝与硝酸汞溶液反应，置换出的汞单质与铝单质作用生成铝汞齐，使部分晶格中铝原子被汞原子所占，以至于不能生成致密氧化物，进一步可进行铝与水的反应。

1.10 主要用途

物质的用途在很大程度上取决于物质的性质。因为铝有多种优良性能,所以铝有着极为广泛的用途。

（1）铝的密度很小,仅为 2.7 g/cm³,虽然它比较软,但可制成各种铝合金,如硬铝、超硬铝、防锈铝、铸铝等。这些铝合金广泛应用于飞机、汽车、火车、船舶等制造工业。此外,宇宙火箭、航天飞机、人造卫星也使用大量的铝及其铝合金。例如,一架超音速飞机约由70％的铝及其铝合金构成。船舶建造中也大量使用铝,一艘大型客船的用铝量达几千吨。

（2）铝的导电性仅次于银、铜,虽然它的导电率只有铜的 2/3,但密度只有铜的 1/3,所以输送同量的电量,铝线的质量只有铜线的一半。铝表面的氧化膜不仅有耐腐蚀的能力,而且有一定的绝缘性,所以铝在电器制造工业、电线电缆工业和无线电工业中有广泛的用途。

（3）铝是热的良导体,它的导热能力比铁大 3 倍,工业上可用铝制造各种热交换器、散热材料和炊具等。

（4）铝有较好的延展性(它的延展性仅次于金和银),在 100℃～150℃时可制成薄于 0.01 mm 的铝箔。这些铝箔广泛用于包装香烟、糖果等,还可制成铝丝、铝条,并能轧制各种铝制品。

（5）铝的表面因有致密的氧化物保护膜,不易受到腐蚀,常用于制造化学反应器、医疗器械、冷冻装置、石油精炼装置、石油和天然气管道等。

（6）铝粉具有银白色光泽(一般金属在粉末状时的颜色多为黑色),常用来做涂料,俗称银粉、银漆,以保护铁制品不被腐蚀,而且美观。

（7）铝在氧气中燃烧能放出大量的热和耀眼的光,常用于制造爆炸混合物,如铵铝炸药(由硝酸铵、木炭粉、铝粉、烟黑及其他可燃性有机物混合而成)、燃烧混合物(如用铝热剂做的炸弹和炮弹可用来攻击难以着火的目标或坦克、大炮等)和照明混合物(如含硝酸钡 68％、铝粉 28％、虫胶 4％)。

（8）铝热剂常用来熔炼难熔金属和焊接钢轨等。铝还用作炼钢过程中的脱氧剂。铝粉和石墨、二氧化钛(或其他高熔点金属的氧化物)按一定比率均匀混合后,涂在金属上,经高温煅烧而制成耐高温的金属陶瓷,它在火箭及导弹技术上有重要应用。

（9）铝板对光的反射性能也很好,反射紫外线比银强,铝越纯,其反射能力越好,因此常用来制造高质量的反射镜,如太阳灶反射镜等。

（10）铝具有吸音性能,音响效果也较好,所以广播室、现代化大型建筑室内的天花板等也采用铝。

（11）耐低温,铝在温度低时,它的强度反而增加而无脆性,因此它是理想的用于低温装置材料,如冷藏库、冷冻库、南极雪上车辆、过氧化氢的生产装置。

（12）是两性氧化物。

1.11 合金强化

纯铝的力学性能不高,不适宜制作承受较大载荷的结构零件。为了提高铝的力学性能常在纯铝中加入某些合金元素制成合金,常加入的合金元素有铜、镁、铬、锌、硅、锰、镍、钴、钛及锶等。这些合金元素加入后通过以下几方面对铝进行强化。

1. 固熔强化

合金元素加入纯铝中形成无限固熔体或有限固熔体,不仅能获得高的强度,而且还能获得优良的塑性与良好的压力加工性能。在一般铝合金中固熔强化最常用的合金元素是铜、镁、锰、锌、硅、镍等元素。一般铝的合金化都形成有限的固熔体,如 Al - Cu,Al - Mg,Al - Zn,Al - Si,Al - Mn 等二元合金均形成有限固熔体,并且都有较大的极限熔解度能起较大的固熔强化效果。

2. 时效强化

铝合金热处理后可以得到过饱和的铝基固熔体。这种过饱和铝基固熔体在室温或加热到某一温度时,其强度的硬度随时间的延长而增高,但塑性降低。这个过程称为时效。时效过程中使合金的强度、硬度增高的现象称为时效强化或时效硬化。

3. 过剩相强化

当铝中加入的合金元素含水量超过其极限熔解度时,淬火加热时便有一部分不能熔入固熔体的第二相出现称之为过剩相。在铝合金中过剩相多为硬而脆的金属间化合物。它们在合金中起阻碍滑移和位错运动的作用,使强度、硬度提高,而塑性、韧性降低。合金中过剩相的数量愈多,其强化效果愈好,但过剩相多时,由于合金变脆而导致强度、塑性降低。

4. 细化组织强化

在铝合金中添加微量元素细化组织是提高铝合金力学性能的另一种重要手段。

变形铝合金中添加微量钛、锆、铍、锶以及稀土元素,它们能形成难熔化合物,在合金结晶时作为非自发晶核,起细化晶粒作用,提高合金的强度和塑性。

铸造铝合金中常加入微量元素作变质处理来细化合金组织,提高强度和塑性。变质处理对不能热处理强化或强化效果不大的铸造铝合金和变形铝合金具有特别重要的意义。例如,在铝硅铸造铝合金中加入微量钠或钠盐或锑作变质剂进行变质处理,细化组织可以显著提高塑性和强度。同样在铸造铝合金中加入少量锰、铬、钴等元素能使杂质铁形成的板块状或针状化合物 AlFeSi 细化,提高塑性,加入微量锶可消除或减少初晶硅,并使共晶硅细化。

5. 冷变形强化

冷变形强化亦称冷作硬化,即金属材料在再结晶温度以下冷变形,冷变形时,金属内部位错密度增大,形成胞状结构,阻碍位错运动。变形度越大,变形抗力越大,强度越高。冷变形后强化的程度随变形度、变形温度及材料本身的性质而不同。同一材料在同一温度下冷变形时,变形度越大则强度越高。塑性随变形程度的增加而降低。

1.12　铝的危害

铝的不当使用会产生一些副作用。铝盐可能导致人的记忆力丧失。广泛使用铝盐净化水可能导致脑损伤,造成严重的记忆力丧失,这是早老性痴呆症特有的症状。研究人员对老鼠的实验表明,混在饮水中的微量铝进入老鼠的脑中并逐渐积累,给它们喝一杯经铝盐处理过的水后,它们脑中的含铝量就达到可测量的水平。

研究发现,铝元素能损害人的脑细胞。

根据世界卫生组织的评估,规定铝的每日摄入量为 $0\sim0.6$ mg/kg,这里的 kg 是指人的体重,即一个 60 kg 的人允许摄入量为 36 mg。

我国《食品添加剂使用标准 GB2760 – 2011》中规定,铝的残留量要小于等于 100 mg/kg。以此计算,一个体重 60 kg 的人每天吃油条不超过 360 g 就不必担心。

铝在人体内是慢慢蓄积起来的,其引起的毒性缓慢、且不易察觉,然而,一旦发生代谢紊乱的毒性反应,则后果非常严重。因此,必须引起重视,在日常生活中要防止铝的吸收,减少铝制品的使用。

铝及其化合物对人类的危害与其贡献相比是无法相提并论的,只要人们切实注意,扬长避短,它对人类社会将发挥更为重要的作用。

避免方法:

1. 避免使用铝制成的炊具。

2. 少吃炸油条、由铝包装的糖果等食品,少喝易拉罐装的软饮料。

3. 部分药品由含铝物质制成,应减少服用。

1.13 铝的应用

1. 铝合金质量较轻而强度较高,因而在制造飞机、汽车、火箭中被广泛应用。

2. 由于铝有良好的导电性和导热性,可用作超高电压的电缆材料。高纯铝具有更优良的性能。

3. 铝在高温时的还原性极强,可以用于冶炼高熔点的金属。这种冶炼金属的方法称为"铝热法"。

4. 铝富有展性,可制成铝箔,用于包装。

5. 铝是金属,可以回收再造,但是回收率不高。

6. 铝的抗腐蚀性(表面形成致密的氧化膜反而增加了铝的抗腐抗热性)优异,外观质感佳,价格适中,是电脑机壳的上选材料。

近五十年来,铝已成为世界上最为广泛应用的金属之一。在建筑业上,由于铝在空气中的稳定性和阳极处理后的极佳外观而受到很大应用;在航空及国防军工部门也大量使用铝合金材料;在电力输送上则常用高强度钢线补强的铝缆;集装箱运输、日常用品、家用电器、机械设备等都需要大量的铝。

第二节 铁

2.1 铁元素的分布

铁是地球上分布最广、最常用的金属之一,约占地壳质量的 5.1%,居元素分布序列中的第四位,仅次于氧、硅和铝。

在自然界中,游离态的铁只能从陨石中找到,分布在地壳中的铁都以化合物的形式存在。铁的主要矿石有:赤铁矿(Fe_2O_3),含铁量在 50%～60%之间;磁铁矿(Fe_3O_4),含铁量在 60%以上,有磁性,此外还有褐铁矿($Fe_2O_3 \cdot nH_2O$)、菱铁矿($FeCO_3$)和黄铁矿

（FeS₂），它们的含铁量低一些，但比较容易冶炼。中国的铁矿资源非常丰富，著名的产地有湖北大冶、东北鞍山等。

2.2　铁的发现简史

铁在自然界中分布极为广泛，但人类发现和利用铁却比黄金和铜要迟。首先是由于天然的单质状态的铁在地球上非常稀少，而且它容易被氧化而生锈，加上它的熔点（1 812 K）又比铜（1 356 K）高得多，使得它比铜难于熔炼。人类最早发现的铁是从天空落下来的陨石，陨石中含铁百分比很高，是铁和镍、钴等金属的混合物，在熔化铁矿石的方法尚未问世前，人类不可能大量获得铁，所以铁一直被视为一种带有神秘性的最珍贵的金属。

西亚赫梯人是最早发现和掌握炼铁技术。中国从东周时就有炼铁，至春秋战国时代普及，是较早掌握冶铁技术的国家之一。中国最早人工冶炼的铁是在春秋战国时期。这从江苏六合县春秋墓出土的铁条、铁丸，和河南洛阳战国早期灰坑出土的铁锛均能确定是迄今为止中国最早的生铁工具。生铁冶炼技术的出现，它对封建社会的作用与蒸汽机对资本主义社会的作用可以媲美。

铁的发现和大规模使用，是人类发展史上的一个光辉里程碑，它把人类从石器时代、铜器时代带到了铁器时代，推动了人类文明的发展。至今铁仍然是现代化学工业的基础，人类进步所必不可少的金属材料。

2.3　历史简介

有铁制物件发现于公元前 3500 年的埃及。它们包含 7.5% 的镍，表明它们来自流星。

古代小亚细亚半岛（也就是现今的土耳其）的赫梯人，是第一个从铁矿石中熔炼铁的，约公元前 1500 年，这种新的，坚硬的金属给了他们经济和政治上的力量。铁器时代开始了。某些铁矿石包含钒，生产出叫做大马士革的钢，很适合制剑。

第一个解释不同类型的铁的人是 René Antoine Ferchault de Réaumur，于 1722 年他写了一本关于这个主题的书。解释了为什么钢、熟铁和铸铁包含一定量的木炭（碳）后性能会更卓越。工业革命在同一世纪开始，大规模地依赖于这种金属。

2.4　物理性质

铁的相对原子质量为 56，铁的密度为 7.9 g/cm³。

铁活泼，为强还原剂，化合价有 0、+2、+3、+6，最常见的价态是 +2 和 +3。在室温下，铁不能从水中置换出氢气，在 500℃ 以上反应速率增大。其化合物及其水溶液往往带有颜色。

铁在干燥空气中很难跟氧气反应，但在潮湿空气中很容易发生电化学腐蚀，若在酸性气体或在盐水中或卤素蒸气氛围中腐蚀更快。铁可以从溶液中还原金、铂、银、汞、铜或锡等离子。

铁的熔点为 1 535℃，沸点为 2 750℃。色泽：纯铁具有银白色金属光泽，状态：固体，硬度：质软，密度为 7.8 g/cm³，延展性良好，传导性（导电、导热）好。纯铁的熔点为 1 535℃，如果铁与其他金属的合金或者掺有杂质的铁，熔点降低，硬度增大，具体由杂质或合金的性质决定。

铁不仅具有金属晶体的物理共性，而且能被磁铁吸引，在磁场的作用下，铁会被磁化。

2.5 化学性质

1. 铁的化学性质之一

铁的相对原子质量为 55.847。铁有多种同素异形体，如 α-铁、β-铁、γ-铁、δ-铁等。铁是比较活泼的金属，在金属活动性顺序表里排在氢的前面。常温时，铁在干燥的空气里不易与氧、硫、氯等非金属单质起反应，在高温时，则剧烈反应。铁在氧气中燃烧，生成 Fe_3O_4，炽热的铁和水蒸气反应也生成 Fe_3O_4。铁易溶于稀的无机酸和浓盐酸中，生成+2 价亚铁盐，并放出氢气。在常温下遇浓硫酸或浓硝酸表面生成一层氧化膜，使铁钝化，故可用铁制品盛装浓硫酸或浓硝酸。铁是变价元素，常见价态为+2 和+3 价。铁与硫、硫酸铜溶液、盐酸、稀硫酸等反应时失去两个电子成为+2 价。与 Cl_2、Br_2、硝酸及热浓硫酸反应，则被氧化成+3 价。铁与氧气或水蒸气反应生成的 Fe_3O_4 可看成是 $FeO \cdot Fe_2O_3$，其中有 1/3 的 Fe 为+2 价，另 2/3 为+3 价。铁的+3 价化合物较为稳定。

2. 铁的化学性质之二

铁的电子构型为（Ar）$3d^6 4s^2$，氧化态有 0、+2、+3、+4、+5、+6。铁的化学性质活泼，为强还原剂，在室温条件下可缓慢地从水中置换出氢，在 500℃以上反应速率增大：

$$3Fe + 4H_2O(g) \xrightarrow{\text{高温}} Fe_3O_4 + 4H_2$$

此反应可在两种情况下进行。

（1）Fe 和高温水蒸气反应，此时，生成氢气一般不带气体符号。

（2）将灼热的铁迅速扔进冷水。这就是淬火。这时要加气体符号。

铁在干燥空气中很难与氧气发生作用，但在潮湿空气中很易腐蚀，若含有酸性气体或卤素蒸气时，腐蚀更快。铁可从溶液中还原金、铂、银、汞、铋、锡、镍或铜等离子，如：

$$CuSO_4 + Fe \longrightarrow FeSO_4 + Cu$$

铁溶于非氧化性的酸如盐酸和稀硫酸中，形成+2 价亚铁离子并放出氢气；在冷的稀硝酸中则形成+3 价铁离子和硝酸铵：

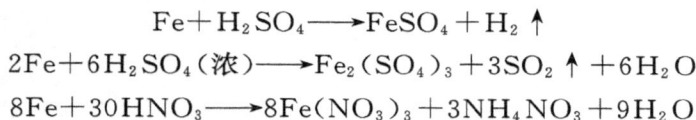

$$Fe + H_2SO_4 \longrightarrow FeSO_4 + H_2 \uparrow$$
$$2Fe + 6H_2SO_4（浓）\longrightarrow Fe_2(SO_4)_3 + 3SO_2 \uparrow + 6H_2O$$
$$8Fe + 30HNO_3 \longrightarrow 8Fe(NO_3)_3 + 3NH_4NO_3 + 9H_2O$$

铁溶于热的或较浓的硝酸中，生成硝酸铁并释放出氮氧化物。在浓硝酸或冷浓硫酸中，铁的表面会形成一层氧化薄膜而被钝化。铁与氯气在加热时反应剧烈（$2Fe + 3Cl_2 \longrightarrow 2FeCl_3$）。铁也能与硫、磷、硅、碳直接化合。

铁的最重要的氧化态是+2 和+3 价。+2 价亚铁离子呈淡绿色，在碱性溶液中易被氧化成+3 价铁离子。+3 价铁离子的颜色随水解程度的增大而由黄色经橙色变为棕色。+2 价和+3 价铁均易与无机或有机配位体形成稳定的配位化合物，如 Phen 为菲罗林，配位数通常为 6。零价铁还可与一氧化碳形成各种羰基铁，如 $Fe(CO)_5$、$Fe_2(CO)_9$、$Fe_3(CO)_{12}$。羰基铁有挥发性，蒸气剧毒。铁也有+4、+5、+6 价态的化合物，但在水溶液中只有+6 价。

化合物主要有两大类：亚铁 Fe（+2）和铁 Fe（+3）化合物，亚铁化合物有氧化亚铁

（FeO）、氯化亚铁（$FeCl_2$）、硫酸亚铁（$FeSO_4$）、氢氧化亚铁[$Fe(OH)_2$]等；铁化合物有氧化铁（Fe_2O_3）、氯化铁（$FeCl_3$）、硫酸铁[$Fe_2(SO_4)_3$]、氢氧化铁[$Fe(OH)_3$]等。

亚铁氰化钾（俗名：黄血盐）和铁氰化钾（俗名：赤血盐）。铁与环戊二烯化合物二茂铁，是一种具有夹心结构的金属有机化合物。

铁在水与空气的共同作用下生成氧化铁。

3. 工业制法

$$C + O_2 \xrightarrow{\text{点燃}} CO_2（提供热量和 CO_2）$$

$$CO_2 + C \xrightarrow{\text{高温}} 2CO$$

$$Fe_2O_3 + 3CO \xrightarrow{\text{高温}} 2Fe + 3CO_2$$
$$CaCO_3 + SiO_2 \xrightarrow{\text{高温}} CaSiO_3 + CO_2 \uparrow$$

4. 化学形成

铁与氧气或水蒸气反应生成的 Fe_3O_4，可以看成是 $FeO \cdot Fe_2O_3$，其中有 $\frac{1}{3}$ 的 Fe 为 +2 价，$\frac{2}{3}$ 的 Fe 为 +3 价。但 $FeO \cdot Fe_2O_3$ 不符合 Fe_3O_4 不与稀酸反应的性质，经光谱检验，应为 $Fe(+3)Fe(+2)Fe(+3)O_4$，即铁酸铁与铁酸亚铁的复合盐。铁的 +3 价化合物较为稳定，但有较强的氧化性，能把铜氧化成 +2 价（$2FeCl_3 + Cu \longrightarrow 2FeCl_2 + CuCl_2$，常温下即可反应，用于刻蚀铜板）。

纯铁既能磁化，又可去磁，且均很迅速。铁与少量的碳制成合金—钢，磁化后不易去磁，是优良的硬磁材料，同时也是重要的工业材料，并且也作为人造磁的主要原料。

5. 主要来源

铁是地壳中较丰富的元素，仅次于氧、硅、铝。磁铁矿、赤铁矿、褐铁矿和菱铁矿是重要的铁矿。铁金属常用高炉以焦炭为燃料，用铁矿石和石炭石为原料炼得。用氢气还原纯氧化铁可得到纯铁。含碳在 2.11% 以上的铁叫生铁（或铸铁）。含碳量少于 0.02% 的铁熔合体称为熟铁或锻铁。含碳量介于 0.02%～2.11% 之间的铁合金叫做钢。生铁坚硬，但性脆；钢具有弹性；熟铁易于机械加工，但要比钢柔软。生铁含碳量 4% 左右，用生铁炼钢，就是使生铁内的含碳量降至 2.11% 以下，使硅、锰、钼、钒、镍、铬等元素含量在要求范围内以及尽量将硫和磷杂质除去。

6. 主要用途

它的最大用途是用于炼钢；也大量用来制造铸铁和煅铁。铁和其化合物还用作磁铁、染料（墨水、蓝晒图纸、胭脂颜料）和磨料（红铁粉）。还原铁粉大量用于冶金。

浮选法治理污水：以铁为阳极电解污水，阴极产生气泡（氢气）使污垢浮起，达到一定厚度使其除去，阳极产生的 Fe^{2+} 遇到阴极产生的 OH^- 生成具有吸附性的沉淀[$Fe(OH)_2$ 被氧化成 $Fe(OH)_3$]，吸附杂质。

7. 主要应用

在日常生活中，铁是最有用、最价廉、最丰富、最重要的金属。铁是碳钢、铸铁的主要元素，工农业生产中，装备制造、铁路车辆、道路、桥梁、轮船、码头、房屋、土建均离不开钢铁构件，中国年产钢材 4 亿多吨、铸件 3 350 万吨。钢铁的年产量代表一个国家的现代化水平。

人体中,铁是不可缺少的微量元素。在十多种人体必需的微量元素中铁无论在重要性上还是在数量上,都属于首位。一个正常的成年人全身含有 3 g 多铁,相当于一颗小铁钉的质量。人体血液中的血红蛋白就是铁的配合物,它具有固定氧和输送氧的功能。人体缺铁会引起贫血症。只要不偏食,不大出血,成年人一般不会缺铁。

煤气中毒(一氧化碳中毒)的原因是血红素中铁原子核心被一氧化碳气体分子紧紧地包围住,丧失了吸收氧分子的能力,使人窒息中毒而死亡。

铁还是植物制造叶绿素不可缺少的催化剂。如果一盆花缺少铁,花就会失去艳丽的颜色,失去那沁人肺腑的芳香,叶子也发黄枯萎。一般土壤中也含有不少铁的化合物。铁是土壤中的一个重要组分,其在土壤中的比例为 1% ～ 20%,平均是 3.2%。铁主要以铁氧化物的形式存在,其中既有 +2 价又有 +3 价铁,大多数铁氧化物在土壤颗粒中以不同程度的微晶体形式存在。

2.6　缺铁征兆

1. 主妇综合征

国外有人做过调查,发现在 25～50 岁育龄妇女中,有 40%～60% 有全身乏力,无精打采,早上不想起床,而晚上又辗转难眠,情绪易波动,郁闷不乐,常突然流泪哭泣,记忆力减退,注意力不集中等症状。究其原因系缺少铁元素,但常常化验无明显贫血,仅血清铁偏低。因多发生于家庭主妇,所以称之为主妇综合征。补充铁剂后,上述症状可显著改善。

2. 妇女冷感症

缺铁的妇女体温较正常妇女高 13%,巩膜发蓝,因为铁是合成胶原的一个重要辅助因子,所以当体内缺铁后,阻断了胶原的合成,而使胶原纤维构成的巩膜变得十分薄弱,其下部的色素膜会显蓝色,因此看到白眼球偏蓝色,表示体内缺少铁元素。

3. 异食癖

缺铁还可以引起异食癖,即对正常饮食不感兴趣,却对粉笔、浆糊、泥土、石灰、布、纸、蜡烛等异物有癖好,吃得津津有味。研究发现,异食癖者缺铁、缺锌明显,补充铁、锌后可迅速好转。缺铁引起的异食癖形式多样,最为多见的是嗜食冰,大冷天也喜食冰块。

4. 其他

有研究发现婴儿缺铁时常常不爱笑,精神萎靡不振、平时不合群、不爱活动、爱哭闹而且智商也显著低于正常儿。

【元素来源】取自铁矿。把石灰石、焦炭和铁矿石分层投入高炉,自底部鼓入高温气流,使得焦炭炽热发红,于是铁被从氧化物中还原出来,熔化成液态,从炉底流出。现在主要使用的铁矿石有:Fe_2O_3(赤铁矿)、Fe_3O_4(磁铁矿)和 $FeCO_3$(菱铁矿)。

2.7　营养学中的铁

1. 人类对铁的认识

缺铁性贫血是世界卫生组织确认的四大营养缺乏症之一。

18 世纪,Menghini 用磁铁吸附干燥血中的颗粒,注意到了血液中含有铁。

1892 年,Bunge 注意到婴幼儿容易缺乏铁。

1928 年,Mackay 最早证明铁缺乏是伦敦东区婴幼儿贫血盛行的原因。她还认为提供铁强化的奶粉可缓解贫血。

1932 年,Castle 及其同事确证无机铁可用于血红蛋白合成。

2. 铁的分布

铁是人体中的必需微量元素,人体内铁的总量约 4～5 g,是血红蛋白的重要部分,人体全身都需要铁元素,铁元素已存在于向肌肉供给氧气的红细胞中,铁元素还是许多酶和免疫系统化合物的成分,人体从食物中摄取所需的大部分铁元素,并小心控制铁元素含量。

3. 吸收代谢

成人体内铁的总量约为 4～5 g,其中 72％以血红蛋白、3％以肌红蛋白、0.2％以其他化合物形式存在,其余则为储备铁,以铁蛋白的形式储存于肝脏、脾脏和骨髓的网状内皮系统中,约占总铁量的 25％。

食物中的铁主要以 $Fe(OH)_3$ 配合物形式存在,在胃酸作用下,还原成亚铁离子,再与肠内容物中的维生素 C、某些糖及氨基酸形成配合物,被十二指肠及空肠吸收。

铁在人体内代谢中可反复被身体利用。一般情况下,除肠道分泌和皮肤、消化道及尿道上皮脱落可损失一定数量铁元素外,几乎不存在其他损失。

膳食中存在的磷酸盐、碳酸盐、植酸、草酸、鞣酸等可与非血红素铁形成不溶性的铁盐而阻止铁的吸收。胃酸分泌减少也影响铁的吸收。

铁的平衡。铁的平衡是指一种稳定的状态,即从膳食中吸收的铁既可能补充机体实际丢失的铁又可满足机体生长(和怀孕)的需要。铁的平衡依赖于铁吸收、铁转运和铁储存的共同协调。

机体有三种独特机制以保持铁的平衡及预防体内的缺乏和过分蓄积。

(1) 反复利用红细胞分解代谢中的铁。铁在体内生物半衰期成年男子为 5.9 年,成年女子(绝经期前)为 3.8 年。

(2) 根据体内铁营养状态调节肠道内铁的吸收。

(3) 增加独特的储存蛋白—铁蛋白可储存或释放以满足额外铁的需要,如在孕期后 $\frac{1}{3}$。

4. 铁的生理功能

铁是血红蛋白的重要部分,而血红蛋白功能是向细胞输送氧气,并将二氧化碳带出细胞。血红蛋白中 4 个血红素和 4 个球蛋白链接的结构提供一种有效机制,即能与氧结合而不被氧化,从肺输送氧到组织的过程中起着关键作用。

肌红蛋白是由一个血红素和一个球蛋白链组成,仅存在于肌肉组织内,基本功能是在肌肉中转运和储存氧分子。

细胞色素是一系列血红素的化合物,通过其在线粒体中的电子传导作用,对呼吸和能量代谢有非常重要的影响,是通过氧化作用产生能量的。

铁元素催化促进 β-胡萝卜素转化为维生素 A、嘌呤与胶原的合成,抗体的产生,脂类从血液中转运以及药物在肝脏中的解毒等。铁与免疫的关系也比较密切,有研究表明,铁可以提高机体的免疫力,增加中性白细胞和吞噬细胞的吞噬功能,同时也可使机体的抗感染能力增强。阿胶是中国传统的补血配方,乳酸亚铁是很好的＋2 价补铁制剂,市场上很多补血产品将它们单独作为配方使用。而铁之缘片是将乳酸亚铁、阿胶和蛋白锌都作为功效成分,补铁、生血加营养三效合一,能更好地预防和改善贫血,增强人体免疫力。

5. 铁缺乏症与后果

贫血:严重时可增加儿童和母亲死亡率,使机体工作能力明显下降。

行为和智力方面:铁缺乏可引起心理活动和智力发育的损害及行为改变。铁缺乏(尚未出现贫血时的缺乏)还可损害儿童的认知能力,而且在以后补充铁后也难以恢复。动物试验表明,短时期缺乏可使幼小动物脑中铁含量下降。以后补充铁可纠正身体内铁储存,但对脑中铁没有作用。长期铁缺乏会明显影响身体耐力。动物实验表明,铁缺乏对动物跑的能力的损害与血红蛋白的水平无关,而是因铁缺乏使肌肉中氧化代谢受损所至。

免疫力和抗感染能力方面,人及动物实验皆证实缺铁使抗感染能力降低。

(1) 体温调节方面,缺铁性贫血的特点是在寒冷环境中保持体温的能力受损。

(2) 铅中毒方面,动物和人体实验证明缺铁会增加铅的吸收。

(3) 研究表明妊娠早期贫血与早产、低出生体重儿及胎儿死亡有关。

(4) 铁缺乏症症状包括皮肤苍白,舌部发痛,疲劳或无力,食欲不振以及恶心。

铁缺乏对免疫系统的影响:

(1) 抵抗病原微生物入侵的能力减弱。

(2) 降低免疫细胞反应速率。

(3) 使抗氧化生化酶活性降低。

(4) 抗体的生产停止或很慢。

(5) 缺铁性贫血,细胞供氧不足。其结果是整天无精打采,疲劳而倦怠,比较容易被感染。

血液里流动太多的自由铁不仅无助于抵抗能力,不能保护人的肌体,反而会被细菌吞噬,成为细菌的美食,并且细菌会因此而大量地繁殖。这就是为什么必须加倍小心给孩子补充铁质的原因。

6. 铁过量表现

通过各种途径进入体内铁量的增加,可使铁在人体内储存过多,因而可引发铁在体内潜在的有害作用,体内铁的储存过多与多种疾病如心脏和肝脏疾病、糖尿病、某些肿瘤有关。

肝脏是铁储存的主要部位,铁过量也常累及肝脏,成为铁过多诱导的损伤的主要靶器官。肝铁过载导致:①肝纤维化甚至肝硬化;②肝细胞瘤。

铁过量与心脏疾病关系为,铁通过催化自由基的生成,促进脂蛋白的脂质和蛋白质部分的过氧化反应,形成氧化 LDL,参与动脉粥样硬化的形成。

铁过多诱导的脂质过氧化反应的增强,导致机体氧化和抗氧化系统失衡,直接损伤DNA,诱发突变,与肝、结肠、直肠、肺、食管、膀胱等多种器官的肿瘤有关。

日常生活避免铁流失。

忌过量饮茶及咖啡:因茶叶中的鞣酸和咖啡中的多酚类物质可与铁形成难以溶解的盐类,抑制铁质吸收。因此,女性饮用咖啡和茶应该适可而止,一天 1~2 杯。

用铁锅炒菜易于铁的吸收。少用铝锅,因为铝能阻止铁的吸收。

服用补铁制剂应符合安全高效的原则。

目前市场上常见的口服补铁制剂多为富马酸亚铁、硫酸亚铁、乳酸亚铁等。而前两者对肠胃的刺激要远远大于乳酸亚铁。有肠胃道疾病的患者不建议服用富马酸亚铁和硫酸亚铁。

选择好的补铁制剂，在服用过程中还需要注意以下问题：

要饭后服用补铁制剂。

忌牛奶与铁剂同时服用。

多吃蔬菜和水果：蔬菜水果中富含维生素 C、柠檬酸及苹果酸，这类有机酸可与铁形成配合物，从而增加铁在肠道内的溶解度，有利于铁的吸收。

多食用含铁丰富的食物。

含铁丰富的食物有蛋黄、海带、紫菜、木耳、猪肝、桂圆、猪血等。

最新研究发现，即便在那些血色素正常的女性当中，铁也有抗疲劳的效果。膳食中补充铁后，她们的体能、情绪和注意力集中程度都有所改善。

7. 生活小常识

（1）最佳铁补剂

如今市面上铁的营养补充剂多种多样，哪一种才能最有效地为人体吸收利用呢？以下是一些选择铁补充剂的小窍门。

铁最容易吸收的形态：

＋2 价铁（亚铁）比＋3 价铁容易吸收；有机铁比无机铁容易吸收；经过氨基酸螯合处理的有机＋2 价铁则是最容易吸收的铁，吸收率比一般铁高出 3～10 倍。

不同铁剂对人体的影响：

无机铁如硫酸亚铁可能会引起便秘、恶心、胀气等不适；带包衣的铁剂不会刺激肠道，但吸收率大大降低；氨基酸螯合铁很温和，不会刺激敏感的肠胃系统，而且可直接为人体吸收利用。氨基酸螯合铁还可穿透胎盘，增加胎儿体内的铁储藏量，并提高母乳铁含量。

（2）铁与其他营养素的相互作用

铁和钙是中国人特别是女性饮食中最缺乏的两大营养素。人体所摄取的铁中实际上只有大约 8％被吸收而进入血液中。柠檬汁、醋、维生素 C、矿物质铜、锰可以增强铁的吸收利用。茶和碳酸饮料则妨碍铁的吸收。含铁的蔬菜和食物中，如菠菜和所有谷物（富含肌醇六磷酸，妨碍铁吸收）中铁的吸收率要比肉类中的铁低。低蛋白的饮食会降低铁的吸收利用。无机铁如硫酸亚铁会破坏维生素 E，两者须间隔 8 小时食用。

（3）一般需要多少铁

如果被诊断为缺铁性贫血，铁补充剂是必需的。为了治疗铁缺乏，通常的推荐剂量是成人每天 50～100 mg；在铁缺乏纠正后应逐渐减量。在许多复合维生素及矿物质补充剂中铁的含量（大约 18 mg）一般足以预防铁缺乏。

铁（硫酸亚铁）是儿童偶尔中毒的主要原因之一。儿童铁中毒事件从 1986 年开始增多。这些儿童中多是从一些不应接触的容器（儿童自己拿到或成人不注意收好）中摄入过量的铁。铁摄入量从 200 mg～5.85 g 都可能导致儿童死亡。因此需将含铁的补充剂放置于儿童接触不到的地方。

8. 铁的主要食物来源

丰富来源：动物血、肝脏、牛肾、大豆、黑木耳、芝麻酱、牛肉、羊肉、蛤蜊和牡蛎。

良好来源：瘦肉、红糖、蛋黄、猪肾、羊肾、干果（杏干、葡萄干）、啤酒酵母菌、海草、赤糖糊及麦。

一般来源：鱼、谷物、菠菜、扁豆、豌豆、芥菜叶、蚕豆、瓜子（南瓜、西葫芦等种子）。

微量来源：奶制品、蔬菜及水果。

此外用铸铁锅煮番茄或其他酸性食物，也可增添铁质，锅会把有益于健康的铁渗入食物内。

看似很多食物中含有铁，但仍有很多人缺乏铁，主要集中在妇女、儿童和老人，每日科学补铁，必不可少！

2.8　食物中的铁

1. 食物中的铁有两种形式

非血红素铁。主要以＋3价铁与蛋白质和有机酸结合成配合物。这种形式的铁必须与有机部分分开，并还原成＋2价铁后才能被吸收。如果膳食中有较多的植酸或磷酸，将与铁形成不溶性铁盐，而影响吸收。抗坏血酸、半胱氨酸能将＋3价铁还原成＋2价铁，有利于铁的吸收。

铁（Fe）是体内血红蛋白、肌红蛋白和许多酶的成分。血红素铁，主要存在于动物性产品中，比非血红素铁吸收好得多，非血红素铁在平均饮食中占铁的85％以上。但是，当它与动物性蛋白质和维生素一起摄入时可提高非血红素铁的吸收。

2. 人体中的铁

铁是人体的造血元素，女性补铁量应大于男性。铁每日摄入量为15 mg，可保持面色红润。含铁最丰富、也最易吸收的是猪肝、猪血、鸭血，豆制品、芝麻、蘑菇、木耳、海带、紫菜、桂圆等也含有较多的铁。另外，食用加铁的强化酱油也有很好的补铁效果。

3. 植物中的铁

铁是光合作用、生物固氮和呼吸作用中的细胞色素和非血红素铁蛋白的组成。铁在这些代谢方面的氧化还原过程中都起着电子传递作用。由于叶绿体的某些叶绿素—蛋白复合体合成需要铁，所以缺铁时会出现叶片叶脉间缺绿。与缺镁症状相反，缺铁发生于嫩叶，因铁不易从老叶转移出来，缺铁过甚或过久时，叶脉也缺绿，全叶白化，华北果树的"黄叶病"就是植株缺铁所致。

第三节　铜

铜是化学元素，化学符号是 Cu（拉丁语：Cuprum；英语：Copper），原子序数是29，是过渡金属。铜是人类最早使用的金属。早在史前时代，人们就开始采掘露天铜矿，并用获取的铜制造武器、式具和其他器皿，铜的使用对早期人类文明的进步影响深远。铜是一种存在于地壳和海洋中的金属。铜在地壳中的含量约为0.01％，在个别铜矿床中，铜的含量可以达到3％～5％。自然界中的铜，多数以化合物即铜矿物存在。铜矿物与其他矿物聚合成铜矿石，开采出来的铜矿石，经过选矿而成为含铜品位较高的铜精矿。是唯一能大量天然产出的金属，也存在于各种矿石（如黄铜矿、辉铜矿、斑铜矿、赤铜矿和孔雀石）中，能以单质金属状态及黄铜、青铜和其他合金的形态用于工业、工程技术和工艺上。

Practical Chemistry in Life

3.1　铜的简史

中国使用铜的历史年代久远。大约在六、七千年以前中国人的祖先就发现并开始使用铜。1973 年陕西临潼姜寨遗址曾出土一件半圆型残铜片，经鉴定为黄铜。1975 年甘肃东乡林家马家窑文化遗址(约公元前 3000 年左右)出土一件青铜刀，这是目前在中国发现的最早的青铜器，是中国进入青铜时代的证明。相对西亚、南亚及北非于距今约 6 500 年前先后进入青铜时代而言，中国青铜时代的到来较晚。中国存在一个铜器与石器并用时代，年代距今约为 5 500～4 500 年。中国在此基础上发明青铜合金，与世界青铜器发展模式相同。

"国之大事，在祀及戎"。对中国先秦中原各国而言，最大的事情莫过于祭祀和对外战争。作为代表当时最先进的金属冶炼、铸造技术的青铜，也主要用在祭祀礼仪和战争上。夏、商、周三代所发现的青铜器，其功能(用)均为礼仪用具和武器以及围绕两者的附属用具，这一点与世界各国青铜器有区别，形成了具有中国传统特色的青铜器文化体系。

一般把中国青铜器文化的发展划分为三大阶段，即形成期、鼎盛时期和转变期。形成期是指龙山时代，距今 4 500～4 000 年；鼎盛期即中国青铜器时代，包括夏、商、西周、春秋及战国早期，延续时间约一千六百余年，也就是中国传统体系的青铜器文化时代；转变时期指战国末期—秦汉时期，青铜器已逐步被铁器取代，不仅数量上大减，而且也由原来礼乐兵器及使用在礼仪祭祀，战争活动等重要场合变成日常用具，其相应的器别种类、构造特征、装饰艺术也发生了转折性的变化。

3.2　形成期

距今 4 500～4 000 年龙山时代，相当于尧舜禹传说时代。古文献上记载当时人们已开始冶铸青铜器。黄河、长江中下游地区的龙山时代遗址里，经考古发掘，在几十处遗址里发现了青铜器制品。从现有的材料来看，形成期的铜器有以下特点：

1. 红铜与青铜器并存，并出现黄铜。甘肃省东乡林家遗址，出土一件范铸的青铜刀；河北省唐山大城山遗址发现两件带孔红铜牌饰；河南省登封王城岗龙山城内出土一件含锡 7% 的青铜容器残片；山西省襄汾陶寺墓地内出土一件完整铜铃，系红铜；山东胶县三里河遗址出土两件黄铜锥；山东省栖霞杨家圈出土黄铜残片。发现铜质制品数量最多的是甘肃、青海、宁夏一带的齐家文化，有好几处墓地出土刀、锥、钻、环和铜境，有些是青铜，有些是红铜。制作技术方面，有的是锻打的，有的是铸造的，比较先进。

2. 青铜器品种较少，多属于日常工具和生活类，如刀、锥、钻、环、铜镜、装饰品等。但是应当承认当时人们已能够制造容器。此外，在龙山文化中常见红色或黄色陶鬶，且流口，腹裆部常有模仿的金属柳钉，如果认为这时的铜鬶容器与夏商铜鬶，爵、斝容器功能一样的话，当时的青铜器已经在或开始转向礼器了。

3. 一般小遗址也出土铜制品，一般居民也拥青铜制品。此外，这个时期的青铜制品多朴实无饰，就是有纹饰的铜镜也仅为星条纹、三角纹等几何文饰，绝无三代青铜器纹饰的神秘感。

3.3　鼎盛期

　　鼎盛期即中国青铜器时代,包括夏、商、西周、春秋及战国早期,延续时间约一千六百余年。这个时期的青铜器主要分为礼乐器、兵器及杂器。乐器也主要用在宗庙祭祀活动中。礼器是在古代繁文缛节的礼仪中使用的,或陈于庙堂,或用于宴饮、盥洗,还有一些是专门做殉葬的明器。青铜礼器带有一定的神圣性,是不能在一般生活场合使用的。所有青铜器中,礼器数量最多,制作也最精美。礼乐器可以代表中国青铜器制作工艺的最高水平。礼器种类包括烹炊器、食器、酒器、水器和神像类。这一时期的青铜器装饰最为精美,文饰种类也较多。

3.4　青铜器的装饰

　　青铜器最常见花纹之一,是饕餮纹,也叫兽面纹。这种纹饰最早出现在距今五千年前长江下游地区的良渚文化玉器上,山东龙山文化继承了这种纹饰。饕餮纹,本身就有浓厚的神秘色彩。《吕氏春秋·先识》篇内云"周鼎著饕餮,有首无身,食人未咽,害及其身",因此,一般把这种兽面纹称之为饕餮纹。饕餮纹在二里头夏文化中青铜器上已有了。商周两代的饕餮纹类型很多,有的像龙、像虎、像牛、像羊、像鹿;还有像鸟、像凤、像人的。西周时代,青铜器纹饰的神秘色彩逐渐减退。龙和凤,仍然是许多青铜器花纹的母题。可以说许多图案化的花纹,实际是从龙蛇、凤鸟两大类纹饰衍变而来的。

　　蝉纹,是商代、西周常见的花纹,到了春秋,还有变形的蝉纹。春秋时代,螭龙纹盛行,逐渐占据了统治地位,把其他花纹差不多都挤掉了。中国青铜器还有一特点,就是迄今为止没有发现过任何肖像。不少青铜器用人的面形作为装饰品,如人面方鼎、人面钺等,但这些人面都不是什么特定人物的面容。更多的器物是人的整体形象,如人形的灯或器座;或者以人的整体作为器物的一部分,如钟架有佩剑人形举手托住横梁,铜盘下有几个人形器足之类,这些人形大部分是男女侍从的装束,而且也不是特定婢奴的肖像。四川广汉三星堆出土的立体像、人头像,大小均超过正常人,均长耳突目,高鼻阔口,富于神秘色彩,应是神话人物。

　　商周青铜器中数以万计的铜器留有铭文,这些文字,一般叫金文。对于历史学者而言起着证史、补史的作用。

　　中国青铜器的铭文,文字以铸成者为多。凹入的字样,称为阴文,少数文字凸起,称阳文。商代和西周,可以说铭文都是铸成的,只有极个别用锋利的工具刻字的。

　　西周晚期,开始出现完全是刻成的铭文。战国中期,大多数铭文已经是刻制的,连河北省平山中山王汉墓的三件极为典重的礼器,都是契刻而成,其刀法异常圆熟,有很高的艺术价值。中国古代青铜器的另一个突出特征是制作工艺的精巧绝伦,显示古代匠师巧夺天工的创造才能。用陶质的复合范浇铸制作青铜器的和范法,在中国古代得到充分发展。陶范的选料塑模翻范,花纹刻制均极为考究,浑铸、分铸、铸接、叠铸技术非常成熟。随后发展出来不需分铸的失蜡法工艺技术,无疑是青铜铸造工艺的一大进步。古人认为青铜器极其牢固,铭文可以传流不朽,因此要长期流传的事项必须铸在青铜物之上。因此,铭文已成为当今研究古代历史的重要材料。

　　在青铜器上加以镶嵌以增加美观,这种技术很早就出现了。镶嵌的材料,第一种是绿松石,这种绿色的宝石,至今仍应用在首饰上。第二种是玉,有玉援戈,玉叶的矛,玉刃的斧钺等。第三种陨铁,如铁刃铜钺,铁援铜刃,经鉴定,铁刃均为陨铁。第四种是嵌红铜,用红铜组成兽形花纹。春秋战国时期也有用金、银来镶嵌装饰的青铜器。

3.5　青铜器的冶炼

东周时代,冶铸技术发展较高,出现了制造青铜器的技术总结性文献《考工记》。书中对制作钟鼎、斧斤、弋戟等各种器物所用青铜中铜锡的比例作了详细的规定。由于战争频繁,兵器铸造得到了迅速发展。特别是吴、越的宝剑,异常锋利,名闻天下,出现了一些著名铸剑匠师,如干将,欧治子等。有的宝剑虽已在地下埋藏两千多年,但仍然可以切开成叠的纸张。越王勾践剑等,其表面经过一定的化学处理,形成防锈的菱形、鳞片形或火焰形花纹,异常华丽。

3.6　转变时期

转变时期一般指战国末年至秦汉末年这一时期。经过几百年的兼并战争及以富国、强兵为目的的政治、经济、文化改革,以郡县制取代分封制,具有中央集权性质的封建社会最终建立,传统的礼仪制度已彻底瓦解,铁制品已广泛使用。社会各领域均发生了翻天覆地的变化。

青铜器在社会生活中的地位逐渐下降,器物大多日用化,但是具体到某些青铜器,精美的作品还是不少的,如在陕西临潼秦始皇陵掘获的两乘铜车马。第一乘驾四马,车上有棚,御者为坐状。这两乘车马均为青铜器铸件构成,大小与实际成比例,极其精巧。车马上还有不少金银饰件,通体施以彩绘。第二乘马,长 3.17 m、高 1.06 m,可以说是迄今发掘到的形体巨大、结构又最复杂的青铜器。

到了东汉末年,陶瓷器得到较大发展,在社会生活中的作用日益重要,从而把日用青铜器皿进一步从生活中排挤出去。至于兵器、工具等方面,铁器已占主导地位。隋唐时期的铜器主要是各类精美的铜镜,一般均有各种铭文。自此以后,青铜器除了铜镜外,可以说不再有什么发展了。

3.7　理化性质

1. 物理性质

铜是呈紫红色光泽的金属,密度为 8.92 g/cm³。熔点为 $1\,083.4 \pm 0.2℃$,沸点为 $2\,567℃$。有很好的延展性。导热和导电性较好。

铜有 29 个同位素。Cu(63)和 Cu(65)很稳定。焰色反应呈绿色。

2. 化学性质

(1) 原子结构

电子排布式:$1s^2 2s^2 2p^6 3s^2 3p^6 3d^{10} 4s^1$。

(2) 与氧气及空气反应

a. 与氧气反应

铜是不太活泼的重金属,在常温下不与干燥空气中的氧化合,加热时能产生黑色的氧化铜:

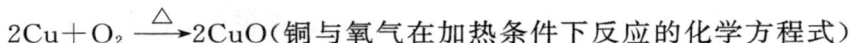

$$2Cu + O_2 \xrightarrow{\triangle} 2CuO（铜与氧气在加热条件下反应的化学方程式）$$

如果继续在很高温度下燃烧，会生成红色的 Cu_2O：

$$4Cu + O_2 \xrightarrow{\triangle} 2Cu_2O$$

6. 与空气反应

在潮湿的空气中放久后，铜表面会慢慢生成一层铜绿（碱式碳酸铜），铜绿可防止金属进一步腐蚀，其组成是可变的。

$$2Cu + O_2 + CO_2 + H_2O \longrightarrow Cu(OH)_2 \cdot CuCO_3$$

$$或\ 2Cu + O_2 + H_2O + CO_2 \longrightarrow Cu_2(OH)_2CO_3$$

（3）与卤素、硫及氯化铁的反应

a. 与卤素的反应

铜在常温下能与卤素直接化合。

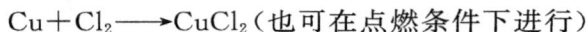

$$Cu + Cl_2 \longrightarrow CuCl_2（也可在点燃条件下进行）$$

b. 与硫的反应

加热时，铜与硫直接化合生成 Cu_2S：

$$2Cu + S \xrightarrow{\triangle} Cu_2S$$

c. 与氯化铁溶液反应

在电子工业中，常用 $FeCl_3$ 溶液来刻蚀铜，以制造印刷线路。

$$Cu + 2FeCl_3 \longrightarrow 2FeCl_2 + CuCl_2$$

d. 与酸的反应

（4）与空气和稀酸反应

在电位序（金属活动性顺序）中，铜族元素都排在氢后面，所以不能置换稀酸中的氢。但当有空气存在时，铜先生成氧化铜，再与酸作用缓慢溶于稀酸中：

$$2Cu + 4HCl + O_2 \longrightarrow 2CuCl_2 + 2H_2O$$

$$2Cu + 2H_2SO_4 + O_2 \longrightarrow 2CuSO_4 + 2H_2O$$

a. 与浓盐酸反应

浓盐酸在加热时也能与铜反应，这是因为 Cl 和 Cu 形成了较稳定的配离子 $[CuCl_4]^{3-}$，使 $Cu \longrightarrow Cu^+ + e$ 的平衡向右移动：

$$2Cu + 8HCl（浓）\longrightarrow 2H_3[CuCl_4] + H_2\uparrow$$

b. 与氧化性酸反应

铜易被 HNO_3、热浓硫酸等氧化性酸氧化而溶解：

$$Cu + 4HNO_3（浓）\longrightarrow Cu(NO_3)_2 + 2NO_2\uparrow + 2H_2O$$

$$3Cu + 8HNO_3（稀）\longrightarrow 3Cu(NO_3)_2 + 2NO\uparrow + 4H_2O$$

$$Cu + 2H_2SO_4（浓）\longrightarrow CuSO_4 + SO_2\uparrow + 2H_2O$$

（5）催化剂

能充当一些有机反应的催化剂

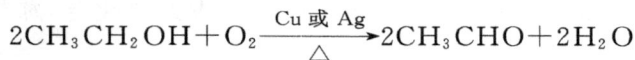

$$2CH_3CH_2OH + O_2 \xrightarrow[\triangle]{Cu\ 或\ Ag} 2CH_3CHO + 2H_2O$$

3.8　铜化合物

铜最常见的价态是＋1和＋2。

铜（＋1）又称亚铜,氯化亚铜、氧化亚铜都是常见的＋1价铜化合物。$[Cu(NH_3)_2]^+$是亚铜和氨的配离子,无色,易被氧化。

铜（＋2）

铜（＋2）是铜最常见的价态,它可以和绝大部分常见的阴离子形成盐,如硫酸铜,存在白色的无水物和蓝色的五水合物。碱式碳酸铜,又称铜绿,有好几种组成形式。氯化铜和硝酸铜也是重要的铜盐。

铜（＋2）可以形成一系列的配离子,如$[Cu(H_2O)_4]^{2+}$蓝色、$[CuCl_4]^{2-}$黄绿、$[Cu(NH_3)_4]^{2+}$深蓝等,它们的颜色也不尽相同。

常用铜化合物

硫酸铜（五水、一水和无水）、醋酸铜$[(CH_3COO)_2Cu\cdot H_2O]$、氧化铜$CuO$和氧化亚铜（$Cu_2O$）、氯化铜（$CuCl_2$）和氯化亚铜（$CuCl$）、氢氧化铜$[Cu(OH)_2]$、硝酸铜$[Cu(NO_3)_2]$、氰化铜$[Cu(CN)_2]$、脂肪酸铜、环烷酸铜（$C_{22}H_{14}CuO_4$）等。

硫　酸　铜

五水合硫酸铜

化学式为$CuSO_4\cdot 5H_2O$,呈蓝色,俗称蓝矾。它往往也是生产其他许多盐类的原料。

无水硫酸铜

用作分析试剂、醇类和有机化合物的脱水剂。也用于实验中检验水蒸气（观察其是否变蓝）。

3.9　用途

铜是与人类关系非常密切的有色金属,被广泛地应用于各行各业。

铜作为内芯的导线应用于电气、轻工、机械制造、建筑工业、国防工业等领域,在中国有色金属材料的消费中仅次于铝。铜是一种红色金属,同时也是一种绿色金属。说它是绿色金属,主要是因为它熔点较低,容易再熔化、再冶炼,因而回收利用相当便宜。

在许多电器产品中,铜的使用寿命都相当长,如电线、母线、变压器绕组、重型马达、电话线和电话电缆等,经过20～50年后,里面的铜才可以回收利用。其他含铜的电器和电子产品（如小型电器和消费电子产品）使用寿命则比较短,一般是5～10年。商业性电子产品和大型电器产品通常要回收的,因为它们除含有铜以外,还有其他珍贵的金属。尽管如此,小型电子消费产品的回收率还是相当低的,因为它们里面几乎没有铜元素。

随着电子领域科学技术的快速发展,一些陈旧的含铜产品越来越过时了。比如,在20世纪80年代,电话转换站和中央营业所是铜和铜合金碎屑的主要来源,但是数字转换的出现使得这些笨重的、金属密集的设备变得越来越过时了。

交 通 设 备

交通设备是铜的第三大市场,约占总数的13%,与20世纪60年代基本相同。尽管交通的重要性没有改变,但是铜的使用形式却发生了很大的变化。许多年来,自动散热器是这方面最重要的终端用户;然而,铜在自动电器和电子产品中的使用飞速增长,而在热交换器市场中的使用则有所下降。小轿车的平均使用寿命是10~15年,几乎所有的铜(包括散热器和配线)都是在它的整体拆卸和回收前进行回收的。

工业机器和设备

工业机器和设备是另外一个主要的应用市场,在当中铜往往有比较长的使用寿命。硬币和军火是这方面主要的终端用户。子弹很少回收,一些硬币可以熔化,还有许多则由收藏者或储蓄者保存,不可以进行回收。在机械和运输车辆制造中,用于制造工业阀门和配件、仪表、滑动轴承、模具、热交换器和泵等。

在化学工业中广泛应用于制造真空器、蒸馏锅、酿造锅等。

在国防工业中用以制造子弹、炮弹、枪炮零件等,每生产300万发子弹,需用铜13~14吨。

在建筑工业中,用作各种管道、管道配件、装饰器件等。

医 学

医学中,铜的杀菌作用很早就被认知。自20世纪50年代以来,人们还发现铜有非常好的医学用途。20世纪70年代,中国医学发明家刘同庆发现,铜元素具有极强的抗癌功能,并成功研制出相应的抗癌药物"克癌症7851",在临床上获得成功。后来,墨西哥科学家也发现铜有抗癌功能。新世纪,英国研究人员又发现,铜元素有很强的杀菌作用。相信不久的将来,铜元素将为提高人类健康水平作出巨大贡献。

有 机 化 学

有机化学中,有机铜锂化合物是一类重要的金属有机化合物。

合 金

而铜可用于制造多种合金,铜的重要合金有以下几种:

• 黄铜

黄铜是铜与锌的合金,因色黄而得名。黄铜的机械性能和耐磨性能都很好,可用于制造精密仪器、船舶的零件、枪炮的弹壳等。黄铜敲起来声音好听,因此锣、钹、铃、号等乐器都是用黄铜制作的。

• 航海黄铜

铜与锌、锡的合金,抗海水侵蚀,可用于制作船的零件、平衡器。

• 青铜

铜与锡的合金叫做青铜,因色青而得名。在古代为常用合金(如中国的青铜时代)。青铜一般具有较好的耐腐蚀性、耐磨性、铸造性和优良的机械性能。用于制造精密轴承、高压轴承、船舶上抗海水腐蚀的机械零件以及各种板材、管材、棒材等。青铜还有一个反常的特性——"热缩冷胀"，用来铸造塑像，冷却后膨胀，可以使眉目更清楚。

- 磷青铜

铜与锡、磷的合金，坚硬，可制弹簧。

- 白铜

白铜是铜与镍合金，其色泽和银一样，银光闪闪，不易生锈。常用于制造硬币、电器、仪表和装饰品。

- 十八开金（18K 金或称玫瑰金）

$\frac{6}{24}$ 的铜与 $\frac{18}{24}$ 的金组成的合金。红黄色，硬度大，可用于制作首饰、装饰品。

3.10　铜冶炼与生产消费

从铜矿中开采出来的铜矿石，经过选矿成为含铜品位较高的铜精矿或铜矿砂，铜精矿需要经过冶炼提成，才能成为精铜及铜制品。最早的铜矿石来源是孔雀石。

矿石的加工

铜矿石的分类及属性：

炼铜的原料是铜矿石。铜矿石可分为三类：

（1）硫化矿，如黄铜矿（$CuFeS_2$）、斑铜矿（Cu_5FeS_4）和辉铜矿（Cu_2S）等。

（2）氧化矿，如赤铜矿（Cu_2O）、孔雀石 [$Cu_2(OH)_2CO_3$]、蓝铜矿 [$2CuCO_3 \cdot Cu(OH)_2$]、硅孔雀石（$CuSiO_3 \cdot 2H_2O$）等。

（3）自然铜。铜矿石中铜的含量在 1％左右（0.5％～3％）的便有开采价值，因为采用浮选法可以把矿石中一部分脉石等杂质除去，而得到含铜量较高（8％～35％）的精矿砂。

矿石的冶炼过程

火法炼铜

通过熔融冶炼和电解精炼生产阴极铜，也即电解铜，一般适用于高品位的硫化铜矿。火法冶炼一般是先将含铜百分之几或千分之几的原矿石，通过选矿提高到 20％～30％，作为铜精矿，在密闭鼓风炉、反射炉、电炉或闪速炉进行造锍熔炼，产出的熔锍（冰铜）送入转炉进行吹炼成粗铜，再在另一种反射炉内经过氧化精炼脱杂或铸成阳极板进行电解，获得品位高达 99.9％的电解铜。该流程简短、适应性强，铜的回收率可达 95％，但因矿石中的硫在造硫和吹炼两阶段作为二氧化硫废气排出，不易回收，易造成污染。20 世纪 90 年代出现如白银法、诺兰达法等熔池熔炼等，使火法冶炼逐渐向连续化、自动化发展。

从铜矿石冶炼铜：以黄铜矿为例，首先把精矿砂、熔剂（石灰石、砂等）和燃料（焦炭、木炭或无烟煤）混合，投入"密闭"鼓风炉中，在 1 000℃左右进行熔炼。于是矿石中一部分硫成为 SO_2（用于制硫酸），大部分的砷、锑等杂质成为 As_2O_3、Sb_2O_3 等挥发性物质而被除去：$2CuFeS_2 + O_2 \xrightarrow{\triangle} Cu_2S + 2FeS + SO_2\uparrow$。一部分铁的硫化物转变为氧化物：$2FeS +$

$3O_2 \xrightarrow{\triangle} 2FeO + 2SO_2 \uparrow$。$Cu_2S$ 跟剩余的 FeS 等便熔融在一起而形成"冰铜"（主要由 Cu_2S 和 FeS 互相熔解形成的，它的含铜率在 $20\%\sim50\%$ 之间，含硫率在 $23\%\sim27\%$ 之间），FeO 跟 SiO_2 形成熔渣：$FeO + SiO_2 \xrightarrow{\triangle} FeSiO_3$。熔渣浮在熔融冰铜的上面，容易分离，借以除去一部分杂质。然后把冰铜移入转炉中，加入熔剂（石英砂）后鼓入空气进行吹炼（$1\,100\,℃\sim1\,300\,℃$）。由于铁比铜对氧有较大的亲和力，而铜比铁对硫有较大的亲和力，因此冰铜中的 FeS 先转变为 FeO，跟熔剂结合成渣，而后 Cu_2S 才转变为 Cu_2O，Cu_2O 跟 Cu_2S 反应生成粗铜（含铜量约为 98.5%）。$2Cu_2S + 3O_2 \xrightarrow{\triangle} 2Cu_2O + 2SO_2 \uparrow$，$2Cu_2O + Cu_2S \xrightarrow{\triangle} 6Cu + SO_2 \uparrow$，再把粗铜移入反射炉，加入熔剂（石英砂），通入空气，使粗铜中的杂质氧化，跟熔剂形成炉渣而除去。在杂质除到一定程度后，再喷入重油，由重油燃烧产生的一氧化碳等还原性气体使氧化亚铜在高温下还原为铜。得到的精铜约含铜 99.7%。

除了铜精矿之外，废铜作为精炼铜的主要原料之一，包括旧废铜和新废铜，旧废铜来自旧设备和旧机器，废弃的楼房和地下管道；新废铜来自加工厂弃掉的铜屑（铜材的产出比为 50% 左右），一般废铜供应较稳定，废铜可以分为：裸杂铜：品位在 90% 以上；黄杂铜（电线）：含铜物料（旧马达、电路板）；由废铜和其他类似材料生产出的铜，也称为再生铜。

湿法炼铜

一般适用于低品位的氧化铜，生产出的精铜称为电积铜。现代湿法冶炼有硫酸化焙烧—浸出—电积，浸出—萃取—电积，细菌浸出等法，适用于低品位复杂矿、氧化铜矿、含铜废矿石的堆浸、槽浸选用或就地浸出。湿法冶炼技术正在逐步推广，湿法冶炼的推出使铜的冶炼成本大大降低。

国 内 现 状

铜冶炼行业是国民经济中的基础性行业，特别是我国正处于工业化阶段，对铜的需求保持高速增长，铜冶炼行业在国民经济中的地位将不断提高。

世 界 分 布

世界铜矿资源比较丰富。铜不难从它的矿石中提取，但可开采的矿藏相对稀少。有些，如在瑞典法伦的铜矿，从 13 世纪开始，曾是巨大财富的来源。一种提取这种金属的方法是烘烤硫化矿石，然后用水分离出其形成的硫酸铜。之后流淌过铁屑表面铜就会沉淀，形成的薄层很容易分离。世界上已探明的铜约为 $3.5\sim5.7$ 亿吨，其中斑岩铜矿约占全部总量的 76%。

3.11 铜与人体健康

简 介

铜离子（铜质）对生物而言，不论是动物或植物，是必需的元素。人体缺乏铜会引起贫血，毛发异常，骨和动脉异常，以至脑障碍。但如过剩，会引起肝硬化、腹泻、呕吐、运动障碍和知觉神经障碍。一般来说，牛肉、葵花籽、可可、黑椒、羊肝等都有丰富的铜质。

铜是人体必需的微量矿物质，在摄入后 15 min 即可进入血液中，同时存在于红血球内外，可帮助铁质传递蛋白，在血红素形成过程中扮演催化剂的重要角色。而且在食物烹饪过程中，铜元素不易被破坏。

铜广泛分布于生物组织中，大部分以有机化合物形式存在，很多是金属蛋白，以酶的形式起着功能作用。每个含铜蛋白的酶都有它清楚的生理生化作用，生物系统中许多涉及氧的电子传递和氧化还原反应都是由含铜酶催化的，这些酶对生命过程都是至关重要的。

人体的需求量

成年人每天需要铜 0.05～2 mg，孕、产妇和青少年（少年食品）的需要量还要多些。足月生下的婴儿体内含铜量约为 16 mg，按单位体重比，成年人要高得多，其中约 70％ 集中在肝中，由此可见，胎儿的肝是含铜量极高的器官。从妊娠开始，胎儿体内的含铜量就急剧增加，约从妊娠的第 200 天到出生，铜含量约增加 4 倍。因此，妊娠后期是胎儿吸收铜最多的时期，早产儿易患缺铜症就是这个原因。孕妇体内铜的浓度在妊娠过程中逐渐上升，这可能与胎儿生长过程中体内雌激素水平增加有关。正常情况下，孕妇不需要额外补充铜剂，铜过量可产生致畸作用。

中国营养学会没有制订每日膳食中铜的需要量，但制订了每日铜的"安全和适宜的摄入量"，半岁前婴儿每天需 0.5～0.7 mg，半岁至 1 岁每天 0.7～1.0 mg，1 岁以上每天 1.0～1.5 mg，4 岁以上每天 1.5～2.0 mg，7 岁以上每天 2.0～2.5 mg，11 岁以上至青年、成年，均为每天 2.0～3.0 mg。这个摄入量与美国科学研究委员会制定的"估计每日饮食中安全充足的铜摄取量"相当。

铜的吸收与排泄

吸收

人体对铜的吸收率为 30％～40％。胃、十二指肠和小肠上部是铜的主要吸收部位，其肠吸收是主动吸收过程。膜内外铜离子的转运体为 ATP 酶，依靠天冬氨酸残基磷酸化供能，能将主动吸收的铜与门静脉侧枝循环中的白蛋白结合，运至肝脏进一步参与代谢。

排泄

铜主要通过胆汁排泄，胆汁中含有低分子和高分子的含铜配合物，前者多存在肝胆汁中，后者则多在胆囊胆汁中。铜可以通过溶酶体的胞吐作用或 ATP 酶的铜转移作用而进入胆汁内，胆汁中的铜也可以是肝细胞溶酶体对存在于胆汁中铜结合蛋白分解的结果。血浆中铜大多与铜蓝蛋白结合或存在于肾细胞内，正常情况下尿液中含铜量甚微。当铜的排泄、存储和铜蓝蛋白合成失衡时会出现铜尿。

在人体的作用

铜是人体健康不可缺少的微量营养素，对血液、中枢神经和免疫系统，头发、皮肤和骨骼组织以及脑、肝、心等内脏的发育和功能有重要影响。铜主要从日常饮食中摄入。世界卫生组织建议，为了维持健康，成人每千克体重每天应摄入 0.03 mg 铜。孕妇和婴幼儿应加倍。缺铜会引起各种疾病，可以服用含铜补剂和药丸来加以补充。

铜在人体内含量约 100～150 mg，是人体中含量位居第二的必需微量元素。含铜的酶有酪氨酸酶、单胺氧化酶、超氧化酶、超氧化物歧化酶、血铜蓝蛋白等。铜对血红蛋白的形成起活化作用，促进铁的吸收和利用，在传递电子、弹性蛋白的合成、结缔组织的代谢、嘌呤代谢、磷脂及神经组织形成方面有重要意义。

铜缺乏可引起如下疾病：

一般最常见的临床表现为头晕、乏力、易倦、耳鸣、眼花。皮肤黏膜及指甲等颜色苍白，体力活动后感觉气促、心悸。严重贫血时，即使在休息时也会出现气短和心悸，在心尖和心底部可听到柔和的收缩期杂音。

缺铜会使神经系统的抑制过程失调，使神经系统处于兴奋状态而导致失眠，久而久之可发生神经衰弱。

人体缺铜可适量增加摄入含铜较高的食物，如口蘑、海米、红茶、花茶、砖茶、榛子、葵花子、芝麻酱、西瓜子、绿茶、核桃、黑胡椒、可可、肝、豆制品等。

铜离子可以消毒杀菌。例如，可以杀灭易于在水中滋生的大肠杆菌和痢疾等病菌，清除水中传播血吸虫病的软体动物，以及传播疟疾的蚊子幼虫等疾病携带体。它还可以应用在游泳池内，防止绿藻污染和通过地板传染足癣等。

铜是人体内一种必需的微量元素，在人体的新陈代谢过程中起着重要的作用。

1. 大脑的"益友"铜与锌、铁等一样都是大脑神经递质的重要成分。如果摄取不足可致神经系统失调，大脑功能会发生障碍。铜缺乏将使脑细胞中的色素氧化酶减少，活力下降，从而使记忆衰退、思维紊乱、反应迟钝，甚至步态不稳、运动失常等。

2. 心脏的"卫士"。当人们将心脏病的原因单纯归咎于脂肪、高胆固醇饮食时，美国科学家提醒：绝对不可忽视铜元素的缺乏。铜元素在人体内参与多种金属酶的合成，其中的氧化酶是构成心脏血管的基质胶原和弹性蛋白形成过程中必不可少的物质，而胶原又是将心血管的肌细胞牢固地连接起来的纤维成分，弹性蛋白则具有促使心脏和血管壁保持弹性的功能。因此，铜元素缺乏，此类酶的合成减少，心血管就无法维持正常的形态和功能，从而给冠心病入侵以可乘之机。

3. 造血的"助手"众所周知，铁是人体造血的重要原料，但铁元素要成为红血球中的一部分，必须依靠铜元素的帮忙。如果体内缺铜，血浆铜蓝蛋白的浓度势必降低，从而导致铁难以被吸收而诱发贫血症。

4. 助孕的"新星"。育龄女性怀孕也离不开铜。妇女缺铜难以受孕，即使受孕也会因缺铜而削弱羊膜的厚度和韧性，导致羊膜早破，引起流产或胎儿感染。故要想生一个健康聪明的小宝贝，也须借助铜元素的一臂之力。

5. 抗衰老的"能手"。人体的衰老是体内的自由基的代谢废物起着相当大的作用，又是多种老年疾病的祸根。其中的羟自由基，毒性最强，不但会通过脂质过氧化反应损害细胞膜，而且会破坏细胞核的遗传物质，导致细胞死亡。此外，还可使许多重要酶的活性降低甚至消失。研究表明，含铜的金属硫蛋白、超氧化物歧化酶等具有较强的清扫此种代谢废物的功能，保护人体细胞不受其害，可见铜元素在抗衰老中有举足轻重的地位。

实验证明，人体摄入足够的铜，可在侵入人体的流感病毒表面聚集较多的铜离子，从而为维生素攻击流感病毒提供有效的"靶子"。维生素C与病毒表面的铜离子发生作用，构成一种可以分离的含有活性氧离子的不稳定化合物，促使含有蛋白质的病毒表面发生破裂，进而置病毒于死地。为此，专家将维生素 C 与铜元素称为一对防治流感的最佳"搭档"。

6. 防治白发的"灵丹"。人的头发为何早白？体内缺铜是一个重要原因。缺铜可使人体内的酪氨酸酶形成困难，导致酪氨酸转变成多巴的过程受阻。多巴为多巴胺的前体，而多巴胺又是黑色素的中间产物，最终妨碍黑色素的合成，而引起头发变白。欲求黑发不衰，补足铜元素是有效的一招。

如何补铜呢？增加富含铜元素的食物，如动物肝脏、虾、豆类、鲜肉、果仁等。

铜是人体不可缺少的微量元素。铜存在于人们的所有器官和组织中，通常与蛋白质或其他有机物结合，而不以自由铜离子的形式存在。肝脏是储存铜的仓库，含铜量最高。脑和心脏也含有较多的铜。它随着年龄、运动和健康而发生变化。

铜是机体内蛋白质和酶的重要组分，如铜蓝蛋白、细胞色素、C 氧化酶等。许多关键的酶，需要铜的参与和活化，对机体的代谢过程产生作用，促进人体的许多功能。这就是为什么这么微量的铜，会对生命产生至关重要作用的主要原因。例如，它有助于提供机体生物化学过程所需的能量；帮助形成血液中的血红素，影响皮肤色素的形成；促进在骨胶原及弹性蛋白中形成交联，保持和恢复结缔组织；参与葡萄糖和胆固醇的代谢过程；影响头发、皮肤、骨骼、大脑的发育，以及心脏、肝脏、中枢神经和免疫系统的功能等。

此外，某些含铜的药剂有消炎和治疗关节炎的作用，并已在一些国家得到应用。长期以来人们得出这样的经验，配戴铜具有治疗关节炎的作用。这可能是由于汗水溶解的微量铜经皮肤而被人体吸收的结果。铜在放射科和治疗痉挛、癫痫和痛风上的应用也正在研究中。

缺铜有碍人体健康，长时间边缘性缺铜的影响是潜移默化的。它会引起婴幼儿发育不良。此外，在我国以及印度、坦桑尼亚、南非等地发现了膝盖弯曲的"膝外翻症"，这是缺铜的一种典型症状。分析表明畸形骨骼中的铜含量显著低于正常值。

值得注意的是，最近的研究发现，缺铜是增加冠心病发病率的一个因素！冠心病是由血液中过高的冠状动脉管壁上沉积，造成堵塞（动脉粥样硬化），从而引起心脏供血不足的一种常见的心脏病。脂肪的代谢过程对铜很敏感。对大鼠的试验表明，缺铜会显著升高血浆胆固醇，改变胆固醇与脂蛋白的结合形式，增加动脉粥样硬化的危险。还发现缺铜会引起大鼠的心脏生理发生异常，它与人类冠心病的某些病症相似，这就更证实了缺铜与冠心病之间的联系。

铜对人体的潜在毒性很轻，只有当摄入量大大超过了正常值时，方会引起胃肠紊乱等不良反应。研究结果表明，当成年男子和女子每天摄入量分别超过 12 mg 和 10 mg 时，会对人体生物化学过程产生轻微的影响。

鉴于铜的潜在毒性较低，相反地它却是人体健康不可缺少的元素，世界卫生组织的专家组已得出结论，缺铜的危害远比铜的毒性大得多。除了某些罕见的遗传外，人们主要防止的是缺铜。要充分保证膳食中有足够的铜，以满足身体的需要。对欧美发达国家膳食结构中含铜量的调查结果，已为防止缺铜敲起了警钟。实际上，许多人已服用含铜片剂来补充营养。应特别注意铜摄入的群体：

① 孕妇、婴儿和儿童。

他（她）们需要摄入较多的铜。保持体内铜的平衡是决定胎儿和婴儿成长快慢的一个主要因素，应特别关注。

② 膳食不正常的人群。

贫困地区营养不良的居民,生活难以自理(主要是老年人和残疾人)或有偏食习惯的人群,他(她)们的膳食结构往往不合理,容易产生缺铜而影响健康。

③ 某些病人。

慢性肝炎患者,定期接受血液透析以及长期依赖输液代替或补充进食的病人,应对他们的铜摄入量进行监测。此外,某些患有代谢异常的病人也应该注意缺铜的潜在影响。

④ 严重铜代谢异常的遗传病人。

铜的食物来源

在人的血液中,铜是铁的"助手"。铜的吸收部位主要是胃和小肠上部。铜在肠中被吸收后进入血液中,80%结合成血浆铜蓝蛋白。铜在血红蛋白形成中的作用,一般认为是促进对肠道铁(铁食品)的吸收和从肝及网状内皮系统的储藏中使它释放出来,故铜对血红蛋白的形成起着重要作用。

从食品商品化的角度分析,少量的铜对产品质量的影响主要是在食油(油食品)及含不饱和脂肪的食品中,铜离子实际上起着催化剂的作用,造成食品酸败、变色和其他一些反应。这些影响尽管使产品在外观上不受欢迎,但通常并不会引起中毒和降低食品的营养价值。

第四节　钛

钛是一种金属元素,灰色,原子序数为22,相对原子质量为47.87。能在氮气中燃烧,熔点高。钝钛和以钛为主的合金是新型的结构材料,主要用于航天工业和航海工业。在地壳中,(金属元素)钛的储量仅次于铁、铝、镁,居第四(金属元素)。由于钛具有熔点高、密度小、比强度高、韧性好、抗疲劳、耐腐蚀、导热系数低、高低温耐受性能好、在急冷急热条件下应力小等特点,其商业价值在 20 世纪 50 年代开始被人们认识,被应用于航空、航天等高科技领域。

随着不断向化工、石油、电力、海水淡化、建筑、日常生活用品等行业推广,钛金属日益被重视,被誉为"现代金属"和"战略金属",是提高国防装备水平不可或缺的重要战略物资。

4.1　详细概述

从发现钛元素到制得纯品,历时一百多年。而钛真正得到利用,认识其本来的真面目,则是 20 世纪 40 年代以后。

地球表面十公里厚的地层中,含钛达千分之六,比铜多 61 倍,在地壳中的含量排第十位(地壳中元素排行:氧、硅、铝、铁、钙、钠、钾、镁、氢、钛)。随便从地下抓起一把泥土,其中都含有千分之几的钛,世界上储量超过一千万吨的钛矿并不稀罕。

海滩上有成亿吨的砂石,钛和锆这两种比砂石重的矿物,就混杂在砂石中,经过海水千百万年昼夜不停淘洗，把比较重的钛铁矿和锆英砂矿冲在一起，在漫长的海岸边，形成了一片一片的钛矿层和锆矿层。这种矿层是一种黑色的砂子，通常有几厘米到几十厘米厚。钛没有磁性，用钛建造的核潜艇不必担心磁性水雷的攻击。

1947 年，人们开始在工厂里冶炼钛。当年，产量只有 2 吨。1955 年产量激增到 2 万吨。1972 年，年产量达到 20 万吨。钛的硬度与钢铁差不多，而它的质量几乎只有同体积钢铁的一半，钛虽然稍比铝重一点，它的硬度却比铝大 2 倍。在宇宙火箭和导弹中，就大量用钛代替钢铁。据统计，世界上每年用于宇宙航行的钛，已达一千吨以上。极细的钛粉，还是火箭的好燃料，所以钛被誉为宇宙金属，空间金属。

钛的耐热性很好，熔点高达 1 668℃。在常温下，钛可以安然无恙地躺在各种强酸强碱溶液中，就连王水也不能腐蚀它。钛不怕海水，有人曾把一块钛沉到海底，五年以后取上来一看，上面黏了许多小动物与海底植物，却一点也没有生锈，依旧亮闪闪的。

用钛制造钛潜艇。由于钛非常结实，能承受很高的压强，这种潜艇可以在深达 4 500 m 的深海中航行。

钛是一种化学元素，化学符号为 Ti，原子序数为 22，是一种银白色的过渡金属，其特征为密度小、强度高、具有金属光泽，亦有良好的抗腐蚀能力（包括海水、王水及氯气）。由于其稳定的化学性质，良好的耐高温、耐低温、抗强酸、抗强碱以及高强度、低密度，被美誉为"太空金属"。钛于 1791 年由格雷戈尔（William Gregor）于英国康沃尔郡发现，并由克拉普罗特（Martin Heinrich Klaproth）用希腊神话的泰坦为其命名。

钛被认为是一种稀有金属，原因是在自然界中其存在分散难于提取。但其相对丰度在所有元素中居第十位。钛的矿石主要有钛铁矿及金红石，广布于地壳及岩石圈中。钛亦同时存在于几乎所有生物、岩石、水体及土壤中。从主要矿石中萃取钛需要用到克罗尔法或亨特法。钛最常见的化合物是二氧化钛，可用于制造白色颜料。其他化合物还包括四氯化钛（$TiCl_4$）（作催化剂及用于制造烟幕或空中文字）及三氯化钛（$TiCl_3$）（用于催化聚丙烯的生产）。

钛能与铁、铝、钒或钼等其他元素熔成合金，造出高强度的轻合金，在各方面有着广泛的应用，包括航天（喷气发动机、导弹及航天器）、军事、工业程序（化工与石油制品、海水淡化及造纸）、汽车、农产食品、医学（义肢、骨科移植及牙科器械与填充物）、运动用品、珠宝及手机等。

钛最有用的两个特性是，抗腐蚀性及金属中最高的强度—质量比。在非合金的状态下，钛的强度跟某些钢相似，但质量要轻 45％。有两种同素异形体和五种天然的同位素。钛的化学性质及物理性质和锆相似，这是因为两者的价电子数目相同，并于元素周期表中同属一族。

衡量一个国家钛工业规模有两个重要指标：海绵钛产量和钛材产量，其中海绵钛产量反映原料生产能力，钛材产量反映深加工能力。钛工业已形成中国、美国、独联体、日本和欧洲五大生产和消费主体。

中国钛工业于 1954 年起步，经过试验研究、工业化生产的定点布局、应用推广和不断的技术进步逐步发展起来。特别是 21 世纪以来，在国家需求的拉动下，在改革开放政策的推动下，中国钛工业更是突飞猛进。

4.2　元素来源

　　钛属于稀有金属,用于冶炼钛的矿物主要有钛铁矿(FeTiO₃)、金红石(TiO₂)和钙钛矿等。矿石经处理得到易挥发的四氯化钛,再用镁还原而制得纯钛。

4.3　历史简介

　　第一种发现的钛矿石是一种黑色沙子叫做钛铁砂,是由 Reverend William Gregor 在康沃尔于 1791 年发现的。他推断其是由铁和一种未知金属的氧化物组成,并报告给了康沃尔的皇家地质学会。

　　1795 年,德国柏林的科学家 Martin Heinrich Klaproth 研究了一种来自匈牙利的红色矿石。这是金红石(TiO₂)的一种形式,而且 Klaproth 意识到它是一种未知元素的氧化物,并把它命名为 titanium(钛)。当他被告知 Gregor 的发现时,他研究了钛铁砂并确认了它也包含钛。

　　直到 1910 年,美国通用电气的 M. A. Hunter 才制造出纯净的钛金属,由加热四氯化钛和钠金属实现。

4.4　原子结构

　　钛位于元素周期表中ⅣB族,原子序数为 22,原子核由 22 个质子和 20～32 个中子组成,核外电子排布式为 $1s^2 2s^2 2p^6 3s^2 3p^6 3d^2 4s^2$。

4.5　相关性质

物 理 性 质

　　钛是钢与合金中重要的合金元素,钛的密度为 4.506～4.516 g/cm³(20℃),高于铝而低于铁、铜、镍。但比强度位于金属之首。熔点为 1 668±4℃,沸点为 3 260±20℃,临界温度为 4 350℃,临界压强为 1 130 大气压。钛的导热性和导电性能较差,近似或略低于不锈钢,钛具有超导性。

　　钛具有可塑性,高纯钛的延伸率可达 50%～60%,断面收缩率可达 70%～80%,但强度低,不宜作结构材料。钛中有杂质时,对其机械性能影响极大,特别是间隙杂质(氧、氮、碳)可大大提高钛的强度,显著降低其塑性。钛作为结构材料所具有的良好机械性能,就是通过严格控制其中适当的杂质含量和添加合金元素而达到的。

化 学 性 质

　　钛在较高的温度下,可与许多元素和化合物发生反应。各种元素,按其与钛发生不同反应可分为四类:

　　第一类:卤素和氧族元素与钛生成共价键与离子键化合物;

　　第二类:过渡元素、氢、铍、硼族、碳族和氮族元素与钛生成金属间化物和有限固溶体;

　　第三类:锆、铪、钒族、铬族、钪元素与钛生成无限固溶体;

　　第四类:稀有气体、碱金属、碱土金属、稀土元素(除钪外)、铜、钍等不与钛发生反应或基本上不发生反应。氟化氢气体在加热时与钛发生反应生成 TiF_4；不含水的氟化氢液体可在钛表面生成一层致密的四氟化钛膜，可防止 HF 浸入钛的内部。氢氟酸是钛的最强溶剂。即使是浓度为 1‰ 的氢氟酸，也能与钛发生剧烈反应，无水的氟化物及其水溶液在低温下不与钛发生反应，仅在高温下熔融的氟化物与钛发生显著反应。

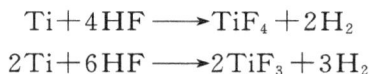

$$Ti+4HF \longrightarrow TiF_4+2H_2$$
$$2Ti+6HF \longrightarrow 2TiF_3+3H_2$$

HCl 和氯化物能腐蚀金属钛，干燥的氯化氢在大于 300℃ 时与钛反应生成 $TiCl_4$，小于 5‰ 的盐酸在室温下不与钛反应，20‰ 的盐酸在常温下与钛发生反应生成紫色的 $TiCl_3$；当温度高时，即使稀盐酸也会腐蚀钛。各种无水的氯化物，如镁、锰、铁、镍、铜、锌、汞、锡、钙、钠、钡和 NH_4^+ 及其水溶液，都不与钛发生反应，钛在这些氯化物中具有很好的稳定性。

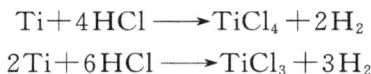

$$Ti+4HCl \longrightarrow TiCl_4+2H_2$$
$$2Ti+6HCl \longrightarrow 2TiCl_3+3H_2$$

钛与 5‰ 的硫酸有明显的反应，在常温下，约 40‰ 的硫酸对钛的腐蚀最快，当浓度大于 40‰，达到 60‰ 时腐蚀反而变慢，80‰ 又达到最快。加热的稀酸或 50‰ 的浓硫酸可与钛反应生成硫酸钛，加热的浓硫酸可被钛还原，生成 SO_2，常温下钛与硫化氢反应，在其表面生成一层保护膜，可阻止硫化氢与钛的进一步反应。但在高温下，硫化氢与钛反应析出氢气，粉末钛在 600℃ 开始与硫化氢反应生成钛的硫化物，在 900℃ 时反应产物主要为 TiS，1200℃ 时为 Ti_2S_3。

$$Ti+H_2SO_4 \longrightarrow TiSO_4+H_2 \quad 2Ti+3H_2SO_4 \longrightarrow Ti_2(SO_4)_3+3H_2$$
$$2Ti+6H_2SO_4 \longrightarrow Ti_2(SO_4)_3+3SO_2+6H_2O \quad Ti+H_2S \longrightarrow TiS+H_2$$

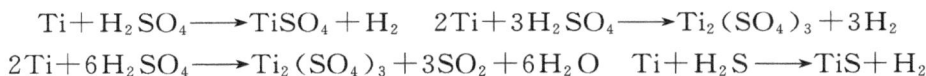

钛对硝酸具有很好的稳定性，这是由于硝酸能快速在钛表面生成一层致密的氧化膜，但表面粗糙，特别是海绵钛或粉末钛，可与热稀硝酸发生反应，高于 70℃ 的浓硝酸也可与钛发生反应；常温下，钛不与王水反应。温度高时，钛可与王水反应。

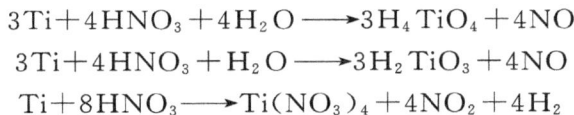

$$3Ti+4HNO_3+4H_2O \longrightarrow 3H_4TiO_4+4NO$$
$$3Ti+4HNO_3+H_2O \longrightarrow 3H_2TiO_3+4NO$$
$$Ti+8HNO_3 \longrightarrow Ti(NO_3)_4+4NO_2+4H_2$$

综上所述，钛的性质与温度及其存在形态、纯度有着极其密切的关系。致密的金属钛在自然界中是相当稳定的，但是粉末钛在空气中可自燃。钛中杂质的存在，会显著影响钛的物理性能、化学性能、机械性能和耐腐蚀性能。特别是一些间隙杂质，它们可以使钛晶格发生畸变，而影响钛的各种性能。

常温下钛的化学活性很小，能与氢氟酸等少数几种物质发生反应，但温度增加时钛的活性迅速增加，特别是在高温下钛可与许多物质发生剧烈反应。钛的冶炼过程一般都在 800℃ 以上的高温下进行，因此必须在真空中或在稀有气体保护下操作。钛的金属活动性在镁、铝之间，常温下并不稳定，因此在自然界中只以化合态存在，常见的钛的化合物有钛铁矿（$FeTiO_3$）、金红石（TiO_2）等。钛在地壳中含量较高，延展性好。钛的热稳定性很好。

金属钛的化学性质：金属钛在高温环境中的还原能力极强，能与氧、碳、氮以及其他许多元素化合,还能从部分金属氧化物(比如氧化铝)中夺取氧。常温下钛与氧气化合生成一层致密的氧化膜,这层氧化膜常温下不与绝大多数强酸、强碱反应,包括王水。它只与氢氟酸、热的浓盐酸、浓硫酸反应,因此钛具有抗腐蚀性。

4.6 发展历程

钛元素发现于1789年,1908年挪威和美国开始用硫酸法生产钛白,1910年在实验室中第一次用钠法制得海绵钛,1948年美国杜邦公司才用镁法工业化生产海绵钛,这标志着海绵钛即钛工业化生产的开始。

中国钛工业起步于20世纪50年代。1954年,北京有色金属研究总院开始进行海绵钛制备工艺研究,1956年国家把钛当作战略金属列入12年发展规划,1958年在抚顺铝厂实现了海绵钛工业化试验,成立了中国第一个海绵钛生产车间,同时在沈阳有色金属加工厂成立了中国第一个钛加工材生产试验车间。

20世纪60~70年代,在国家的统一规划下,先后建设了以遵义钛厂为代表的10余家海绵钛生产单位,建设了以宝鸡有色金属加工厂为代表的数家钛材加工单位,同时也形成了以北京有色金属研究总院为代表的科研力量,成为继美国、苏联和日本之后的第四个具有完整钛工业体系的国家。

综上所述,中国钛工业大致经历了三个发展期:即20世纪50年代的开创期,60~70年代的建设期和80~90年代的初步发展期。在新世纪,得益于国民经济的持续、快速发展,中国钛工业也进入了一个快速成长期。

钛耐腐蚀,所以在化学工业上常常要用到它。过去,化学反应器中装热硝酸的部件都用不锈钢。不锈钢也怕热硝酸,每隔半年,部件就要统统换掉。用钛制造的部件,虽然成本比不锈钢部件贵,但它可以连续不断地使用五年。

在电化学中,钛是单向阀型金属,通常无法用钛作为阳极进行分解。

钛的最大缺点是难于提炼。主要是钛在高温下化合能力极强,可以与氧、碳、氮以及其他许多元素化合。因此,不论在冶炼或者铸造时,人们都小心地防止这些元素"侵袭"钛。在冶炼钛时,空气与水是严格禁止接近的,甚至连冶金上常用的氧化铝坩埚也禁止使用,因为钛会从氧化铝中夺取氧。人们利用镁与四氯化钛在稀有气体氦气或氩气中相互作用,提炼钛。

人们利用钛在高温下化合能力极强的特点,在炼钢时,氮很容易溶解在钢水里,当钢锭冷却时,钢锭中就形成气泡,影响钢的质量。所以炼钢工人往钢水里加进金属钛,使它与氮化合,变成炉渣—氮化钛,浮在钢水表面,这样钢锭就比较纯净了。

当超音速飞机飞行时,它的机翼的温度可以达到500℃。如用比较耐热的铝合金制造机翼,一到300℃也会吃不消,必须有一种又轻、又韧、又耐高温的材料来代替铝合金,而钛恰好能够满足这些要求。钛还能经得住−100℃的考验,在低温下,钛仍旧有很好的韧性而不发脆。

利用钛和锆对空气的强大吸收力,可以除去空气。比方,利用钛制成的真空泵,可以把空气抽到只剩下十万亿分之一。

二氧化钛是雪白的粉末,是最好的白色颜料,俗称钛白。以前,人们开采钛矿,主要目的是获得二氧化钛。钛白的黏附力强,不易起化学变化,永远是雪白的。特别可贵的是钛白无毒。它的熔点很高,被用来制造耐火玻璃、釉料、珐琅、陶土、耐高温的实验器皿等。

1 g 二氧化钛可以把约 450 cm^2 的面积涂得雪白。它比常用的白颜料锌钡白还要白 5 倍,因此是调制白油漆的最好颜料。世界上用作颜料的二氧化钛解质用量为几十万吨。二氧化钛可以加在纸里,使纸变白并且不透明,效果比其他物质大 10 倍,因此,钞票纸和美术品用纸都要加二氧化钛。此外,为了使塑料的颜色变浅,使人造丝光泽柔和,有时也要添加二氧化钛。在橡胶工业上,二氧化钛还被用作白色橡胶的填料。

四氯化钛是种有趣的液体,它有股刺鼻的气味,在湿空气中会冒白烟,变成白色的二氧化钛的水凝胶。在军事上,人们便利用四氯化钛这股怪脾气,作为人造烟雾剂。特别是在海洋上,水汽多,一放四氯化钛,浓烟就像一道白色的长城,挡住了敌人的视线。在农业上,人们利用四氟化钛来防霜。

钛酸钡晶体有这样的特性:当它受压力而改变形状时,会产生电流,一通电又会改变形状。于是,人们把钛酸钡放在超声波中,它受压便产生电流,由它所产生电流的大小可以测知超声波的强弱。相反,用高频电流通过它,则可以产生超声波。几乎所有的超声波仪器中,都要用到钛酸钡。除此之外,钛酸钡还有许多用途。例如,铁路工人把它放在铁轨下面,来测量火车通过时候的压力;医生用它制成脉搏记录器。用钛酸钡做的水底探测器,是锐利的水下眼睛,它不只能够看到鱼群,而且还可以看到水底下的暗礁、冰山和敌人的潜水艇等。

冶炼钛时,要经过复杂的步骤。把钛铁矿变成四氯化钛,再放到密封的不锈钢罐中,充以氩气,使它们与金属镁反应,就得到"海绵钛"。这种多孔的"海绵钛"是不能直接使用的,还必须把它们在电炉中融化成液体,才能铸成钛锭。但制造这种电炉又谈何容易!除了电炉中空气必须抽干净外,找不到盛装液态钛的坩埚,因为一般耐火材料都含有氧化物,而其中的氧就会被液态钛夺走。后来,人们终于发明了一种"水冷铜坩埚"的电炉。这种电炉只有中央一部分区域很热,其余部分都是冷的,钛在电炉中熔化后,流到用水冷却的铜坩埚壁上,马上凝成钛锭。用这种方法已经能够生产几吨重的钛块。

4.7　工业概况

衡量一个国家钛工业规模有两个重要指标:海绵钛产量和钛材产量,其中海绵钛产量反映原料生产能力,钛材产量反映深加工能力。目前钛工业已形成中国、美国、独联体、日本和欧洲五大生产和消费主体。

4.8　元素用途

钛的强度大。有些钢的强度高于钛合金,但钛合金的比强度(抗拉强度和密度之比)却超过优质钢。钛合金有好的耐热强度、低温韧性和断裂韧性,故多用作飞机发动机零件和火箭、导弹结构件。钛合金还可作燃料和氧化剂的储箱以及高压容器。现在已有用钛合金制造

Practical Chemistry in Life

自动步枪,迫击炮座板及无后座力炮的发射管。在石油工业上主要用作各种容器、反应器、热交换器、蒸馏塔、管道、泵和阀等。钛可用作电极和发电站的冷凝器以及环境污染控制装置。钛镍形状记忆合金在仪器仪表上已广泛应用。在医疗中,钛可作人造骨头和各种器具。钛还是炼钢的脱氧剂和不锈钢以及合金钢的组元。钛白粉是颜料和油漆的良好原料。碳化钛是新型硬质合金材料。氮化钛颜色近似于黄金,在装饰方面应用广泛。

钛和钛的合金大量用于航空工业,有"空间金属"之称;另外,在造船工业、化学工业、制造机械部件、电讯器材、硬质合金等方面有着日益广泛的应用。

此外,由于钛合金还与人体有很好的相容性,所以钛合金还可以做人造骨。

元素辅助资料

钛的主要矿石是金红石(TiO_2)和钛铁矿($FeTiO_3$),它的发现也正是从这两种矿石的分析而来。

钛对于酸、碱具有较强的耐腐蚀性,已成为化工生产中重要的材料。

钛一般被认为是稀有金属,其实它在地壳中的含量相当大,比一般的常用的金属锌、铜、锡等都大,甚至比氯、磷都大。

若将钛与人体接触,可达到促进人体血液循环的效果。

钛金属已经成为国际流行的饰品新材料,钛金属放射的波长会使细胞电离,调节人体电流,从而对人体产生有益的生理作用。

4.9 冶炼工艺

钛在 1791 年被发现,而第一次制得纯净的钛却是在 1910 年,中间经历了一百余年。原因在于:钛在高温下性质十分活泼,很易和氧、氮、碳等元素化合,要提炼出纯钛需要十分苛刻的条件。

工业上常用硫酸分解钛铁矿的方法制取二氧化钛,再由二氧化钛制取金属钛。浓硫酸处理磨碎的钛铁矿(精矿),发生反应的化学方程式为:

$$FeTiO_3 + 3H_2SO_4 \longrightarrow Ti(SO_4)_2 + FeSO_4 + 3H_2O$$
$$FeTiO_3 + 2H_2SO_4 \longrightarrow TiOSO_4 + FeSO_4 + 2H_2O$$
$$FeO + H_2SO_4 \longrightarrow FeSO_4 + H_2O$$
$$Fe_2O_3 + 3H_2SO_4 \longrightarrow Fe_2(SO_4)_3 + 3H_2O$$

为了除去杂质 $Fe_2(SO_4)_3$,加入铁屑,Fe^{3+} 还原为 Fe^{2+},然后将溶液冷却至 273K 以下,使得 $FeSO_4 \cdot 7H_2O$(绿矾)作为副产品结晶析出。

$Ti(SO_4)_2$ 和 $TiOSO_4$ 水解析出白色的偏钛酸沉淀,反应的化学方程式为:

$$Ti(SO_4)_2 + H_2O \longrightarrow TiOSO_4 + H_2SO_4$$
$$TiOSO_4 + 2H_2O \longrightarrow H_2TiO_3 + H_2SO_4$$

锻烧偏钛酸即制得二氧化钛:

$$H_2TiO_3 \xrightarrow{\triangle} TiO_2 + H_2O$$

工业上制金属钛采用金属热还原法还原四氯化钛。将 TiO_2（或天然的金红石）和炭粉混合加热至 $1\,000 \sim 1\,100$ K，进行氯化处理，并使生成的 $TiCl_4$ 蒸气冷凝。

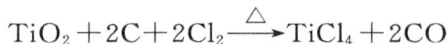

$$TiO_2 + 2C + 2Cl_2 \xrightarrow{\triangle} TiCl_4 + 2CO$$

在 $1\,070$ K 用熔融的镁在氩气中还原 $TiCl_4$ 可得到多孔的海绵钛：

$$TiCl_4 + 2Mg \xrightarrow{\triangle} 2MgCl_2 + Ti$$

这种海绵钛经过粉碎后放入真空电弧炉里熔炼，最后制成各种钛材。

也可以通过反应：$Ti + 2I_2 \xrightarrow{\triangle} TiI_4$

得到的 TiI_4 经过高温（$1\,250$℃）分解：

$$TiI_4 \xrightarrow{\triangle} Ti + 2I_2$$

由此得到纯钛棒。

钛及钛合金的特性、用途

钛属于化学性质比较活泼的金属。加热时能与 O_2、N_2、H_2、S 和卤素等非金属作用。但在常温下，钛表面易生成一层致密的氧化膜，可以抵抗强酸甚至王水的作用，表现出强的抗腐蚀性。因此，一般金属在酸、碱、盐的溶液中变得千疮百孔而钛却安然无恙。

液态钛几乎能熔解所有的金属，因此可以和多种金属形成合金。钛加入钢中制得的钛钢坚韧而富有弹性。钛与金属 Al、Sb、Be、Cr、Fe 等生成填隙式化合物或金属间化合物。

钛合金制成飞机比其他金属制成同样重的飞机多载旅客100 多人。制成的潜艇，既能抗海水腐蚀，又能抗深层压力，其下潜深度比不锈钢潜艇增加 80%。同时，钛无磁性，不会被水雷发现，具有很好的反监护作用。

钛具有"亲生物"性。在人体内，能抵抗分泌物的腐蚀且无毒，对任何杀菌方法都适应。因此被广泛用于制造医疗器械，制人造髋关节、膝关节、肩关节、肋关节、头盖骨、主动心瓣、骨骼固定夹。当新的肌肉纤维环包在这些"钛骨"上时，这些钛骨就开始维系着人体的正常活动。

钛在人体中分布广泛，正常人体中的含量为每 70 kg 体重不超过 15 mg，其作用尚不清楚。但钛能刺激吞噬细胞，使免疫力增强作用已被证实。

钛的化合物及用途

重要的钛化合物有：二氧化钛（TiO_2）、四氯化钛（$TiCl_4$）、偏钛酸钡（$BaTiO_3$）。

纯净的二氧化钛是白色粉末，是优良的白色颜料，商品名称"钛白"。它兼有铅白（$PbCO_3$）的遮盖性和锌白（ZnO）的持久性。因此，人们常把钛白加在油漆中，制成高级白色油漆；在造纸工业中作为填充剂加在纸浆中；纺织工业中作为人造纤维的消光剂；在玻璃、陶瓷、搪瓷工业上作为添加剂，改善其性能；在许多化学反应中用作催化剂。二氧化钛及钛系化合物作为精细化工产品，有着很高的附加价值，前景十分诱人。

四氯化钛是一种无色液体；熔点 250K、沸点 409K，有制激性气味。它在水中或潮湿的空气中极易水解，冒出大量的白烟。

$$TiCl_4 + 3H_2O \xrightarrow{\triangle} H_2TiO_3 + 4HCl$$

$TiCl_4$ 在军事上作为人造烟雾剂,犹其是在海洋战争中。在农业上,人们用 $TiCl_4$ 形成的浓雾地面,减少夜间地面热量的散失,保护蔬菜和农作物不受严寒、霜冻的危害。

将 TiO_2 和 $BaCO_3$ 一起熔融制得偏钛酸钡:

$$TiO_2 + BaCO_3 \xrightarrow{\triangle} BaTiO_3 + CO_2$$

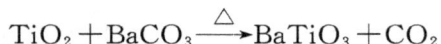

人工制得的 $BaTiO_3$ 具有高的介电常数,由它制成的电容器有较大的容量,更重要的是 $BaTiO_3$ 具有显著的"压电性能",其晶体受压会产生电流,一通电,又会改变形状。人们把它置于超声波中,它受压便产生电流,通过测量电流强弱可测出超声波强弱。几乎所有的超声波仪器中都要用到它。随着钛酸盐的开发利用,它愈来愈广泛地用来制造非线性元件、介质放大器、电子计算机记忆元件、微型电容器、电镀材料、航空材料、强磁、半导体材料、光学仪器、试剂等。

钛、钛合金及钛化合物的优良性能促使人类迫切需要它们。然而,生产成本高,使其应用受到限制。我们相信在不久的将来,随着钛的冶炼技术不断改进和提高,钛、钛合金及钛的化合物的应用将会得到更大的发展。

钛产品:

钛及钛合金是极其重要的轻质结构材料,在航空、航天、车辆工程、生物医学工程等领域具有非常重要的应用价值和广阔的应用前景。

类型:碘化钛,工业纯钛,α 型钛,β 型钛,$\alpha + \beta$ 型钛。

九 大 性 能

1. 密度小,比强度高

金属钛的密度为 4.51 g/cm^3,高于铝而低于钢、铜、镍,但比强度位于金属之首。

2. 耐腐蚀性好

钛是一种非常活泼的金属,在介质中的热力学腐蚀倾向大。但实际上钛在许多介质中很稳定,如钛在氧化性、中性和弱还原性等介质中是耐腐蚀的。这是因为钛和氧有很大的亲和力,在空气中或含氧的介质中,钛表面生成一层致密的、附着力强、惰性大的氧化膜,保护了钛基体不被腐蚀。即使由于机械磨损也会很快自愈或重新再生。钛是具有强钝化倾向的金属。介质温度在 315℃ 以下钛的氧化膜始终保持这一特性。

为了提高钛的耐蚀性,研究出氧化、电镀、等离子喷涂、离子氮化、离子注入和激光处理等表面处理技术,对钛的氧化膜起到了增强保护性作用,获得了所希望的耐腐蚀效果。针对在硫酸、盐酸、甲胺溶液、高温湿氯气和高温氯化物等生产中对金属材料的需要,开发出钛—钼、钛—钯、钛—钼—镍等一系列耐蚀钛合金。钛铸件使用了钛—钼合金,对常发生缝隙腐蚀或点蚀的环境使用了钛—钼—镍合金,钛设备的局部使用了钛—钯合金,均获得了很好的使用效果。

3. 耐热性能好

新型钛合金可在 600℃或更高的温度下长期使用。

4. 耐低温性能好

钛合金其强度随温度的降低而提高，但塑性变化却不大。在－253℃低温下保持较好的延性及韧性，避免了金属冷脆性，是低温容器，储箱等设备的理想材料。

5. 抗阻尼性能强

金属钛受到机械振动、电振动后，与钢、铜金属相比，其自身振动衰减时间最长。利用钛的这一性能可作音叉、医学上的超声粉碎机振动元件和高级音响扬声器的振动薄膜等。

6. 无磁性、无毒

钛是无磁性金属，在很大的磁场中也不会被磁化，无毒且与人体组织及血液有好的相溶性，所以被医疗界采用。

7. 抗拉强度与其屈服强度接近

钛的这一性能说明了其屈强比（抗拉强度或屈服强度）高，表示了金属钛材料在成形时塑性变形差。由于钛的屈服极限与弹性模量的比值大，使钛成型时的回弹能力大。

8. 换热性能好

金属钛的导热系数虽然比碳钢和铜低，但由于钛优异的耐腐蚀性能，所以壁厚可以大大减薄，而且表面与蒸汽的换热方式为滴状冷凝，减少了热阻，钛表面不结垢也可减少热阻，使钛的换热性能显著提高。

9. 吸气性能

钛是一种化学性质非常活泼的金属，在高温下可与许多元素和化合物发生反应。钛吸气主要指高温下与碳、氢、氮、氧发生反应。

4.10　毒学医理

急性毒性：金属钛、氧化钛和碳化钛属低毒类。

亚急性和慢性毒性：大鼠气管内注入氢化钛后 6 和 12 个月，只见肺纤维化效应。

代谢：人体一般饮食中每日约摄入 300 μg 钛，大部分从粪排出，其中约 3% 吸收入血液。进入体内的钛蓄积于脾、肾上腺、横纹肌、肺、皮肤及肝脏等部位。吸收入体内的钛主要由尿排出。

中毒机理：金属钛、氧化钛、碳化钛（titanium carbonide）等不溶性钛毒性低，口服吸收量少，不显示毒性反应。金属钛植入机体未见有病理反应。吸入钛的不溶性化合物，未见肺部有严重损害，其致纤维化作用甚微。用含钛饮水长期饲养动物未见对其生长发育有影响，也未见肿瘤发生。

燃爆危险：本品易燃，具有刺激性。

· 应急医疗库

主要用途及接触机会：钛用于制造特种钢、合金、钛陶瓷及玻璃纤维。金属钛也用于飞机、导弹制造及原子反应堆。还用于生产耐火材料、焊条、建筑材料和塑料等。上述工业中可接触金属钛、二氧化钛的粉尘和烟尘。四氯化钛及其部分水解物，还常夹杂氯及其氧化物。在机械处理金属钛过程中也接触钛氧化物的烟尘。

侵入途径：吸入、食入。

人体危害：吸入后对上呼吸道有刺激性，引起咳嗽、胸部紧束感或疼痛。长期吸入 TiO_2 粉尘的工人，肺部无任何变化。在生产钛金属过程中，接触四氯化钛及其水解产物对眼和上呼吸道黏膜有刺激作用。长期作用可形成慢性支气管炎。TiO_2 曾用作闪光灼伤的皮肤防护剂，未见产生接触性皮炎和经皮肤吸收。100℃氯氮化钛的飞溅和吸入钛酸及氯氮化钛烟引起皮肤烧伤并致疤痕形成和咽、声带、气管黏膜充血，由于形成瘢痕引起喉狭窄。眼短期接触氯氮化钛引起结膜炎和角膜炎。此外，四氯化钛吸入可引起弥散性支气管内息肉。

处理原则：皮肤接触四氯化钛后应尽快用软纸或布擦掉，然后用水冲洗，防止四氯化钛遇水放出大量热及盐酸，加重及扩大灼伤范围。吸入四氯化钛应立即雾化吸入 5％碳酸氢钠溶液，以中和四氯化钛水解产生的盐酸；吸氧，保持呼吸道通畅。安静休息，减少氧的消耗；早期给予足量糖皮质激素，严密观察，防治肺水肿。

预防措施：接触四氯化钛及其水解产物的工种，应注意皮肤、黏膜和呼吸道的防护。产生钛及其化合物粉尘的工作地点，亦须加强防尘措施。大量微小钛粉尘会着火爆炸，因此钛的生产、浇铸、加工应有良好通风防尘设施及应有防火防爆设备。四氯化钛生产过程应尽量密闭，防止其烟气逸出及"跑、冒、滴、漏"。加强个人防护，四氯化钛生产设备开盖、清洗、维修时应戴防毒面具、防护眼镜。穿防酸防护衣帽。定期对接触四氯化钛的生产工人进行休检，有慢性呼吸道疾病患者不能从事接触四氯化钛的工作。

4.11　合金元素

钛合金是以钛为基加入其他元素组成的合金。钛有两种同质异晶体：882℃以下为密排六方结构的 α 钛，882℃以上为体心立方的 β 钛。合金元素根据它们对相变温度的影响可分为三类：①稳定 α 相，提高相转变温度的元素为 α 稳定元素，有铝、碳、氧和氮等。其中铝是钛合金主要合金元素，它对提高合金的常温和高温强度、降低密度、增加弹性模量有明显效果。②稳定 β 相、降低相变温度的元素为 β 稳定元素，又可分同晶型和共析型两种。前者有钼、铌、钒等；后者有铬、锰、铜、铁、硅等。③对相变温度影响不大的元素为中性元素，有锆、锡等。

氧、氮、碳和氢是钛合金的主要杂质。氧和氮在 α 相中有较大的溶解度，对钛合金有显著强化效果，但却使塑性下降。通常规定钛中氧和氮的含量分别在 0.2％和～0.05％以下。氢在 α 相中溶解度很小，钛合金中溶解过多的氢会产生氢化物，使合金变脆。通常钛合金中氢含量控制在 0.015％以下。氢在钛中的溶解是可逆的，可以用真空加热法除去。

第八章
石油化工和煤化工

第一节　石油及其应用

石油化工又称为石油化学工业,指化学工业中以石油为原料生产化学品的领域,广义上也包括天然气化工。石油化工作为一个新兴工业,是 20 世纪 20 年代随石油炼制工业的发展而形成的,于第二次世界大战期间成长起来的。战后,石油化工的高速发展,使大量化学品生产从传统以煤及农林产品为原料,转化为以石油及天然气为原料。石油化工已成为化学工业中的基干工业,在国民经济中占有极重要的地位。

1.1　范畴

石油化工原料主要为来自石油炼制过程中产生的各种石油馏分和炼厂气以及油田气、天然气等。石油馏分(主要是轻质油)通过烃类裂化、裂解气分离可制取乙烯、丙烯、丁二烯等烯烃和苯、甲苯、二甲苯等芳烃,芳烃亦可来自石油轻馏分的催化重整。石油轻馏分和天然气经蒸汽转化、重油经部分氧化可制取合成气,进而生产合成氨、合成甲醇等。从烯烃出发,可生产各种醇、酮、醛、酸类及环氧化合物等。石油化工的生产,一般与石油炼制或天然气加工结合,相互提供原料、副产品或半成品,以提高经济效益。由石油和天然气出发,生产出一系列中间体、塑料、合成纤维、合成橡胶、合成洗涤剂、溶剂、涂料、农药、染料、医药等与国计民生密切相关的重要产品。

1.2　作用

1. 石油化工是能源的主要供应者

石油化工,主要指石油炼制生产的汽油、煤油、柴油、重油以及天然气是当前能源的主要供应者。目前,全世界石油和天然气消费量约占总能耗量 60%;我国因煤炭使用量大,石油的消费量不到 20%。石油化工提供的能源主要作为汽车、拖拉机、飞机、轮船、锅炉的燃料,少量用作民用燃料。能源是制约我国国民经济发展的一个因素,石油化工约消耗总能源的 8.5%,所以应不断降低能源消费量。

2. 石油化工是材料工业的支柱之一

金属、无机非金属材料和高分子合成材料,称为三大材料。全世界石油化工提供的高分子合成材料目前年产量约为 1.45 亿吨。除合成材料外,石油化工还提供了绝大多数的有机化工原料,在化工领域的范畴内,除化学矿物提供的化工产品外,石油化工生产的原料,在各个部门大显身手。

3. 石油化工促进了农业的发展

农业是我国国民经济的基础产业。石化工业提供的氮肥占化肥总量的 80%，农用塑料薄膜的推广使用，加上农药的合理使用以及大量农业机械所需各类燃料，形成了石化工业是支援农业的主力军。

4. 各工业部门离不开石化产品

现代交通工业的发展与燃料供应息息相关，毫不夸张地说，没有燃料，就没有现代交通工业。金属加工、各类机械毫无例外地需要各类润滑材料及其他配套材料，消耗了大量石化产品。全世界润滑油脂年产量约为 2 千万吨，我国约为 180 万吨。建材工业是石化产品的新领域，如塑料建材、门窗、铺地材料、涂料被称为化学建材。轻工、纺织工业是石化产品的传统用户，新材料、新工艺、新产品的开发与推广，都有石化产品的身影。当前，高速发展的电子工业以及诸多的高新技术产业，对石化产品，尤其是以石化产品为原料生产的精细化工产品提出了新要求，这对发展石化工业是个巨大的促进。

5. 石化工业的建设和发展离不开各行业的支持

国内外的石化企业都集中建设一批生产装置，形成大型石化工业区。在区内，炼油装置为"龙头"，为石化装置提供裂解原料，如轻质油、重油，并生产石化产品；裂解装置生产乙烯、丙烯、苯、二甲苯等石化基本原料；根据需求建设以上述原料为主生产合成材料和有机原料的系列生产装置，其产品、原料有一定比例关系，如要求年产 30 万吨乙烯，粗略计算，约需裂解原料 120 万吨，对应炼油厂加工能力约 250 万吨，可配套生产合成材料和基本有机原料 80～90 万吨。由此可见，建设石化工业区要投入大量资金，厂区选址适当，不但要保证原料和产品的运输，而且要有充分的电力、水供应及其他配套的基础工程设施。各生产装置需要大量标准和定性的机械、设备、仪表、管道和非定型专用设备。制造机械设备涉及材料品种多，要求各异，有些重点设备高度超过 50 米，单件重量为几百吨；有的要求耐热达 1 000℃，有的要求耐冷至 －150℃。有些关键设备需要到国际市场采购。所有这些都需要冶金、电力、机械、仪表、建筑、环保等行业支持。石化行业是个技术密集型产业。生产方法和生产工艺的确定，关键设备的选型、选用、制造等一系列技术，都要求由专有或独特的技术标准所规定，如从国外引进，要支付专利使用费。因此，只有加强基础学科，尤其是有机化学、高分子化学、催化、化学工程、电子计算机、自动化等方面的研究，加强相关专业技术人员的培养，使之掌握和采用先进科研成果，再配合相关的工程技术，石化工业才有可能不断发展，登上新台阶。

1.3 发展

石油化工的发展与石油炼制工业与以煤为基本原料生产化工产品和三大合成材料的发展有关。石油炼制起源于 19 世纪 20 年代。20 世纪 20 年代汽车工业飞速发展，带动了汽油生产。为扩大汽油产量，以生产汽油为目的热裂化工艺开发成功，20 世纪 40 年代催化裂化工艺开发成功，加上其他加工工艺的开发，形成了现代石油炼制工艺。为了利用石油炼制副产品，1920 年开始以丙烯生产异丙醇，这被认为是第一个石油化工产品。20 世纪 50 年代，在裂化技术基础上开发了以制取乙烯为主要目的的烃类水蒸

气高温裂解(简称裂解)技术。裂解工艺的发展为发展石油化工提供了大量原料。同时，一些原来以煤为基本原料(通过电石、煤焦油)生产的产品陆续改由石油为基本原料，如氯乙烯等。在 20 世纪 30 年代，高分子合成材料大量问世。按工业生产时间排序为：1931 年为氯丁橡胶和聚氯乙烯，1933 年为高压法聚乙烯，1935 年为丁腈橡胶和聚苯乙烯，1937 年为丁苯橡胶，1939 年为尼龙 66。第二次世界大战后石油化工技术继续快速发展，1950 年开发了腈纶，1953 年开发了涤纶，1957 年开发了聚丙烯。

1. 展望

以石油和天然气原料为基础的石油化学工业，虽然在 20 世纪 70 年代经历两次价格上涨的冲击，但由于石油化工已建立起整套技术体系，产品应用已深入国防、国民经济和人民生活等领域，市场需要尤其在发展中国家，正在迅速扩大，所以今后石油化工仍将得到继续发展。20 世纪 80 年代，世界石油化工所消耗石油量仅为世界原油总产量的 8.4%，所耗天然气为天然气总产量 10%，更因从石油和天然气生产化工产品可取得很大的经济效益，故石油化工的发展有着良好的前景。为了适应近年原料价格波动，石油化工企业正在采取多种措施。例如，生产乙烯的原料多样化，使烃类裂解装置具有适应多种原料的灵活性；石油化工和炼油的整体化结合更为密切，以便于利用各种原料；工艺技术的改进和新催化剂的采用，提高产品的产率，降低生产过程的能耗及原料消耗；调整产品结构，发展精细化工，开发具有特殊性能的技术密集型新产品、新材料，以提高经济效益，并对石油化工生产环境污染进行防治等。

2. 石油化工高速发展的原因

有大量廉价的原料供应(20 世纪 50～60 年代，原油每吨约 15 美元)；有可靠的、有发展潜力的生产技术；产品应用广泛，开拓了新的应用领域。原料、技术、应用三个因素的综合，实现了由煤化工向石油化工的转换，完成了化学工业发展史上的一次飞跃。20 世纪 70 年代以后，原油价格上涨(1996 年每吨约 170 美元)，石油化工发展下降，新工艺开发趋缓，并向着采用新技术，节能，优化生产操作，综合利用原料，向下游产品延伸等方向发展。一些发展中国家大力建立石化工业，使发达国家所占比重下降。1996 年，全世界原油加工能力为 38 亿吨，生产化工产品用油约占总量的 10%。

1.4 地位

1. 石油化工是近代发达国家的重要基干工业

由石油和天然气出发，生产出一系列中间体、塑料、合成纤维、合成橡胶、合成洗涤剂、溶剂、涂料、农药、染料、医药等与国计民生密切相关的重要产品。20 世纪 80 年代，在工业发达国家中，化学工业的产值，一般占国民生产总值 6%～7%，占工业总产值 7%～10%；而石油化工产品销售额约占全部化工产品的 45%，其比例是很大的。

2. 石油化工是能源的主要供应者

石油炼制生产的汽油、煤油、柴油、重油以及天然气是当前主要能源的主要供应者。我国 1995 年生产的燃料油为 8 千万吨。目前，全世界石油和天然气消费量约占总能耗量 60%；我国因煤炭使用量大，石油的消费量不到 20%。石油化工提供的能源主要作为汽车、拖拉机、飞机、轮船、锅炉的燃料,少量用作民用燃料。能源是制约我国国民经济发展的一个因素,石油化工约消耗总能源的 8.5%,应不断降低能源消费量。

　　3.石油化工是材料工业的支柱之一

　　金属、无机非金属材料和高分子合成材料,被称为三大材料。全世界石油化工提供的高分子合成材料目前年产量约为 1.45 亿吨,1996 年,我国已超过 800 万吨。除合成材料外,石油化工还提供了绝大多数的有机化工原料,在化工领域的范畴内,除化学矿物提供的化工产品外,石油化工生产的原料,在各个部门大显身手。

　　4.石油化工促进了农业的发展

　　农业是我国国民经济的基础产业。石化工业提供的氮肥占化肥总量的 80%,农用塑料薄膜的推广使用,加上农药的合理使用以及大量农业机械所需各类燃料,形成了石化工业支援农业的主力军。

　　5.世界石油化工

　　1970 年,美国石油化学工业产品,已有约 3000 种。所建生产厂已约 1000 个。国际上常用乙烯和几种重要产品的产量来衡量石油化工发展水平。乙烯的生产,大多采用烃类高温裂解方法。一套乙烯装置,年产乙烯一般为 300～450 千吨,并联产丙烯、丁二烯、苯、甲苯、二甲苯等。乙烯及联产品的产率因裂解原料而异。目前,这类装置已是石油化工联合企业的核心设备。

第二节　煤　化　工

　　煤化工是指以煤为原料,经化学加工使煤转化为气体、液体和固体燃料以及化学品的过程。煤化工主要包括煤的气化、液化、干馏以及焦油加工和电石乙炔化工等。在煤化工可利用的生产技术中,炼焦是应用最早的工艺,并且是化学工业的重要组成部分。中国煤化工开始于 18 世纪后半叶,19 世纪形成了完整的煤化工体系。进入 20 世纪,许多以农林产品为原料的有机化学品多改为以煤为原料生产,煤化工成为化学工业的重要组成部分。

2.1　技术介绍

　　煤化工是指以煤为原料,经化学加工使煤转化为气体、液体和固体产品或半产品,而后进一步加工成化工、能源产品的过程。随着世界石油资源不断减少,煤化工有着广阔的前景。

　　在煤化工可利用的生产技术中,炼焦是应用最早的工艺,并且至今仍然是化学工业的重要组成部分。

　　煤的气化在煤化工中占有重要地位,用于生产各种气体燃料,是洁净的能源,有利于提高人民生活水平和环境保护;煤气化生产的合成气是合成液体燃料、化工原料等多种产品的原料。

煤直接液化,即煤高压加氢液化,可以生产人造石油和化学产品。在石油短缺时,煤的液化产品将替代天然石油。

2.2 发展历史

中国煤化工开始于 18 世纪后半叶,19 世纪形成了完整的煤化工体系。进入 20 世纪,许多以农林产品为原料的有机化学品多改为以煤为原料生产,煤化工成为化学工业的重要组成部分。第二次世界大战以后,石油化工发展迅速,很多化学品的生产又从以煤为原料转移到以石油、天然气为原料,从而削弱了煤化工在化学工业中的地位。进入 21 世纪后,随着全球石油市场的动荡和石油价格的攀升,煤炭作为储量巨大并且可能替代石油的资源重新受到重视。煤中有机质的化学结构,是以芳香族为主的稠环为单元核心,由桥键互相连接,并带有各种官能团的大分子结构,通过热加工和催化加工,可以使煤转化为各种燃料和化工产品。

世界上生产的煤,主要用作电站和工业锅炉燃料;用于煤化工的占一定比例,其中主要是煤的焦化和气化。煤焦油加工的产品广泛用于制取塑料、染料、香料、农药、医药、溶剂、防腐剂、胶黏剂、橡胶、碳素制品等。1981 年,世界合成氨主要来源于石油和天然气。以煤为原料生产的氨只约占 10%;自煤制取合成甲醇的比例也很小,仅占甲醇总产量的 1%。

集约化发展

煤炭能源作为我国能源结构的重要组成,对于确保我国能源供应安全具有至关重要的作用。而煤化工产业作为实现煤炭资源高效利用的有力手段,直接关系到国家的能源战略发展规划。因此,必须充分认识我国煤化工产业的发展现状,明确煤化工产业的发展趋势,即在确保煤炭资源高效、清洁利用的基础上推动煤化工产业的规模化以及集约化发展。

"十二五"期间,国内经济结构将继续延续重化工业发展的态势,国民经济对能源消费的需求仍将保持平稳增长。预计国内以煤炭为主的能源消费格局短期难以改变,煤炭消费将基本与国民经济增长保持同步增长。

发展新型煤化工可以部分代替石化产品,对保障国家能源安全具有重要的战略意义。我国石油、天然气对外依存度日益提高,石油进口比例已经超过 50%,国家能源安全问题日益突出。

新型煤化工以生产洁净能源和可替代石油化工产品为主,如柴油、汽油、航空煤油、液化石油气、乙烯原料、聚丙烯原料、替代燃料(甲醇、二甲醚)等,与能源、化工技术结合,可形成煤炭能源化工一体化的新兴产业。煤炭能源化工产业将在中国能源的可持续利用中扮演重要角色,是今后 20 年的重要发展方向,这对于中国减轻燃煤造成的环境污染、降低中国对进口石油的依赖均有着重大意义。煤化工行业在中国面临着新的市场需求和发展机遇。

我国煤炭资源丰富,煤种齐全,发展煤炭液化、气化等现代煤转化技术,对发挥资源优势、优化终端能源结构、大规模补充国内石油供需缺口有现实和长远的意义，国家"十五"能源科技和能源建设计划对发展煤化工给予充分的重视，煤化工在我国面临新的市场需求和发展机遇。根据国内外煤化工发展的特点，提出"新型煤化工"。与传统煤化工不同，新型煤化工将形成具有中国特色的煤炭能源化工新产业，是我国煤炭工业结构调整、实现可持续发展的战略方向，对未来能源建设和能源技术的发展将有重要影响。

2.3 技术进展

新型煤化工是指以洁净能源和化学品为目标产品，应用煤转化高新技术，建成未来新兴煤炭能源化产业；结合煤炭资源开发和煤炭生产建设的发展，建成若干大型产业基地或基地群。新型煤化工是煤炭工业调整产业结构，走新型工业化道路的战略方向。

新型煤化工与传统煤化工的区别：新型煤化工通常指煤制油、煤制甲醇、煤制二甲醚、煤制烯烃、煤制乙二醇等。传统煤化工涉及焦炭、电石、合成氨等领域。

新型煤化工以生产洁净能源和可替代石油化工产品为主，如柴油、汽油、航空煤油、液化石油气。乙烯原料、聚丙烯原料、甲醇、甲醚以及煤化工独具优势的特有化工产品，如芳香烃类产品。还有电力、热力等。

1. 新型煤化工的特点

（1）以清洁能源为主要产品。新型煤化工以生产洁净能源和可替代石油化工产品为主，如柴油、汽油、航空煤油、液化石油气、乙烯原料、聚丙烯原料、替代燃料（甲醇、甲醚）、电力、热力等，以及煤化工独具优势的特有化工产品，如芳香烃类产品。

（2）煤炭能源化工一体化。新型煤化工是未来中国能源技术发展的战略方向，紧密依托煤炭资源的开发，并与其他能源、化工技术结合，形成煤炭能源化工一体化的新兴产业。

（3）高新技术及优化集成。新型煤化工根据煤种、煤质特点及目标产品不同，采用不同煤转化高新技术，并在能源梯级利用、产品结构方面对不同工艺优化集成，提高整体经济效益，如煤焦化—煤直接液化联产、煤焦化—化工合成联产、煤气化合成—电力联产、煤层气开发与化工利用、煤化工与矿物加工联产等。同时，新型煤化工可以通过信息技术的广泛利用，推动现代煤化工技术在高起点上迅速发展和产业化建设。

（4）建设大型企业和产业基地。新型煤化工发展将以建设大型企业为主，包括采用大型反应器和建设大型现代化单元工厂，如百万吨级以上的煤直接液化、煤间接液化工厂以及大型联产系统等。

在建设大型企业的基础上，形成新型煤化工产业基地及基地群，制砂设备。每个产业基地包括若干不同的大型工厂，相近的几个基地组成基地群，成为国内新的重要能源产业。

（5）有效利用煤炭资源。新型煤化工注重煤的洁净、高效利用，如高硫煤或高活性低变质煤作化工原料煤，在一个工厂用不同的技术加工不同煤种并使各种技术得到集成和互补，使各种煤炭达到物尽其用，充分发挥煤种、煤质特点，实现不同质量煤炭资源的合理、有效利用。新型煤化工强化对副产煤气、合成尾气、煤气化及燃烧灰渣等废物和余能的利用。

（6）经济效益最大化。通过建设大型工厂，应用高新技术，发挥资源与价格优势，资源优化配置,技术优化集成,资源、能源的高效合理利用等措施,减少工程建设的资金投入,降低生产成本,提高综合经济效益,选矿设备。

(7) 环境友好。通过资源的充分利用及污染的集中治理,达到减少污染物排放,实现环境友好。

(8) 人力资源得到发挥。通过新型煤化工产业建设,带动煤炭开采业及其加工业、运输业、建筑业、装备制造业、服务业等发展,扩大就业,充分发挥我国人力资源丰富的优势。

2. 甲醇生产化学品

以煤为原料生产化学品,主要是将煤先制成甲醇,再将甲醇制成其他化学产品。

(1) 甲醇制烯烃

甲醇制烯烃是煤制烯烃工艺路线的核心技术,是将甲醇转化为乙烯、丙烯的工艺。甲醇制烯烃工艺开辟了由煤炭或天然气生产基本有机化工原料的新工艺路线,是最有希望取代以石油为原料制取烯烃的路线,也是实现煤化工向石油化工延伸发展的有效途径。

其中烯烃分离技术是整套工艺流程的核心技术,目前国内比较成熟的烯烃分离技术有惠生甲醇制烯烃分离技术。该技术采用预切割塔把碳一及更轻组分与大部分碳二分开,预切割塔的塔顶出口气体进入油吸收塔,用吸收剂(碳三、碳四或碳五)吸收碳二及更重组分达到碳一与碳二的完全分离。吸收塔底部出口的吸收剂送到预切割塔顶部进行再生。

惠生甲醇制烯烃分离技术特点:

① 流程简单,无深冷分离单元,无乙烯制冷压缩机,设备投资少,能耗低;

② 采用切实有效的方法脱除氮气、氧气、CO 等含氧轻质气体,流程简单、可靠,对原料中这些组分的变化适应能力强;

③ 采用先进技术和合理的设计,在低能耗的情况下保证乙烯、丙烯的高产率;

④ 采取有效措施防止系统内结焦和结垢以及安全措施,确保装置在较长周期内安全稳定运行;

⑤ 整体流程由常规单元集成优化而成,各单元均有成功的生产运行经验,技术安全可靠,无工业化风险。

(2) 煤制乙二醇

乙二醇是重要的化工原料和战略物资,用于制造聚酯(可进一步生产涤纶、饮料瓶、薄膜)、炸药、乙二醛,并可作防冻剂、增塑剂、水力流体和溶剂等。合成气制乙二醇是煤制乙二醇工艺路线的核心技术,是将合成气经草酸酯加氢合成乙二醇的工艺。

2.4　行业困境

煤化工是以煤为原料,经过化学加工使煤转化为气体、液体、固体燃料以及化学品等过程,而以煤炭为原料的相关化工产业被统称为煤化工。从产业链位置分析,煤化工企业分属于焦炭、煤头化肥、煤液化、以电石乙炔为原材料的基础化工几大类。

目前而言,煤化工行业普遍面临着严重的产能过剩问题。《中国煤化工产业发展前景预测与投资战略规划分析报告前瞻》数据显示,2011 年,我国焦炭产能达到 6 亿吨,而产量仅为 4.28 亿吨;2012 年焦炭产量 4.43 亿吨;到 2013 年,产量达到 4.76 亿吨,即使不考虑新增产能,我国焦炭产能依然过剩明显。尿素、电石等行业面临同样的问题,产能虽然陆续提高,但由于需求量有限,产量提升相对较慢,造成开工率较低,行业的整体竞争力和抗风险能力较低,产能过剩、技术水平低、环境污染大、能耗高,甚至运输风险等都成为制约行业发展的瓶颈。

2.5　技术流程

　　煤中有机质的化学结构,是以芳香族为主的稠环为单元核心,由桥键互相连接,并带有各种官能团的大分子结构(见煤化学),通过热加工和催化加工,可以使煤转化为各种燃料和化工产品。在煤的各种化学加工过程中,焦化是应用最早且至今仍然是最重要的方法,其主要目的是制取冶金用焦炭,同时副产煤气和苯、甲苯、二甲苯、萘等芳烃;煤气化在煤化工中也占有很重要的地位,用于生产城市煤气及各种燃料气(广泛用于机械、建材等工业),也用于生产合成气(作为合成氨、合成甲醇等的原料);煤低温干馏、煤直接液化及煤间接液化等过程主要生产液体燃料,在 20 世纪上半叶曾得到发展,第二次世界大战以后,由于其产品在经济上无法与石油相竞争而趋于停顿,当前只有在南非仍有煤的间接液化工厂;煤的其他直接化学加工,则生产褐煤蜡、磺化煤、腐植酸及活性炭等,仍有小规模的应用。

2.6　技术设备

　　煤化工装备种类较多,主要分为动、静两大类。其中,加氢反应器、气化炉、还原炉、换热器、盛运容器等压力容器和管道、阀门等属于静装备,泵、风机、压缩机、空分装备等属于动装备。气化炉是煤化工最为关键的装备,大部分煤化工项目都需要把煤炭经气化炉转换为合成气这一环节。空分装备也是煤化工的关键装备之一,煤气化及煤液化均需使用大量的高纯度氧气,均具有较高的技术壁垒。

2.7　技术要求

1. 资源优势

　　一是我国的能源特点是"缺油、少气、煤炭资源相对丰富";二是煤炭价格相对低廉。有很多地方,煤炭资源丰而不富,如资源分布广而散,小矿多,大矿少,鸡窝矿多。这会导致煤炭供应数量的不稳定;成分上不稳定。化工生产是要长周期稳定运行的,原料数量和质量不稳定,化工生产就无法正常操作。一个像样的煤化工项目,一年要消耗几百万吨煤炭,要保持煤化工企业运行几十年,考虑到开采率等问题,没有几十亿吨的储量是难以满足煤化工企业要求的。如果当地煤炭资源储量不大,成分不稳定或灰粉太高,热值不高,那么,就不必要硬搞煤化工,还是把这些煤用作燃料为好。

2. 充足水源

　　耗水量大是煤化工的一大特点。很多地方煤资源丰富,水资源却短缺。中国北方和沿海大部分地区都属于这种情况。有许多煤化工企业受缺水的困扰,常常出现煤化工企业与农业或其他工业争水现象。要保持煤化工企业正常运行,起码要保证每小时上千吨新鲜水的供应。真正上规模的煤化工企业,2 000～3 000 吨/小时的用水量也是必要的。

3. 交通便利

　　煤化工企业产品和原料运输量大,交通运输显得十分重要,最好是靠近铁路或水运方便的地方。铁路、水运和汽运比较起来,一是铁路和水运在数量上可以很方便地满足要求,数量大了,汽运组织起来很麻烦;二是铁路和水运价格大大低于汽车运输价格。相差甚大;三是汽车运输损耗大。当然,煤化工企业建在煤田上,靠皮带运输,可以大大减少原料煤的运输量。但产品运出去,还是铁路好。国外的经验也是这样的。目前国内也有很多小型煤化工企业不靠铁路运输,发展受到限制。

4. 环境容量

中国煤炭资源丰富,但总体上说,煤的含硫高,开发利用的环保要求高。2003 年中国 SO_2 排放和 CO_2 排放分别占世界第一和第二,其中 90％的 SO_2 的排放来自煤的使用。

煤化工企业排污是不可避免的,即使经处理达到排放标准,总还是有三废要排放的。这是不可回避的问题。中国南方煤质含硫量高,很多地方环境容量已经饱和或已超标,尤其是山区,废气扩散困难,很多地方酸雨严重,再发展煤化工已没有余量,项目很难通过环保部门的审批。

煤化工替代燃料产品可分为三类:含氧燃料(醇、醚或酯)、合成油(煤制油)、气体燃料(甲烷气、合成气或氢气)。其中含氧燃料技术成熟,应予以推广应用;合成油与现有车辆技术体系和基础设施完全兼容,但其技术尚待完善,气体燃料车优点很多,我国将从基础科学研究、前沿技术创新、工程应用开发等方面逐一突破。

第九章
油脂和表面活性剂

第一节　油　　脂

油脂（Oils and Fats）是植物油与脂肪的合称，又称为三酸甘油酯，而将油脂水解即变成甘油与脂肪酸，油脂的熔点则取决于其脂肪酸部分的种类，由碳原子数较多的饱和脂肪酸所形成的油脂在常温下多为固体（如牛油、猪油），即称为脂肪（fat）。由碳原子数较少的饱和脂肪酸（椰子油）或含双键的不饱和脂肪酸（花生油）所形成的油脂在常温下多为液体，即称为植物油（oils）。市场上销售的固态植物奶油是将植物油加氢成为饱和脂肪酸后加上牛奶与人工色素而制得的。油脂的主要生理功能是储存和供应热能，在代谢中可以提供的能量比糖类和蛋白质高一倍。每克油脂在体内完全氧化时，大约可以产生 39.8 千焦的热能。油脂除食用外，还用于肥皂生产和油漆制造等工业中。

快 速 导 航

油脂是油和脂肪的统称。从化学成分角度分析，油脂都是高级脂肪酸与甘油形成的酯。油脂是烃的衍生物。

自然界中的油脂是多种物质的混合物，其主要成分是一分子甘油与三分子高级脂肪酸脱水形成的酯，称为甘油三酯。

其中，油是不饱和高级脂肪酸甘油酯，脂肪是饱和高级脂肪酸甘油酯，都是高级脂肪酸甘油酯，是一种有机物。植物油在常温常压下一般为液态，称为油，而动物脂肪在常温常压下为固态，称为脂。油脂均为混合物，无固定的熔沸点。油脂不但是人类的主要营养物质和主要食物之一，也是一种重要的工业原料。

1.1 脂肪

脂肪是用弱极性的脂肪性溶剂（如乙醚、石油、醚、苯、氯仿等）从动植物组织中萃取出的不溶于水的物质。其中最重要的有油脂、类脂和蜡三类。油脂是脂肪族羧酸与甘油所形成的酯，在室温下呈液态的称为油，呈固态的称为脂肪。从植物种子中得到的大多数为油，来自动物的大多数为脂肪。油脂中的脂肪酸大多数是含偶数碳原子的饱和的或不饱和的脂肪酸，常见的有肉豆蔻酸（C_{14}）、软脂酸（C_{16}）、硬脂酸（C_{18}）等饱和酸和棕榈油酸（C_{16}，单烯）、油酸（C_{18}，单烯）、亚油酸（C_{18}，二烯）、亚麻酸（C_{18}，三烯）等不饱和酸。某些油脂中含有若干特殊的脂肪酸，如桐油中的桐油酸，菜油中的油菜酸，蓖麻油中的蓖麻酸，椰子油中的橘酸等。油脂根据其饱和程度可分为干性油、半干性油和非干性油。不饱和程度较高,在空气中能氧化固化的称为干性油,如桐油;在空气中不固化的则为非干性油,如花生油;处于两者之间的则为半干性油。

1.2 分布

油脂分布十分广泛,各种植物的种子、动物的组织和器官中都存在一定数量的油脂,特别是油料作物的种子和动物皮下的脂肪组织,油脂含量丰富。人体中的脂肪约占体重的 $10\%\sim20\%$。它们是维持生命活动的备用能源。当人体进食量小,摄入食物的能量不足以支付机体消耗的能量时,人体就会消瘦。

1.3 化学性质

油脂密度一般比水小,没有固定的熔沸点。

$$
\begin{array}{c}
R_1COOCH_2 \\
R_2COOCH + 3H_2O \xrightarrow[100℃]{H_2SO_4} RCOOH + \begin{array}{c} CH_2OH \\ CHOH \\ CH_2OH \end{array} \\
R_3COOCH_2
\end{array}
$$

（动物油脂）　　　　　　　　（动物脂肪酸）（甘油）

油脂中的碳链含碳碳双键时(即为不饱和脂肪酸甘油酯),主要是低沸点的植物油;油脂中的碳链为碳碳单键时(即为饱和脂肪酸甘油酯),主要是高沸点的动物脂肪。

其中油可以进行加成反应(如氢化),油和脂都能发生水解反应。

$$
\begin{array}{c}
C_{17}H_{35}COOCH_2 \\
C_{17}H_{35}COOCH + 3NaOH \xrightarrow{\triangle} 3C_{17}H_{35}COONa + CH_2OHCHOHCH_2OH \\
C_{17}H_{35}COOCH_2
\end{array}
$$

$$
\begin{array}{c}
C_{17}H_{35}COOCH_2 \\
C_{17}H_{35}COOCH + 3H_2O \xrightarrow[\triangle]{稀 H_2SO_4} 3C_{17}H_{35}COOH + CH_2OHCHOHCH_2OH \\
C_{17}H_{35}COOCH_2
\end{array}
$$

油脂是食物组成中的重要部分,也是同质量产生能量最高的营养物质。1 g 油脂在完全氧化(生成二氧化碳和水)时,放出热量约 39 kJ,大约是糖或蛋白质的 2 倍。成人每日需进食 $50\sim60$ g 脂肪,可提供日需热量的 $20\%\sim25\%$。

脂肪在人体内的化学变化主要是在脂肪酶的催化下,进行水解,生成甘油(丙三醇)和高级脂肪酸,然后再分别进行氧化分解,释放能量。油脂同时还有保持体温和保护内脏器官的作用。

1.4 作用

（1）提供能量

脂肪的能量密度是 37 000 J/kg。相对于糖类的 17 000 J/kg 和乙醇的 29 000 J/kg,脂

肪是密度最高的食物营养素。

（2）脂肪酸

一些脂肪酸是维护人体健康所必需的。例如，ω－3脂肪酸（烃基上第一个双键位于从末端数第三个碳原子处）有维持免疫和心血管功能的作用。

（3）改善口感

使菜肴具有细腻，润滑的口感。缺乏脂肪的菜肴则经常被形容为"清汤寡水"。另外脂肪还促进进食后的饱胀感。但过多食用会增加癌症患病率。

（4）传热媒介

用来直接煎炸食物（主要是用沙拉油），可以在表面达到高温（＞100℃）。炒菜中用来均匀传热和防止沾锅。

（5）脂溶成分

食物原料中的一些气味分子和营养分子不易溶于水而易溶于油脂，因此一定量的脂肪有助于增加食物的香味和营养。如要充分利用胡萝卜中的胡萝卜素，则最好将之与一定的脂肪或含脂肪成分的油烹调。

（6）调味料

一些脂肪如辣油、芝麻油被用做调味料。

1.5　分类

液态油可根据它们在空气中能否干燥的情况分为：干性油、半干性油和非干性油三类。除三甘油酯外，并含有少量游离脂肪酸、磷脂、甾醇、色素和维生素等。

化合态的或游离态的脂肪酸，有饱和的如月桂酸、软脂酸、硬脂酸等。

有不饱和的如油酸、亚油酸、亚麻酸等。油脂不溶于水，溶于有机溶剂如烃类、醇类、酮类、醚类和酯类等。在较高温度下，有催化剂或有解脂酵素存在时，经水解而成脂肪酸和甘油。与钙、钾和钠的氢氧化物经皂化而成金属皂和甘油。并能起其他许多化学反应如卤化、硫酸化、磺化、氧化、氢化、去氧、异构化、聚合、热解等。主要用途是供食用，但也广泛用于制造肥皂、脂肪酸、甘油、油漆、油墨、乳化剂、润滑剂等。

1.6　制法

制法有压榨法、溶剂提取法、水代法和熬煮法等四类。所得的油脂可按不同的需要，用脱磷脂、干燥、脱酸、脱臭、脱色等方法精制。

动物的脂肪组织和油料植物的籽核是油脂的主要来源。

在室温下呈固态或半固态的叫做脂肪，呈液态的叫做油。脂肪中含高级饱和脂肪酸的甘油酯较多，油中含高级不饱和脂肪酸甘油酯较多，天然油脂大都是混合甘油酯（即R、R′和R″不相同或不完全相同）。各种油脂都是多种高级脂肪酸甘油酯的混合物。一种油脂的平均相对分子质量可通过它的皂化值（1 g油脂皂化时所需KOH的毫克数）反映。皂化值越小，油脂的平均相对分子质量越大。油脂的不饱和程度常用碘值（100 g油脂跟碘发生加成反应时所需I_2的克数）来表示。碘值越大，油脂的不饱和程度越大。油脂中游离脂肪酸的含量常用酸值（中和 1 g 油脂所需 KOH 的毫克数）表示。新鲜油脂的酸值极低，保存不当的油脂因氧化等原因会使酸值增大。有些油类在空气中能形成一层硬而有弹性的薄膜，有这种性质的油叫做干性油（碘值大于 130），如桐油和亚麻油。蜡跟油脂一样，也是广泛存在于自然界中的酯类。蜡的主要成分一般是含有偶数碳原子的高级饱和脂肪酸跟高级一元醇组成的酯。例如，白蜡的主要成分是蜡酸蜡酯，蜂蜡的主要成分是软脂酸蜂蜡酯，鲸蜡的主要成分是软脂酸鲸蜡酯。由于习惯的原因，有些称蜡的不是酯类。例如，石蜡是高级烷烃，高聚乙二醇是合成蜡。

由于脂肪酸是一种酸，因此可用显碱性的肥皂洗去。

油脂是人体重要的供能物质，并能在人体内储存起来，成为维持生命活动的备用能源物质。

1.7　食用建议

含"不饱和脂肪酸"较多的油类，包括大豆油、葵花油、玉米油、红花油、胡麻油等，适合膳食荤素搭配的各类人群食用，特别是吃动物性食品较多、植物性食品较少的人。

含"单不饱和脂肪酸"较多的油类，包括橄榄油和茶籽油，适合膳食荤素搭配的各类人群食用，因其降血脂效果较好，特别适合中老年人和高血脂症患者。

含各类不饱和脂肪酸较为均衡的油类，包括花生油和芝麻油，适合各类人群食用。

含"饱和脂肪酸"较多的油类，包括棕榈油、猪油、牛油、羊油、奶油、植物奶油、椰子油等，适合素食者或很少食用动物性食品的人食用。

第二节　表面活性剂

表面活性剂

表面活性剂（surfactant）被誉为"工业味精"，是指具有亲水亲油基团，在溶液的表面能定向排列，并能使表面张力显著下降的物质。表面活性剂一般是具有亲水与疏水基团的有机两性分子，可溶于有机溶液和水溶液。亲水基团常为极性的基团，如羧酸、磺酸、硫酸、氨基或胺基及其盐，也可是羟基、酰胺基、醚键等；而憎水基团常为非极性烃链，如 8 个碳原子以上烃链。表面活性剂分为离子型表面活性剂和非离子型表面活性剂等。它是一大类有机化合物，它们的性质极具特色，应用极为灵活、广泛，有很大的实用价值和理论意义。

2.1　基本简介

1. 定义

表面活性剂是指通过连接基团将两个两亲体在头基处或靠近头基处连接（键合）起来的化合物，通过化学键将两个或两个以上的同一或几乎同一的表面活性剂单体，在亲水头基或靠近亲水头基附近用连接基团将这两亲成分连接在一起。

表面活性剂种类有阴离子表面活性剂、非离子表面活性剂、阳离子表面活性剂、两性离子表面活性剂等。

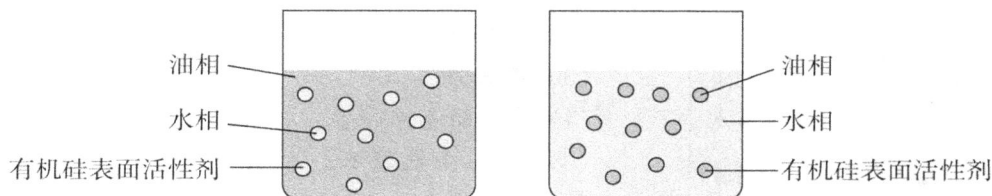

表面活性剂是由两种截然不同的粒子形成的分子，一种粒子具有极强的亲油性，另一种则具有极强的亲水性。溶于水后，表面活性剂能降低水的表面张力，并提高有机化合物的可溶性。

表面活性剂范围十分广泛，为具体应用提供多种功能，包括发泡效果，表面改性、清洁、乳液、流变学、环境和健康保护。

表面活性剂在许多行业配方中被用作性能添加剂，如个人和家庭护理以及工业应用中：金属处理、工业清洗、石油开采、农药等。

2. 组成

表面活性剂分子结构具有两亲性：一端为亲水基团，另一端为疏水基团。

3. 原理

通过分子中不同部分分别对两相的亲和，使两相均将其看作本相的成分，分子排列在两相之间，使两相的表面相当于转入分子内部。从而降低表面张力。由于两相都将其看作本相的组分，就相当于两个相与表面活性剂分子都没有形成界面，相当于通过这种方式部分消除了两个相的界面，降低了表面张力和表面自由能。

4. 吸附性

溶液中的正吸附：增加润湿性、乳化性、起泡性；

固体表面的吸附：非极性固体表面单层吸附。

极性固体表面可发生多层吸附。

2.2　结构简式

1. 亲疏平衡值与性能之间的关系

HLB 值：表示表面活性剂的亲水疏水性能。

表面活性剂要呈现特有的界面活性，必须使疏水基和亲水基之间有一定的平衡。

石蜡 HLB 值＝0（无亲水基），聚乙二醇 HLB 值＝20（完全亲水）。

对阴离子表面活性剂，可通过乳化标准油来确定 HLB 值。

HLB 值	15～18	13～15	8～8	7～9	3.5～6	1.5～3
用途	增溶剂	洗涤剂	油/水型乳化剂	润湿剂	水/油乳化剂	消泡剂

HLB 值可作为选用表面活性剂的参考依据。

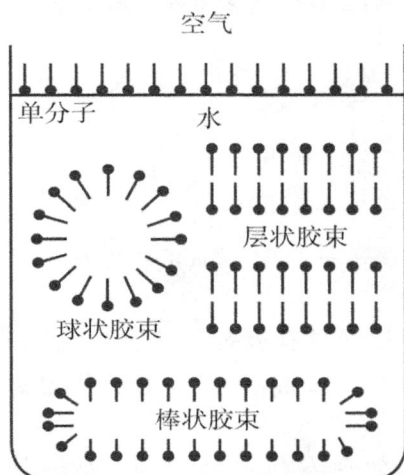

表面活性剂在水中的排列形式

（图中文字：空气；单分子；水；球状胶束；层状胶束；棒状胶束）

疏　水　基

疏水基按应用不同分为五种：

（1）脂肪烃。

（2）芳香烃。

（3）混合烃。

（4）带有弱亲水性基。

（5）其他：全氟烃基。

疏水性大小：（5）＞（1）＞（3）＞（2）＞（4）

亲　水　基

亲水基位于末端：净洗作用强，润湿性差；亲水基位于中间则相反。

亲水基和疏水基的 HLB 值相同，相对分子质量小，润湿作用好，去污力差；

相对分子质量大，润湿作用差，去污力好。

结　　构

1. 双子表面活性剂都具有疏水链和亲水基。

2. 连接基团可以是短链基团；可以是刚性基团，也可以是柔性基团；可以是亲水集团，也可以是疏水基团。

3. 亲水基可以是阴离子的（磺酸盐，硫酸盐，羧酸盐）也可以是阳离子的（铵盐），还可以是非离子的（糖，聚醚）。

4. 目前报道的双子表面活性剂大部分是对称结构，不对称结构的双子表面活性剂较少。

5. 还有关于合成多亲水头基和疏水链结构的表面活性剂的报道。

浊　　点

对非离子表面活性剂来说，亲水性取决于醚键的多少，醚与水分子的结合是放热反应。

当温度上升，水分子逐渐脱离醚键，而出现浑浊现象，刚刚出现浑浊时的温度称为浊点。此时表面活性剂失去作用。浊点越高，使用的温度范围越广。

传统观念认为，表面活性剂是一类即使在很低浓度时也能显著降低表（界）面张力的物质。随着对表面活性剂研究的深入，一般认为只要在较低浓度下能显著改变表（界）面性质，具有与此相关性质的物质都可以划归表面活性剂范畴。

无论何种表面活性剂，其分子结构均由两部分构成。分子的一端为非极亲油的疏水基，有时也称为亲油基；分子的另一端为极性亲水的亲水基，有时也称为疏油基或形象地称为亲水头。两类结构与性能截然相反的分子碎片或基团分处于同一分子的两端并以化学键相连接，形成了一种不对称的、极性的结构，因而赋予该类特殊分子既亲水又亲油的特性。表面活性剂的这种特有结构通常称为"双亲结构"（amphiphilic structure），表面活性剂分子因而也常被称为"双亲分子"。

根据所需要的性质和具体应用场合不同，有时要求表面活性剂具有不同的亲水亲油结构和相对密度。通过变换亲水基或亲油基种类、所占份额及在分子结构中的位置，可以达到所需亲水亲油平衡的目的。经过多年研究和生产，已派生出许多表面活性剂种类，每一种类又包含众多品种，给识别和挑选某个具体品种带来困难。因此，必须对成千上万种表面活性剂进行科学分类，才有利于进一步研究和生产新品种，并为筛选、应用表面活性剂提供便利。

2.3　发展历史

① 公元前 2500 年～1850 年用羊油和草木灰制造肥皂

羊油的主要成份是三羧酸酯简称三甘酯，经碱性水解生成羧酸盐、单甘酯、二甘酯和甘油等。

19 世纪中叶

一方面肥皂开始实现工业化生产，另一方面，也出现了化学合成的表面活性剂。

② 土耳其红油

土耳其红油即蓖麻油与硫酸反应的产物，蓖麻油为蓖麻油酸的三甘酯。

深度磺化后的产物耐酸耐硬水。

③ 19 世纪初，矿物原料制备洗涤剂

石油工业的发展→石油硫酸（绿油）。

蜡和茶的磺化混合物，溶于酸中，呈绿黑色，用碱中和制得。

石油磺酸皂具有良好的水溶性，称绿钠（第一个矿物原料制得的洗涤剂）。

第一次世界大战期间，油脂出现。

煤炭→煤化工→短链烷基、奈磺酸盐类表面活性剂，如丙基奈磺酸盐、丁基奈磺酸盐等。

1920～1930 年脂肪醇硫酸化→烷基硫酸盐。

20 世纪 30 年代，长链烷基、苯基出现于美国。

第一次世界大战后，德国开发乙二醇衍生物，如聚乙二醇衍生物，聚乙二醇与各种有机化合物（包括醇、酸、酯、胺、酰胺）等结合，形成多种优良性能的非离子表面活性剂。

表面活性剂和合成洗涤剂形成独立的工业得追溯到 20 世纪 30 年代，以石油化工原料衍生的合成表面活性剂和洗涤剂打破了肥皂一统天下的局面。经过 60 余年的发展，1995 年世界洗涤剂总产量达到 4 300 万吨，其中肥皂 900 万吨。全世界人口从 2000 年到 2050 年将翻一番，洗涤剂总量将从 5 000 万吨增加到 12 000 万吨，净增 1.4 倍。

中国的表面活性剂和合成洗涤剂工业起始于 20 世纪 50 年代，尽管起步较晚，但发展较快。1995 年洗涤用品总量已达到 310 万吨，仅次于美国，排名世界第二位。其中合成洗涤剂的生产量从 1980 年 40 万吨上升到 1995 年 230 万吨，净增 4.7 倍，并以年平均增长率大于 10％的速率增长。2000 年洗涤用品总量达到 360 万吨，其中合成洗涤剂达到 65.5 万吨。其中产量超万吨的表面活性剂品种计有：直链烷基苯磺酸钠（LAS）、脂肪醇聚氧乙烯醚硫酸钠（AES）、脂肪醇聚氧乙烯醚硫酸铵（AESA）、月桂醇硫酸钠等。

2.4 发展现状

表面活性剂是从 20 世纪 50 年代开始随着石油化工业的飞速发展而兴起的一种新型化学品,是精细化工的重要产品,享有"工业味精"的美称。它几乎渗透到一切技术经济部门。当今,表面活性剂产量大,品种逾万种。随着世界经济的发展以及科学技术领域的开拓,表面活性剂的发展更加迅猛,其应用领域从日用化学工业发展到石油、食品、农业、卫生、环境、新型材料等技术部门。但在表面活性剂给人们生活、工农业生产带来极大方便的同时,也给环境带来了污染,因此,研究表面活性剂发展及其趋势,对表面活性剂工业乃至我国整体工业经济有着非常重要作用和意义。

2.5 发展方向

1. 烷基磷羧酸盐工业化制造

随着科技飞速发展,人们对表面活性剂使用要求也越来越高,即温和、易生物降解和多功能性,强调使用安全、生态保护和提高效率。烷基醇醚羧酸盐(AEC)是 20 世纪 80 年代以来,发达国家积极研究开发的优质表面活性剂热点品种,它与烷基多苷和醇醚磷酸单酯同被称为"表面活性剂 20 世纪 90 年代的绿色品种"。

烷基醚羧酸盐的生产。一般采用以脂肪醇或烷基酚为原料,经乙氧基化和羧甲基化,制备 AEC 和 APEC。烷基醚羧酸盐在化学结构上与皂类似,在疏水基和亲水基之间,嵌入一定加成数环氧乙烷,从而使其兼有阴离子和非离子表面活性剂中许多优良性能,成为多功能性品种。它在金属加工等方面,效果比相应的醇(酚)醚表面活性剂更好,它具有:

(1) 对皮肤和眼的刺激性很小。

(2) 清洗性能,受 pH 和温度影响较小。

(3) 对酸、碱、氯较为稳定。

(4) 生物降解性优异。

烷基醚羧酸盐国内的应用市场还远远落后于发达国家,随着环保意识的不断加强和人民物质文化水平的不断提高,这类集温和、易生物降解和多功能性于一身的表面活性剂,在金属加工领域内,将发挥更大作用。

2. 新一代表面活性剂 Gemini

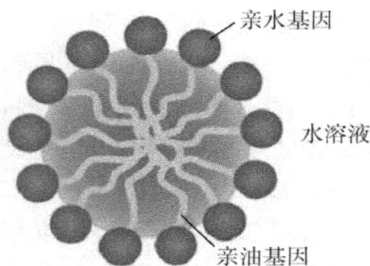

亲水基因
水溶液
亲油基因

现已经合成的低聚表面活性剂有二聚体、三聚体和四聚体等,其中最引人注目的是二聚体,二聚表面活性剂最早合成于 1971 年,后因其结构上的特点而被形象地命名为 Gemini(英文是双子星之意)表面活性剂。

表面活性剂 Gemini(或称 dimeric)是由两个单链单头基普通表面活性剂在离子头基处通过化学键连接而成,因而阻抑了表面活性剂有序聚集过程中的头基分离力,极大地提高了表面活性,为提高表面活性而进行的大量尝试,如添加盐类、提高温度或将阴离子表面活性剂与其他类型表面活性剂混合,Gemini 表面活性剂是概念上的突破,因而被誉为新一代的表面活性剂。

在表面活性剂 Gemini 中,两个离子头基是靠连接基团通过化学键而连接的,由此造成两个表面活性剂单体离子紧密连接,致使其碳氢链间更容易产生强相互作用,即加强了碳氢链间的疏水结合力,而且离子头基间的排斥倾向受制于化学键而被大大削弱,这就是 Gemini 表面活性剂与单链单头基表面活性剂相比较,具有高表面活性的根本原因。另一方面,在两个离子头基间的化学键连接不破坏其亲水性,从而为高表面活性的 Gemini 表面活性剂的广泛应用提供了基础。通过化学键连接方法提高表面活性和以往通常应用的物理方法不同,在概念上是一个突破。

Gemini 表面活性剂的优良性质:

实验表明,在保持每个亲水基团连接的碳原子数相等条件下,与单烷烃链和单离子头基组成的普通表面活性剂相比,离子型 Gemini 表面活性剂具有如下特征性质:

(1) 更易吸附在气液表面,从而更有效地降低水溶液表面张力。

(2) 更易聚集生成胶团。

(3) Gemini 降低水溶液表面张力的倾向远大于聚集生成胶团的倾向,降低水溶液表面张力的效率相当突出。

(4) 具有很低的 Krat～相转移点。

(5) 对水溶液表面张力的降低能力和降低效率而言,Gemini 和普通表面活性剂尤其是和非离子表面活性剂的复配能产生更大的协同效应。

(6) 具有良好的钙皂分散性质。

(7) 在很多场合是优良的润湿剂。

从理论上讲,在极性头基区的化学键阻止了与原先单链单头基表面活性剂头基之间的分离力,因而增强碳链之间的结合力。实验证明这是提高表面活性的一个重要突破,而且为实际应用开辟了新的途径。另一方面,由于键合产生的新分子几何形状的改变,带来了若干新形态的分子聚集体,这大大丰富了两亲分子自组织现象,通过揭示新分子结构和自组织行为间的联系有助于深刻认识两亲分子自组织机理。为此 Gemini 表面活性剂正在成为世界胶体和界面科学领域各主要小组的研究方向。

3. AB 型嵌段高分子表面活性剂

填料先后使用过聚磷酸盐、硅酸盐、碳酸盐等无机分散剂,传统小分子表面活性剂和聚羧酸盐、聚丙烯酸酸盐等高分子化合物。高分子化合物主要利用空间位阻使填料颗粒稳定,效果好于小分子表面活性剂的静电排斥作用。研究表明,在众多类型的高分子分散剂中,效果最好、效率最高的是 AB 型嵌段高分子表面活性剂。从分子结构上看,AB 型嵌段高分子就是超大号的表面活性剂,A 嵌段和 B 嵌段分别类似于表面活性剂的亲水头基和疏水尾链。AB 嵌段高分子表面活性剂在填料表面采取尾型吸附形态。A 嵌段可以是酸、胺、醇、酚等官能团,通过离子键、共价键、配位键、氢键及范德华力等相互作用吸附在颗粒表面,由于含有多个吸附点,可以有效地防止分散剂分子脱附,使吸附紧密且持久。B 嵌段可以是聚醚、聚酯、聚烯烃、聚丙烯酸酯等基团,分别适用于极性和非极性溶剂。稳定颗粒主要依靠 B 嵌段形成的吸附层产生的空间位阻作用,所以对作为溶剂化尾链的 B 嵌段的长度和均一性有极高的要求,可以形成厚度适中且均一的吸附层,如果 B 段过长,可能会起架桥作用,引起分散体系黏度增加,甚至絮凝沉淀。位阻层的厚度为 20 nm 时,可以达到最好的稳定效果。

合成分子结构明确和相对分子质量可控的 AB 型嵌段高分子表面活性剂是涂料分散

助剂的发展方向,这需要用到受控聚合技术。基团转移聚合(GTP)、原子转移游离基聚合(ATRP)、硝酰基聚合(NMP)和可逆加成分裂链段转移聚合(RAFT)是当今最常用的受控聚合技术,利用这些技术,选用合适的方法和设备可得到想要的聚合物结构,可以选择不同的单体,按设计的次序进行排列,最终合成特定结构、相对分子质量分布窄、近单分散的聚合物,如果采用常规的方法,即使花大量的时间、精力、材料也无法做到。

4. Bola 型表面活性剂

Bola 型表面活性剂是由两个极性头基用一根或多根疏水链连接键合起来的化合物,它因形似南美土著人的武器 Bola(一根绳子的两端各连接一个球)而得名。当连接基团的数量和方式不同时,Bola 化合物根据分子形态可划分为 3 种类型,即单链型、双链型和半环型。由于分子链的两端同时存在 2 个头基,容易产生分子间相互作用,或者粒子间架桥作用,从而使分散体系性能有所不同。涂料体系中用到的 ABA 型高分子分散剂和缔合型增稠剂就属于 Bola 型表面活性剂,但是分子体积要比普通 Bola 表面活性剂大很多,属于高分子类型,相对分子质量通常为 $5\,000\sim30\,000$。缔合型增稠剂可以克服传统增稠剂流动性低、流平性差、刷痕重等缺陷,是水性涂料助剂领域最重要的发展之一,聚氨酯缔合型增稠剂是一种疏水基团改性的乙氧基聚氨酯水溶性聚合物,属于非离子型缔合增稠剂。聚氨酯缔合型增稠剂以其优异的流平性能而成为高档建筑乳胶涂料不可取代的流变学助剂,其分子结构与增稠原理完全不同于传统增稠剂,其流变学特性也表现出与众不同的特点。缔合型增稠剂结构特点是疏水基封端,它由疏水基团、亲水链和聚氨酯基团 3 部分组成。

分子两端的疏水基团起缔合作用,相当于 Bola 型表面活性剂的 2 个端头基,是增稠的决定因素,通常是油基、十八烷基、十二烷苯基、壬酚基等。亲水链相当于 Bola 型表面活性剂的连接链,能提供化学稳定性和黏度稳定性,常用的是聚醚,如聚氧乙烯及其衍生物。缔合型增稠剂的分子链是通过聚氨酯基团来扩展的。这样的分子结构使缔合型增稠剂分子可以像大分子表面活性剂一样形成胶束,亲水端与水分子以氢键缔合,疏水端与乳液粒子、表面活性剂等的疏水结构吸附缔合在一起,在水中形成立体网状结构,达到增稠的效果。

5. Dendrimer 型表面活性剂

Dendrimer 就是树枝状大分子,它是从一个中心核分子出发,由支化单体逐级扩散伸展开来的结构,或者由中心核、数层支化单元和外围基团通过化学键连接而成的。目前已经有聚醚、聚酯、聚酰胺、聚芳烃、聚有机硅等类型。树枝状大分子的特性是其分子结构规整,分子体积、形状和末端官能团可在分子水平上设计与控制,因此成为高分子学科的热门课题。按照需求对其端基进行改性,就得到相应的树枝状大分子表面活性剂。树枝状大分子也引起涂料界的关注,开发出该种类型的分散剂、交联剂和专用树脂等。树枝状表面活性剂用作涂料分散剂有两方面优势,首先,通过对其端基修饰,可以产生多个颜料亲和基团,加强与颜料的相互作用。其次,由于分子结构一致,且形状近似椭球形,在分散体系中比较容易获得较低黏度。超支化聚氨酯用聚乙二醇或环氧丙烷共聚物改性,是一种新型的溶剂性或水性涂料的颜料分散剂。以商品化的超支化聚酯、聚酯—酰胺、聚乙烯亚胺为骨架,加以改性开发的核—壳型颜料锚固机制的分散剂,其优点是在低黏度下具有颜料分散稳定性。

6. 低泡或无泡表面活性剂

低泡或无泡表面活性剂就是在原有的表面活性剂基础上进行改性,使其原有的发泡基团失去或降低发泡性。

2.6　物质特性

表面活性剂通过在气液两相界面吸附降低水的表面张力,也可以通过吸附在液体界面间来降低油水界面张力。许多表面活性剂也能在本体溶液中聚集成为聚集体。囊泡和胶束都是此类聚集体。表面活性剂开始形成胶束的浓度叫做临界胶束浓度或 CMC。当胶束在水中形成,胶束的尾形成能够包裹油滴的核,而它们的(离子/极性)头能够形成一个外壳,保持与水接触。表面活性剂在油中聚集,聚集体指的是反胶束。在反胶束中,头在核,尾保持与油的充分接触。表面活性剂系统的热动力学很重要,不论是理论上还是实践上。因为表面活性剂系统代表的是介于有序和无序物质状态之间的系统。表面活性剂溶液可能含有有序相(胶束)和无序相(自由表面活性剂分子或离子)。胶束—表面活性剂分子的亲脂尾端聚于胶束内部,避免与极性的水分子接触;分子的极性亲水头端则露于外部,与极性的水分子发生作用,并对胶束内部的憎水基团产生保护作用。形成胶束的化合物一般为两亲分子,因此一般胶束除可溶于水等极性溶剂外,还能以反胶束的形式溶于非极性溶剂中。

比如,常用的洗涤剂能够提高水在土壤中的渗透能力,但是效果仅仅持续数日(许多标准洗衣粉含有一定量的化学品,比如钠和溴,由于它们会破坏植物,不适于土壤)。土壤润湿剂会持续起效果一段时间,但最终还是会被微生物降解。然而,有一些会对水生物的生物循环产生影响,因此必须小心防止这些产品流入地表径流。

2.7　分类介绍

1. 简介

表面活性剂的分类方法很多,根据疏水基结构进行分类,分直链、支链、芳香链、含氟长链等;根据亲水基进行分类,分为羧酸盐、硫酸盐、季铵盐、PEO 衍生物、内酯等;根据其分子构成的离子性分成离子型、非离子型等,还有根据其水溶性、化学结构特征、原料来源等各种分类方法。但是众多分类方法都有其局限性,很难将表面活性剂合适定位,并在概念内涵上不发生重叠。

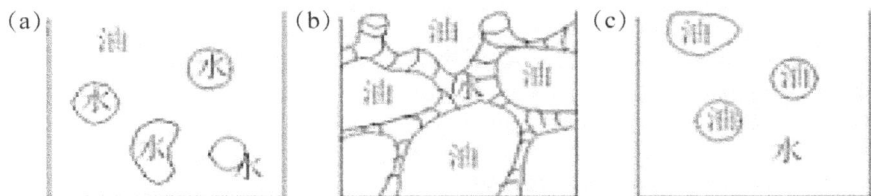

人们一般都认为按照它的化学结构来分比较合适。即当表面活性剂溶解于水后,根据是否生成离子及其电性,分为离子型表面活性剂和非离子型表面活性剂。

按极性基团的解离性质分类:

(1) 阴离子表面活性剂,如硬脂酸钠,对十二烷基苯磺酸钠。

（2）阳离子表面活性剂，如季铵化合物。

（3）两性离子表面活性剂，如卵磷脂，氨基酸型，甜菜碱型。

（4）非离子表面活性剂，如脂肪酸甘油酯，脂肪酸山梨坦（司盘），聚山梨酯（吐温）。

2. 阴离子表面活性剂

（1）肥皂类

系高级脂肪酸的盐，通式：$(RCOO^-)_n M$。脂肪酸烃基 R 一般为 $11 \sim 17$ 个碳的长链，常见有硬脂酸、油酸、月桂酸。根据 M 代表的物质不同，又可分为碱金属皂、碱土金属皂和有机胺皂。它们均有良好的乳化性能和分散油的能力。但易被破坏，碱金属皂还可被钙、镁盐破坏，电解质亦可使之盐析。

（2）硫酸化物（$RO—SO_3—M$）

主要是硫酸化油和高级脂肪醇硫酸酯类。脂肪烃链 R 在 $12 \sim 18$ 个碳之间。

硫酸化油的代表是硫酸化蓖麻油，俗称土耳其红油。

高级脂肪醇硫酸酯类有对十二烷基硫酸钠（SDS、月桂醇硫酸钠）。

乳化性强，且较稳定，较耐酸和钙、镁盐。在药剂学上可与一些高分子阳离子药物产生沉淀，对黏膜有一定刺激性，用作外用软膏的乳化剂，也用于片剂等固体制剂的润湿或增溶。

（3）磺酸化物 $R—SO_3—M$

属于这类的有脂肪族磺酸化物、烷基芳基磺酸化物和烷基萘磺酸化物。它们的水溶性和耐酸耐钙、镁盐性比硫酸化物稍差，但在酸性溶液中不易水解。

常用品种有：二辛基琥珀酸磺酸钠（阿洛索—OT）、十二烷基苯磺酸钠、甘胆酸钠。

3. 阳离子表面活性剂

该类表面活性剂起作用的部分是阳离子，因此称为阳性皂。其分子结构主要部分是一个五价氮原子，所以也称为季铵化合物。其特点是水溶性大，在酸性与碱性溶液中较稳定，具有良好的表面活性作用和杀菌作用。

常用品种有苯扎氯铵（洁尔灭）和苯扎溴铵（新洁尔灭）等。

4. 两性离子表面活性剂

这类表面活性剂的分子结构中同时具有正、负电荷基团，在不同 pH 介质中可表现出阳离子或阴离子表面活性剂的性质。

（1）卵磷脂：是制备注射用乳剂及脂质微粒制剂的主要辅料。

（2）氨基酸型和甜菜碱型。

在碱性水溶液中呈阴离子表面活性剂的性质，具有很好的起泡、去污作用；在酸性溶液中则呈阳离子表面活性剂的性质，具有很强的杀菌能力。

5. 非离子表面活性剂

（1）脂肪酸甘油酯：单硬脂酸甘油酯；

HLB 为 $3 \sim 4$，主要用作 W/O 型乳剂辅助乳化剂。

（2）多元醇

蔗糖酯：O/W 乳化剂、分散剂。

聚山梨酯（Tween）：O/W 乳化剂。

（3）聚氧乙烯型：长链脂肪酸酯；脂肪醇酯。

（4）聚氧乙烯－聚氧丙烯共聚物：Poloxamer。

2.8　生产应用

洗涤剂用表面活性剂具有润湿或抗黏、乳化或破乳、起泡或消泡以及增溶、分散、洗涤、防腐、抗静电等一系列物理化学作用及相应的实际应用，成为一类灵活多样、用途广泛的精细化工产品。表面活性剂除了在日常生活中作为洗涤剂，其他应用几乎可以覆盖所有的精细化工领域。

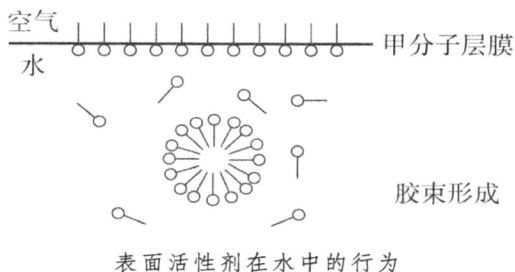

表面活性剂在水中的行为

分子结构决定性能，而性能又决定其应用范围。双子表面活性剂的独特结构决定了它有独特的性能，独特的性能使它有特殊的应用。例如，在化妆品中，低的 CMC 意味着双子表面活性剂比普通的表面活性剂对皮肤的刺激性更小。这是因为皮肤刺激性来源于非胶束化的普通活性剂，CMC 值较低意味着在溶液中的单基表面活性剂（monoric surfactant）少。双子表面活性剂 CMC 值较低表明它比普通活性剂在更低浓度下就能溶解不溶于水的物质，因为仅当溶液浓度超过 CMC 时溶解才会发生并且使不溶于水的物质进入胶束中而被溶解。

与普通活性剂相比，双子表面活性剂在溶液界面的吸附能力大。这意味着双子表面活性剂比普通活性剂效率更高。例如，降低溶液的表面张力、起泡或形成乳液、微乳液所需的双子表面活性剂的浓度比普通活性剂的浓度更低。

1. 增溶

要求：C＞CMC（ HLB13～18）。

临界胶束浓度（CMC）：表面活性剂分子缔合形成胶束的最低浓度。当其浓度高于 CMC 值时，表面活性剂的排列成球状、棒状、束状、层状、板状等结构。

增溶体系为热力学平衡体系。

CMC 越低、缔合数越大，增溶量（MAC）就越高。

温度对增溶的影响：温度影响胶束的形成，影响增溶质的溶解，影响表面活性剂的溶解度。

昙点：对聚氧乙烯型非离子表面活性剂，温度升高到一定程度时，溶解度急剧下降并析出，溶液出现浑浊，这一现象称为起昙，此温度称为昙点。这是因为聚氧乙烯与水分子之间的氢键断裂，当温度上升到一定温度时，聚氧乙烯可发生强烈脱水和收缩，使增溶空间减小，增溶能力下降。在聚氧乙烯链相同时，碳氢链越长，浊点越低；在碳氢链相同时，聚氧乙烯链越长则浊点越高。

2. 乳化作用

亲水亲油平衡值（HLB）：表面活性剂分子中亲水和亲油基团对油或水的综合亲合力。根据经验，将表面活性剂的 HLB 值范围限定在 0～40，非离子型的 HLB 值在 0～20。

混合加和性：HLB＝（HLBa Wa＋HLBb /Wb）/（Wa＋Wb）

理论计算：HLB＝$\sum$（亲水基团 HLB 值）＋$\sum$（亲油基团 HLB）－7

HLB：3～8 W /O 型乳化剂：Span；二价皂

HLB：8～16 O/W 型乳化剂：Tween；一价皂

3.润湿作用

要求：HLB：7～9。

使用表面活性剂可以控制液、固之间的润湿程度。农药行业中在粒剂及供喷粉用的粉剂中，有的也含有一定量的表面活性剂，其目的是提高药剂在受药表面的附着性和沉积量，提高有效成分在有水分条件下的释放速率和扩展面积，提高防病、治病效果。

在化妆品行业中，做为乳化剂是乳霜、乳液、洁面、卸妆等护肤产品中不可或缺的成分。

4. 助悬作用

在农药行业，可湿性粉剂、乳油及浓乳剂都需要有一定量的表面活性剂，如可湿性粉剂中原药多为有机化合物，具有憎水性，只有在表面活性剂存在的条件下，降低水的表面张力，药粒才有可能被水所润湿，形成水悬液。

5. 起泡和消泡作用

表面活性剂在医药行业也有广泛应用。在药剂中，一些挥发性油脂溶性纤维素、甾体激素等许多难溶性药物利用表面活性剂的增溶作用可形成透明溶液及增加浓度；药剂制备过程中，它是不可缺少的乳化剂、润湿剂、助悬剂、起泡剂和消泡剂等。

6. 消毒、杀菌

在医药行业中可作为杀菌剂和消毒剂使用，其杀菌和消毒作用归结于它们与细菌生物膜蛋白质的强烈相互作用使之变性或失去功能，这些消毒剂在水中都有比较大的溶解度，根据使用浓度，可用于手术前皮肤消毒、伤口或黏膜消毒、器械消毒和环境消毒。

7. 抗硬水性

甜菜碱表面活性剂对钙、镁离子均表现出非常好的稳定性，即自身对钙、镁离子的耐受能力以及对钙皂的分散力。在使用过程中防止钙皂的沉淀，提高使用效果。

8. 增黏性及增泡性

表面活性剂有改变溶液体系的作用，增大黏度或增大体系的泡沫，在一些特殊的清洗、开采行业中有广泛的应用。

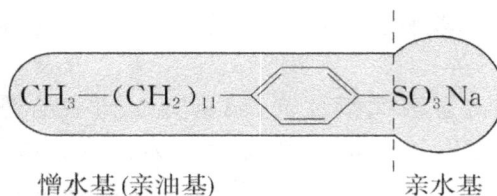

$$CH_3 —(CH_2)_{11} — SO_3Na$$

憎水基(亲油基)　　　　　　　　亲水基

合成洗涤剂分子结构示意图

9. 去垢、洗涤作用

去除油脂污垢是一个比较复杂的过程，它与上面提到的润湿、起泡等作用均有关。

表面活性剂的作用，并不是某一方面的作用，很多情况下是多种因素共同起作用，如在造纸工业中可以用作蒸煮剂、废纸脱墨剂、施胶剂、树脂障碍控制剂、消泡剂、柔软剂、抗静电剂、阻垢剂、软化剂、除油剂、杀菌灭藻剂、缓蚀剂等。

应用化学与技能竞赛模拟试卷一

考试须知:

1. 竞赛时间为 90 分钟。迟到超过 15 分钟者不得进场。30 分内不得离场。时间到,把试卷(背面向上)放在桌面上,立即离场。

2. 竞赛答案全部书写在试卷相应位置上,应使用黑色或蓝色的钢笔或圆珠笔答题,用红色笔或铅笔所作的答案一概作废无效。

3. 姓名、准考证号和学校名称等必须填写在试卷上方指定的位置,写在它处者按废卷处理。

4. 本试卷共 8 页,满分为 100 分。

5. 答题须用的相对原子质量请从表中查找,取几位有效数字由你自己根据题目要求确定。

H 1.008																	He 4.003
Li 6.941	Be 9.012											B 10.81	C 12.01	N 14.01	O 16.00	F 19.00	Ne 20.18
Na 22.99	Mg 24.31											Al 26.98	Si 28.09	P 30.97	S 32.07	Cl 35.45	Ar 39.95
K 39.10	Ca 40.08	Sc 44.96	Ti 47.88	V 50.94	Cr 52.00	Mn 54.94	Fe 55.85	Co 58.93	Ni 58.69	Cu 63.55	Zn 65.39	Ga 69.72	Ge 72.61	As 74.92	Se 78.96	Br 79.90	Kr 83.80
Br 85.47	Sr 87.62	Y 88.91	Zr 91.22	Nb 92.91	Mo 95.94	Tc [98]	Ru 101.1	Rh 102.9	Pd 106.4	Ag 107.9	Cd 112.4	In 114.8	Sn 118.7	Sb 121.8	Te 127.6	I 126.9	Xe 131.3
Cs 132.9	Ba 137.3	La~ Lu	Hf 178.5	Ta 180.9	W 183.8	Re 186.2	Os 190.2	Ir 192.2	Pt 195.1	Au 197.0	Hg 200.6	Tl 204.4	Pb 207.2	Bi 209.0	Po [210]	At [210]	Rn [222]
Fr [223]	Ra [226]	Ac~ Lr															

一、选择题

1. 合成洗涤剂是由表面活性剂和多种辅助剂组成的混合物。在各类表面活性剂中,能在水溶液中电离生成带有长链亲油基和短链亲水基的阴离子以及没有表面活性的金属阳离子的是(　　)

　A. 阴离子表面活性剂　　　　　　B. 阳离子表面活性剂

　C. 非离子表面活性剂　　　　　　D. 两性离子表面活性剂

2. "化学性污染"正逐渐成为危及食品安全的一大"杀手"。在新闻媒体上经常可以看到不法商人生产、销售不符合卫生标准的食品的报道。在这些报道中涉及的有:①"福尔马林"、②"王老吉凉茶"、③"加碘盐"、④"亚硝酸盐"、⑤"三聚氰胺"、⑥"绿色食品"等有关物品中,不属于有毒物质的是(　　)

②③④   B. ②③⑤   C. ③④   D. ②③⑥

3. 在一次化学兴趣活动中,王老师当众将手指间捏着的粉状物质一次次向酒精灯的火焰播撒,每一次播撒都能看到火焰上方出现一簇簇美丽的火星。王老师手指间捏着的物质可能是( )

    A. 银粉   B. 铁粉   C. 汽油   D. 木屑粉

4. 1999 年,山西省出现大旱。为了挽救农业生产,政府决定在上空播洒碘化银实施人工降雨。结果这一措施获得成功,全省普降雨雪。本次行动共投入人民币 200 万元,引来了 1.01 亿吨"天水",价值达 2 000 万元。碘化银能导致降雨的原因是( )

    A. 碘化银进入冷云后,云内温度骤降,导致大气中水蒸气的凝结

    B. 碘化银晶体中碘与银之间距离与冰晶体中相邻氧原子的距离十分相近,于是起到了"假冰晶"的作用,导致水蒸气凝结

    C. 碘化银吸湿性极强,可吸收大量云层中的水,导致云滴增大成雨滴而降落

    D. 碘化银在云层中水解,水解的产物促使云滴增大成雨滴而降落

5. 众所周知,单质铜是不溶于非氧化性酸的不活泼金属。但李平同学却对此种说法表示怀疑,于是就此问题做起了探索性实验。他把铜片放置在稀硫酸中,再在溶液中加入各种弱酸盐的晶体(使溶液中生成各种弱酸)并观察实验现象。当加到硫化钠晶体时,他预想的奇迹果然出现了。他看到溶液中生成了黑色沉淀,这表明铜与氢硫酸发生了化学反应! 在此过程中硫化钠所起的作用是( )

    A. 催化剂   B. 氧化剂   C. 还原剂   D. 沉淀剂

6. 在一次化学兴趣活动中,化学老师拿来甲、乙两瓶没有标签的无色溶液。他说:"这两瓶溶液中,一瓶是稀盐酸,另一瓶是碳酸钠溶液。我可以不用其他试剂确定何者是盐酸,并且不用滴定的方法确定两者的物质的量浓度。"他于是做起了实验(实验装置此处不详述):① 将 15 mL 乙溶液慢慢滴入 25 mL 甲溶液中,反应后收集到气体 224 mL(STP);② 将 25 mL 甲溶液慢慢滴入 15 mL 乙溶液中,收集到气体 112 mL(STP)。则正确的结论是( )

    A. 乙是盐酸;实验①、②所得的混合溶液具有相同的组成

    B. 甲是盐酸;实验①、②所得混合溶液中 Cl^- 的浓度相同

    C. 甲是碳酸钠;其原始浓度为 0.4 mol/L

    D. 乙是碳酸钠;其原始浓度为 1.0 mol/L

7. 某学生设计了一个"黑笔写红字"的趣味实验。做法如下:滤纸先用氯化钠与酚酞的混合液沾湿,将其平铺在一块铂片上,按右图接通电源。此时用黑色的铅笔在滤纸上写字,铅笔所到之处,就呈现出红色的字迹。下列叙述中正确的是( )

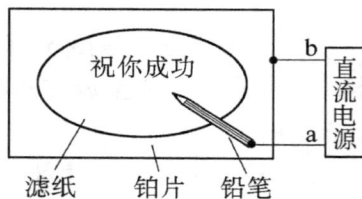

    A. 铅笔芯是负极,其周围发生还原反应

    B. 铂片是阳极,是发生氧化反应的区域

    C. b 点是负极,a 点是正极

    D. 本实验应在通风处操作,因为铅笔芯的一端有氯气产生

8. 中国学者徐志博和美国科学家共同合成了世界上最大的碳氢化合物分子,该分子

由 1 134 个碳原子和 1 146 个氢原子构成。有关此物质的下列描述中错误的是（　　　）

 A. 属于高分子烃类化合物　　　　　　　　B. 常温下呈固态

 C. 其硬度十分接近于金刚石　　　　　　　D. 常温下易被氧化

9. 某学生在 10 mL 0.1 mol/L 碘化钾溶液中滴入 2 滴 0.1 mol/L 氯化铁溶液,所得溶液具有下列选项所述的全部化学性质。这些性质中,能证明碘化钾与氯化铁之间发生了可逆反应的是（　　　）

 A. 能使淀粉溶液呈现蓝色

 B. 滴加硝酸银溶液有黄色沉淀产生

 C. 焰色试验火焰呈紫色

 D. 加入 NH_4SCN 试剂,溶液变为血红色

10. 距离地面 12～50 km 的高空大气层中臭氧的含量相对较大,被称为臭氧层。因其可把射向地球的太阳光中的紫外线绝大部分吸收掉,从而使地球上生物免受紫外线的伤害,因而臭氧层被誉为"地球生物的保护伞"。然而人类活动中产生的某些气体向高空扩散时,会与臭氧发生化学反应使臭氧分子遭到破坏,使臭氧层变得稀薄甚至形成臭氧空洞,导致地球生物遭灾! 所以各国政府都先后制订法令,禁止这些气体的任意排放。能导致臭氧层破坏的气体(或蒸气)是（　　　）

 A. 氮氧化物　　　　　B. 甲烷　　　　　C. 水蒸气　　　　　D. 氟氯烃

11. 氯仿($CHCl_3$)具有广泛的用途,它是脂肪、树脂、橡胶等物质的优良溶剂,医药上还可用作麻醉剂。然而,该物质在光照下会慢慢地被空气中的氧气氧化,生成剧毒的光气:$2CHCl_3 + O_2 \longrightarrow 2COCl_2$(光气)$+ 2HCl$。为了防止事故发生,使用该物质前必须检验其是否已被氧化变质。检验该物质是否变质的最佳试剂是（　　　）

 A. 溴水　　　　　　　　　　　　　　　B. 烧碱溶液

 C. 硝酸银溶液　　　　　　　　　　　　D. 淀粉碘化钾试纸

二、填空题

1. 化学实验或化学研究都离不开化学试剂,根据纯度高低的差异,化学试剂分为四个级别,每个级别都有其名称和符号。填写下表:

试剂级别	试剂级别的名称	试剂级别的英文名称	缩写符号
一级	优级纯(或"保证试剂")		
二级	分析纯(或"分析试剂")		
三级	化学纯		
四级	实验试剂		

 无论做化学实验或进行化学研究,试剂级别的选择都必须得当。如果选择的试剂级别过高,会造成_____;反之,若选择级别过低,则会造成_____
_____。

2. 合成洗衣粉是由多种组分组成的混合物,其中每一种组分都有其特有的功能。下表列出了某种品牌洗衣粉的配方,请你填写每种组分在洗涤过程中所起的作用:

组　　分	含　量 / ％	作　　用
十二烷基苯磺酸钠	32	
硫酸钠	30	
羧甲基纤维素钠	1.9	
三聚磷酸钠	15	
A 型沸石	10	
硅酸钠	6	
过硼酸钠	5	
荧光增白剂	0.1	

　　根据配方的成分,你认为这种洗衣粉适合洗涤的织物是＿＿＿＿＿＿＿＿；判断的依据是：＿＿＿＿＿＿＿＿＿＿＿＿＿＿＿＿＿＿＿＿＿＿＿＿＿＿＿＿＿＿＿＿＿＿＿

＿＿＿＿＿＿＿＿＿＿＿＿＿＿＿＿＿＿＿＿＿＿＿＿＿。

三、简答题

　　1. 甲、乙两位大学生正在测定各种有机酸与醇类反应的平衡常数。他们首先选择了丙醇与丙酸做反应物。当他们将反应物混合后,在控制的条件下反应,直至反应完毕。正准备将反应混合物进行分离以便测定各物质的平衡浓度时,却四处找不到分液漏斗。无奈之下,甲同学建议用实验室中现有的物品来自制分液漏斗的代用品。经过一番思索,他取来了下图所示的物品,很快制成了代用品,并且顺利地完成了实验。

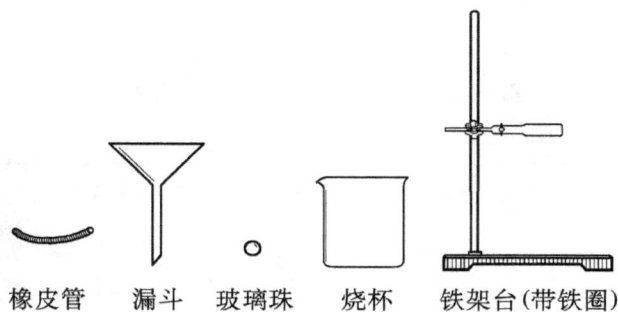

橡皮管　　漏斗　　玻璃珠　　烧杯　　铁架台(带铁圈)

（1）请你画出他们制作的分液漏斗代用品的设计图;
（2）写出以此代用品进行分液的操作步骤。

2."酸雨"被定义为"pH 小于 5.6 的降水",是大气污染产生的恶果。酸雨对环境产生极其严重的危害：① 使湖水酸度增大,导致鱼类死亡;② 使土壤酸化,导致森林生长减缓,作物减产;③ 使城市建筑物、机器、桥梁文物、艺术品腐蚀损坏……因此被列为全球三大环境问题之一。请回答有关的问题：

(1) 酸雨是大气被何种污染物污染的结果？这些污染物主要来源有哪些？

(2) 酸雨中包含的酸性物质有哪些？导致降水成为酸雨的是哪些酸？

(3) 酸雨定义中的"5.6"有什么特殊的含义？怎样理解"pH 小于 5.6 的降水"的物理意义？为什么以"5.6"这个数字作为界定"酸雨"和"非酸雨"的标准？而不用"7"作为界定标准？

(4) 如果降水的 pH 介于 5.7 ～ 6.9 之间,这样的降水显然是酸性的,算不算酸雨？说出两点理由。

3. 某化学兴趣小组正在为"制备浓硝酸"作准备。他们为此查阅了一些资料并在一本关于中学化学实验的参考书中找到了一种浓硝酸的实验室制法。其中记载是：

【按右图连接,在曲颈甑里加入 30 g 固体硝酸钾和 25 mL 75% 的硫酸(密度 1.67 g/mL),**小心加热**。数分钟后,在用水冷却的烧瓶中收集到的液体即为浓硝酸。】

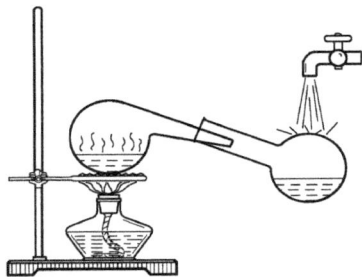

请从以下各个方面对此实验进行讨论:

（1）作者设计的反应物用量是:30 g 硝酸钾和 25 mL 75％硫酸。这一用量比例是否合理？为什么(通过计算说明)？

（2）作者舍弃圆底烧瓶、蒸馏烧瓶等常用仪器而选用曲颈甑作为反应容器,对完成这个实验有哪些好处？

（3）作者对"小心加热"这几个字用了醒目的加粗字体,你认为,他向你传达了什么重要信息？ 如果你对作者的提醒不加理会,将会产生哪些后果？

（4）硝酸本是无色的,但本实验中得到的硝酸带一点浅黄色,你有办法将此浅黄色除掉吗？

（5）你认为上述硝酸制备方法中还有亟待解决的问题吗？

应用化学与技能竞赛模拟试卷二

考试须知：

1. 竞赛时间为 90 分钟。迟到超过 15 分钟者不得进场。开赛后前 45 分钟内不得离场。规定时间到，立即把试卷整理好放置在桌面上（背面向上），迅速离场。

2. 竞赛答案全部书写在试卷纸上，应使用黑色或蓝色的钢笔或圆珠笔答题，凡用红色笔或铅笔所书写的答案一概作废无效。

3. 姓名、准考证号码和学校名称等必须填写在试卷上方指定的位置，写在它处者按废卷处理。

4. 允许使用非编程计算器及直尺等文具。

5. 本试卷共 8 页，满分为 100 分。

6. 答题须用的相对原子质量请从下表中查找。有效数字由你自己根据题目要求确定。

H 1.008																	He 4.003
Li 6.941	Be 9.012											B 10.81	C 12.01	N 14.01	O 16.00	F 19.00	Ne 20.18
Na 22.99	Mg 24.31											Al 26.98	Si 28.09	P 30.97	S 32.07	Cl 35.45	Ar 39.95
K 39.10	Ca 40.08	Sc 44.96	Ti 47.88	V 50.94	Cr 52.00	Mn 54.94	Fe 55.85	Co 58.93	Ni 58.69	Cu 63.55	Zn 65.39	Ga 69.72	Ge 72.61	As 74.92	Se 78.96	Br 79.90	Kr 83.80
Br 85.47	Sr 87.62	Y 88.91	Zr 91.22	Nb 92.91	Mo 95.94	Tc [98]	Ru 101.1	Rh 102.9	Pd 106.4	Ag 107.9	Cd 112.4	In 114.8	Sn 118.7	Sb 121.8	Te 127.6	I 126.9	Xe 131.3
Cs 132.9	Ba 137.3	La~ Lu	Hf 178.5	Ta 180.9	W 183.8	Re 186.2	Os 190.2	Ir 192.2	Pt 195.1	Au 197.0	Hg 200.6	Tl 204.4	Pb 207.2	Bi 209.0	Po [210]	At [210]	Rn [222]
Fr [223]	Ra [226]	Ac~ Lr															

一、选择题

1. "纳米"（符号为"nm"）一词是近年来的热门话题，其实纳米只不过是一种长度单位（$1\ nm = 1 \times 10^{-9}\ m$）而已。然而，当将大颗粒的物质加工到纳米级（$0.010 \sim 100\ nm$）时，与原物质相比化学性质出现很大的差异。例如，单质铜原属于不活泼金属，但当制成"纳米铜"后，立即表现出非常活泼的化学性质，甚至在空气中即可自发地剧烈燃烧起来。下列对"纳米铜"的叙述中，正确的是（　　　）

A. 由金属铜制成纳米铜的过程只不过使物质的分散程度发生了改变，因此是物理过程

B. 由金属铜制成纳米铜后化学性质发生了变化,说明生成了新物质,因此是化学过程

C. "纳米铜"只不过是金属铜存在的一种状态,它十分类似于"胶体状态"

D. "纳米铜"的活泼性很大,因此可以预期能与盐酸发生置换反应

2. 下图是某种"书写修正液"瓶外的标签。小明同学仔细阅读后,结合自己所学过的化学知识归纳出该修正液的以下四项性质,你认为在小明同学的归纳中,不正确的是(　　)

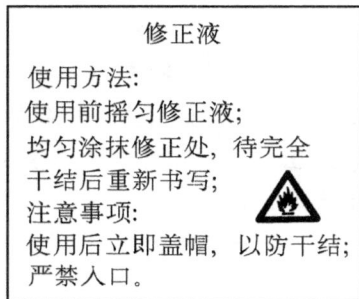

修正液
使用方法:
使用前摇匀修正液;
均匀涂抹修正处,待完全
干结后重新书写;
注意事项:
使用后立即盖帽,以防干结;
严禁入口。

A. 该修正液是一种白色、均一、透明的溶液

B. 该修正液中的化学物质有毒性,对人体健康有害

C. 该修正液的成分对纸张不具有腐蚀性

D. 该修正液中的溶剂易挥发、易燃,火不可近

3. 生物学家经过长期的研究后发现:生物体燃料(以葡萄糖为例)氧化供能过程中的反应类似于原电池反应:细胞膜内的葡萄糖溶液构成一个电极,细胞膜外的富氧体液又构成另一个电极,细胞膜(半透膜)则起着盐桥的作用。下列有关该原电池中电极反应和产物的描述中,正确的是(　　)

A. 负极上的反应可能是:$O_2 + 2H_2O + 4e \longrightarrow 4OH^-$

B. 负极上的变化主要是:$C_6H_{12}O_6$ 被氧化成 CO_2 和 H_2O

C. 正极上的反应可能是:$C_6H_{12}O_6 + 24OH^- - 24e \longrightarrow 6CO_2\uparrow + 18H_2O$

D. 正极上反应的生成物是:CO_2、HCO_3^-、H_2 和 H_2O

4. 据《参考消息》报道,有些科学家已经在预言:"硅"将成为"21 世纪的能源"或"未来的石油",并列举了很多硅可作为普及性能源的论点和论据。试根据已学过的化学知识分析,将硅作为重要新能源的下列说法中,不正确的是(　　)

A. 硅元素在地壳中的丰度在所有元素中占第二位,自然界中存在着大量的硅的氧化物和硅酸盐矿,原料来源十分充裕

B. 硅的运输和储存都十分方便,并且具有最佳的安全性

C. 纯硅很容易制备,且是一种可再生能源

D. 硅作为能源对环境污染程度低,且能有效控制

5. 新鲜的水果、蔬菜、乳制品中大多含有丰富的维生素 C(又称抗坏血酸,符号为"V_C"),如在新鲜橙汁中,V_C 的平均含量约在 500 mg/L。V_C 具有明显的还原性,易被空气中氧气或其他氧化剂所氧化。利用它的还原性,V_C 的含量可用标准碘溶液滴定的方法测定。该滴定过程的反应可用以下化学方程式表示:

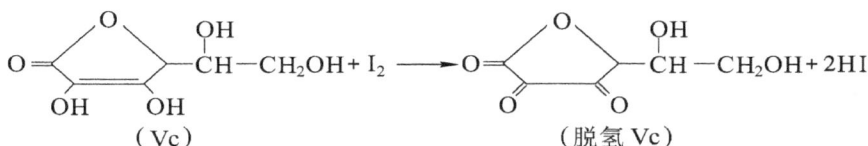

以下有关碘滴定法测定 V_c 含量的叙述中,不正确的是(　　)

A. 用标准碘溶液滴定 V_c 时可用淀粉溶液作指示剂

B. 滴定进行至溶液的蓝色刚刚褪去时为滴定终点

C. 滴定时应剧烈摇动锥形瓶使滴入的标准溶液立即反应完全

D. 某学生正在练习橙汁中 V_c 含量的测定实验,以下是该学生一次测定的记录:取出 20.00 mL 橙汁,用 7.50×10^{-3} mol/L 的碘溶液进行滴定,当滴至终点时共耗去碘溶液 15.00 mL。他计算的结果是该橙汁中 V_c 含量为 990 mg/L

6. 氢气一向被公认为完全不污染环境的最洁净能源。但是,如果把氢气作为一种能源大量使用,必须解决氢气的储存问题。经过科学家们的大量研究,氢气的储存问题已取得了实质性进展。据报道,一种合金材料具有巨大的吸收氢气的能力,该合金晶体的最小结构单元如右图所示。则这种合金的化学式为(　　)

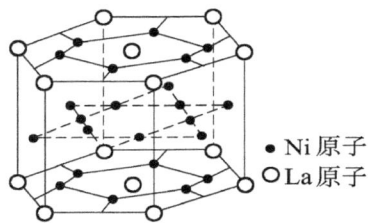

A. $LaNi_6$ 　　　　B. $LaNi_3$ 　　　　C. $LaNi_4$ 　　　　D. $LaNi_5$

7. 人体血液的正常 pH 为 7.35～7.45,只要偏离这个范围,人就要生病(pH<7.35 时引发酸中毒,而 pH>7.45 则引发碱中毒),甚至死亡。幸好人体内存在着缓冲溶液,因此能使血液的 pH 基本保持稳定。例如,人们呼吸时不断地有 CO_2 溶入血液或从血液中排出,pH 就依靠下面的平衡移动来维持:$H_2O + CO_2 \underset{肺}{\rightleftharpoons} H_2CO_3 \underset{血液}{\rightleftharpoons} H^+ + HCO_3^-$。已知:人体呼出的气体中 CO_2 约占 5%(体积)。下列说法中正确的是(　　)

A. 频率太大(十分急促)而且太深的呼吸(每次呼吸时吸、呼的气量很大)可能导致碱中毒

B. 频率太大而且太深的呼吸可能导致酸中毒

C. 频率小而浅(每次呼吸时吸、呼的气量较小)的呼吸可能导致酸中毒

D. 频率小而浅的呼吸可能导致碱中毒

8. 甲基丙烯酸甲酯是合成有机玻璃的原料,目前世界上年产量已超过 100 万吨。该物质长期来一直是通过以下两步反应合成的:

$(CH_3)_2C{=}O + HCN \longrightarrow (CH_3)_2C(OH)CN$

$(CH_3)_2C(OH)CN + CH_3OH + H_2SO_4 \longrightarrow CH_2{=}C(CH_3)COOCH_3 + NH_4HSO_4$

20 世纪 90 年代,人们发明了新的合成方法,其反应的化学方程式是:

$CH_3C{\equiv}CH + CO + CH_3OH \longrightarrow CH_2{=}C(CH_3)COOCH_3$

两种方法比较,新法的优点是(　　)

A. 原料无爆炸危险　　　　　　　　B. 原料都是无毒物质

C. 没有副产物,原子利用率高　　　D. 对设备腐蚀性较小

9. 某啤酒厂库存的啤酒因存放的环境温度过高而产生了沉淀。经化验，沉淀物是蛋白质。原来是啤酒中氨基酸在存放过程中发生聚合反应所致。考虑到啤酒中的其他成分都没有变质，因此这批啤酒还可以设法挽救。为此，厂内技术员提出了两种解决方案：① 加入少量蛋白酶进行处理；② 加入少量氨基酸氧化酶进行处理。你的看法是（　　）

A. 方案①合理　　　　　　　　　B. 方案②合理
C. 方案①和②都合理　　　　　　D. 方案①和②都不合理

二、填空题

1. 为了维持生命和健康，人们必须每天摄入足够的含有各种营养素的食物。摄入人体的营养素应能保证人体生长发育、维持正常的生理功能和提供足够的能量。回答：

（1）人体必需的营养素包括六大类物质，它们分别是：

① _____ ；② _____ ；③ _____ ；
④ _____ ；⑤ _____ ；⑥ _____ 。

（2）大多数食物在食用前须要烹调，食物烹调的目的是（任答三点）：

① _____ ；
② _____ ；
③ _____ 。

（3）合理饮食，对人体的健康极为重要。试任述五项合理的烹调和饮食方法，并说明这样做的理由。

① _____ ；
② _____ ；
③ _____ ；
④ _____ ；
⑤ _____ 。

2. 自从"西气东输"工程实现后，本市居民原来使用的管道煤气已逐步地被天然气所取代。回答：

（1）管道煤气的主要成分是 _____ ；天然气的主要成分是 _____ 。

（2）管道煤气被天然气所取代后，原有的煤气灶具、煤气热水器等煤气用具必须进行适应性的整修，其原因是 _____ ；如果不进行整修，其后果是 _____ 。

（3）从理论上说，煤气灶具等的适应性整修方法有 _____ _____ 等数种。实际上采用的方法是 _____ ；采用这种方法而不用其他方法的原因是 _____ 。

（4）天然气与原来的管道煤气相比，具有哪些优点？（任答两点）

① _____ ；
② _____ 。

三、简答题

1. 下页表格中列出了某品牌洗衣粉的主要成分及它们的含量。请回答下列问题：

主要成分	含量
十二烷基苯磺酸	32％
硫酸钠	29％
羧甲基纤维素钠	1.9％
三聚磷酸钠	15％
过硼酸钠	5％
硅酸钠	6％
荧光增白剂	0.1％
A 型沸石	10％
蛋白酶	1％

（1）试分别说明羧甲基纤维素钠、三聚磷酸钠、A 型沸石、硅酸钠、过硼酸钠等物质分别在洗涤过程中所起的作用。

（2）在生产洗衣粉时常用喷雾干燥法成型，这种干燥方法有何优点？

（3）该品牌的洗衣粉是否适合于洗涤真丝内衣？为什么？指出保存该品牌的洗衣粉时须注意的问题，并说明理由。

2. "温室效应"是当前影响地球环境的三大热点问题之一，已引起了各方的高度重视和关注。2009 年 12 月 7 日～12 月 19 日，在丹麦首都哥本哈根举行了联合国气候变化大会，就温室气体减排问题通过了《哥本哈根协议》。在到会的 190 多个国家或地区的代表中，大多数代表提出了各自控制温室气体排放的行动目标。中国代表在会上更是承诺：到 2020 年，中国力争把二氧化碳排放量在 2005 年基础上再减排 40％～45％的宏伟目标！受到到会代表的一致赞扬。温室气体有多种,但在大气中含量最高、对全球气候影响最大的温室气体是二氧化碳。因此解决"温室效应"的首要问题是控制和治理大气中的二氧化碳!

(1) 请列举三种能降低大气中 CO_2 浓度的措施。

(2) 为了降低大气中二氧化碳的浓度,科学家设计了大气中 CO_2 实现碳循环的路线图。可用简图表示如下:

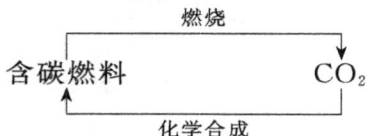

$$含碳燃料 \xrightarrow[\text{化学合成}]{\text{燃烧}} CO_2$$

至于用 CO_2 合成"含碳燃料"的方案很多,下列是两种可供选择的方案:

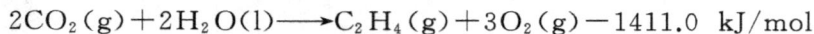

$$2CO_2(g)+2H_2O(l)\longrightarrow C_2H_4(g)+3O_2(g)-1411.0 \ kJ/mol$$

$$2CO_2(g)+3H_2O(l)\longrightarrow C_2H_5OH(l)+3O_2(g)-1366.8 \ kJ/mol$$

写出由乙烯(C_2H_4)水化法制乙醇的热化学方程式,并说明该方案有哪些实用意义。若要使上述碳循环实现二氧化碳减排,必须满足什么条件?

(3) 右图是以乙醇作为能源的燃料电池(其中电解质为 KOH 溶液)的示意图,请写出 a、b 两处电极的名称;电池工作时 a、b 两处应不断加入的物质、两个电极上的电极反应式以及电池中总反应的化学方程式。

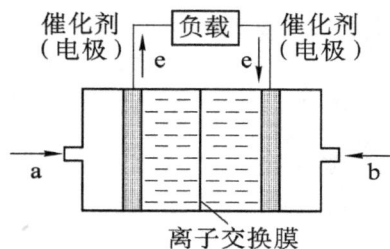

(4) 2009 年冬天,世界上许多国家(包括中国)出现气候反常。很多国家出现了历史上罕见的暴风雪和严寒的灾害性天气。于是有人开始怀疑"温室效应"观点的正确性,还有些人甚至认为已经没有必要再防止"温室效应"了。对此,请谈谈你的看法。

应用化学与技能竞赛模拟试卷三

考试须知：

1. 竞赛时间为 90 分钟。迟到超过 15 分钟者不得进场。30 分内不得离场。时间到，把试卷（背面向上）放在桌面上，立即离场。

2. 竞赛答案全部书写在答题纸上，应使用黑色或蓝色的钢笔或圆珠笔答题，用红色笔或铅笔所作的答案一概作废无效。

3. 姓名、准考证号和学校名称等必须填写在试卷上方指定的位置，写在它处者按废卷处理。

4. 本试卷共 8 页，满分为 100 分。

H 1.008																	He 4.003
Li 6.941	Be 9.012											B 10.81	C 12.01	N 14.01	O 16.00	F 19.00	Ne 20.18
Na 22.99	Mg 24.31											Al 26.98	Si 28.09	P 30.97	S 32.07	Cl 35.45	Ar 39.95
K 39.10	Ca 40.08	Sc 44.96	Ti 47.88	V 50.94	Cr 52.00	Mn 54.94	Fe 55.85	Co 58.93	Ni 58.69	Cu 63.55	Zn 65.39	Ga 69.72	Ge 72.61	As 74.92	Se 78.96	Br 79.90	Kr 83.80
Br 85.47	Sr 87.62	Y 88.91	Zr 91.22	Nb 92.91	Mo 95.94	Tc [98]	Ru 101.1	Rh 102.9	Pd 106.4	Ag 107.9	Cd 112.4	In 114.8	Sn 118.7	Sb 121.8	Te 127.6	I 126.9	Xe 131.3
Cs 132.9	Ba 137.3	La~ Lu	Hf 178.5	Ta 180.9	W 183.8	Re 186.2	Os 190.2	Ir 192.2	Pt 195.1	Au 197.0	Hg 200.6	Tl 204.4	Pb 207.2	Bi 209.0	Po [210]	At [210]	Rn [222]
Fr [223]	Ra [226]	Ac~ Lr															

一、选择题

1. 氡是人类最可能接触到的放射性元素，大气中和室内空气中都存在它的踪迹！氡是镭－226 衰变的产物，它及其子体在衰变时会释放 α、β、γ 等射线。由于氡与人体中的脂肪有很高的亲和力，氡能在脂肪组织、神经系统、网状内皮系统和血液中广泛分布，对细胞造成损伤，最终诱发癌变。氡是 WHO（世界卫生组织）公布的 19 种主要环境致癌物之一（是除吸烟以外引起肺癌的第二大因素），且被国际癌症研究机构列入室内主要致癌物。室内环境中氡的主要来源是（　　）

① 来自于地下地基土壤　② 来自于地下水　③ 来自于室外大气　④ 来自于天然气的燃烧　⑤ 来自于建筑材料和室内装饰材料（　　）

A. ①③⑤ 　　　　B. ③⑤ 　　　　C. ①②③⑤ 　　　　D. ①②③④⑤

2. 鸡蛋能为人体提供优质蛋白质，是一种既美味又有高营养的食品。但是，在夏天鸡

蛋不容易保存,易变质。某化学兴趣小组经实验探究后发现:用石灰水浸泡过的鸡蛋可以延长保质时间。其主要原因是(　　)

① 石灰呈强碱性,有较强的杀菌作用　② $Ca(OH)_2$ 能与鸡蛋呼出的 CO_2 反应,生成碳酸钙薄膜,起保护作用　③ 石灰水是电解质溶液,能使蛋白质凝聚　④ 石灰水能渗透到鸡蛋内部去中和酸性物质(　　)

    A. ①②　　　　　　B. ①③　　　　　　C. ②③　　　　　　D. ③④

3. 人造骨是一种可以替代人骨且具有生物功能的新型无机非金属材料,它具有类似于人骨和天然牙的性质和结构。人造骨植入人体的初期,在骨骼接合界面上,新骨与体液中的某些离子发生复杂的分解、吸收、析出等化学反应,使新骨表面的组成与结构渐次趋近人骨,最终与人骨融为一体,实现两者之间的牢固结合。在此过程中人造骨吸收的离子主要是(　　)

    A. Ca^{2+}、PO_4^{3-}　　　B. Cl^-、Ag^+　　　C. Na^+、Cl^-　　　D. SO_4^{2-}、Ba^{2+}

4. 由于"温室效应"后果的不断积累,全球各地区的极端气候频频发生,2010 年冬天我国许多地区持续下大雪就是一例。大雪造成很多城市的交通主干道被阻断,政府有关部门不得不用融雪剂去清除道路积雪,以维持必要的交通。以往使用的融雪剂主要是氯化钠等无机盐(氯化钠可使水的冰点降低,从而使冰雪得以融化),其优点是价格便宜,货源充足。然而,随着科学技术的发展,氯化钠已逐渐地被有机盐、缓蚀剂等环保型融雪剂所替代。环保型融雪剂有不少优点,但其中不包括(　　)

    A. 环保型融雪剂的融雪原理与无机盐相同,当它溶于水后,使水的冰点降低

    B. 使用环保型融雪剂可以减缓对路面和桥梁中钢筋的腐蚀

    C. 使用环保型融雪剂可以减少对植物的危害

    D. 使用环保型融雪剂的主要优点是可给植物补充养分

5. "绿色化学"的精神永远是化学未来发展过程的议题。下列化工生产措施体现绿色化学内涵的是(　　)

① 减少"三废"排放量　② 催化剂和载体的最大限度重复使用　③ 回收未反应的原料、副产物、助熔剂、稳定剂等非反应试剂　④ 有关原材料的再生利用　⑤ 拒绝使用有毒、有副作用、污染环境的、无法回收、无法再生和重复使用的原料(　　)

    A. ①②③　　　　　B. ①③④⑤　　　　C. ①②③⑤　　　　D. ①②③④⑤

6. 大豆中有含量较高的蛋白质和脂肪,是一种价格相对低廉又有一定营养价值的食品。回答下列问题:

    (1) 豆腐中的主要成分是(　　)

    A. 凝胶　　　　　　B. 蛋白质　　　　　C. 脂肪　　　　　　D. 淀粉

    (2) 点豆腐所采用的凝聚剂是(　　)

    A. 石膏　　　　　　B. 硫酸钾　　　　　C. 氯化钡　　　　　D. 六水氯化镁

    (3) 食用大豆后,最终被人体吸收、利用的是其中的(　　)

    A. 氨基酸　　　　　B. 蛋白质　　　　　C. 油脂　　　　　　D. 碳水化合物

7. 臭氧层对于地球生物真是功高盖世!有了这顶保护伞,地球生物才得以免受紫外线的伤害。其实,臭氧的用途远不止此,还有许多其他的用途,当然也不可胡乱应用。在臭氧的下列各项应用中,属于不合理使用的是(　　)

A. 用来作为生产自来水的消毒剂

B. 用作水果、蔬菜表面残留农药的降解剂

C. 医用臭氧治疗仪用来治疗由淋球菌、葡萄球菌、念珠菌等引发的疾病

D. 危重病人常须"接氧气"助呼吸,用臭氧代替氧气,效果更佳

二、填空题

说明:下列各小题中,每一个须要填充的"空白"均设置一个代号,请将你的答案填写在"答题纸"相应代号的空位上。

1. 自然界存在的元素中,有 20 种左右是构成人体组织、维持生理功能、生化代谢所必需的,称为生命元素。其中在人体内占体重 0.01% 以上、每人每日需要量在 100 mg 以上的元素称为____(1)____。例如____(2)____(举出五种,写元素符号);而在人体中含量小于0.01%者则称为____(3)____,例如____(4)____(列出 5 种,写元素名称)。还有一些元素对人体是有害的,例如____(5)____(列举 3 种),我们应该严防这些元素通过各种途径进入人体!

2. "枯叶剂"又称"落叶剂",这是能使植物花叶迅速枯萎、进而死亡凋落的化学药剂。枯叶剂有很多种,其成分可能是二噁英、二甲胂酸钠、2,4-二氯苯氧乙酸、2,4,5-三氯苯氧乙酸正丁酯等剧毒的化学物质。1962 年美军在越南战场上曾经派遣 UC-123 飞机向胡志明小道(这条路隐藏在茂密的丛林中)喷洒了 2000 万加仑这种药剂。根据枯叶剂的功能,请推测美军在越南战场上使用枯叶剂的目的是____(6)____。

3. 5 月 31 日是"世界无烟日"。抽烟既有损健康,又污染环境,这是人所共知的事实。无奈烟草中的尼古丁有成瘾性,一旦成了烟民就很难戒掉!这是最令他们烦恼的!根据医务人员的研究,健康年轻人的肺容量一般为 4 L 左右。如果不抽烟,当年龄增长到 30 岁左右时肺容量开始衰退,通常以每 10 年 0.2 L 的速率下降。但是如果年轻时就吸烟,则又是另一种情况。当他们活到 30 岁时,肺容量已经减少30%,并且在 30 岁以后肺容量将以每 10 年 0.3 L 的速率下降。肺容量下降有何后果?当一个人的肺容量降低到最大容量的50%时,将会出现呼吸困难的症状。请你通过计算回答,一个从年轻时就开始抽烟的人,他将从____(7)____岁起出现呼吸急促的症状。反之,一个不抽烟的人,他要到____(8)____岁时才得此疾病。两者对比,后者推迟了____(9)____年。

4. 酸雨是当前人类面临的重大环境问题之一,是跨越国界的全球性灾害。

(1) 地球上的水因为长时间与空气接触,因此空气中 CO_2 与水之间通常是处于溶解平衡状态。已知:① 25℃温度下每升水可溶解 CO_2 0.76 L(CO_2 的体积已经折算成标准状况的数据);② CO_2 在空气中的体积分数为 0.03%;③ 碳酸在该条件下的电离度为20.7%。则水的 pH 是____(10)____(要求写出计算过程)。根据你计算的结果,请给出酸雨的定义:__(11)____。"酸雨"这样定义的理由:____(12)____。

(2) 酸雨中的成分因地而异,我国酸雨中的主要成分是____(13)____,产生的原因是____(14)____;在欧美等发达国家的酸雨中,主要成分是____(15)____,形成的原因是____(16)____。了解酸雨的成分和成因很有必要,只有了解了这些,治理才有方向,才能对症下药。

三、简答题

"民以食为先"这句俗话概括了"食品"对于人的重要性!事实上,在我们食用的食品

中,除了真正的纯天然食物外,所有经过人类加工的食品中,几乎找不到一种完全不添加其他成分的。也就是说,在食品加工过程中,几乎都要加入"食品添加剂"。

相关资料

① "食品添加剂"是指:为改善食品的色、香、味等品质以及延长保质期等的需要而加入食品中的其他物质(包括天然的和化学合成的)。

食品添加剂按其用途分为:防腐剂、抗氧化剂、调味剂、增稠剂、乳化剂、保鲜剂、香料、营养强化剂等数十大类。随着食品工业产品的多样化,食品添加剂的种类和数量还在迅速发展中。为了安全地使用食品添加剂,我国政府实行了严格的审批制度,目前已被批准使用的食品添加剂有 1 700 多种。任何食品生产厂商一概不准使用未经国家批准的添加剂,违规者必须为其引出的事故承担刑事责任!

② 最近台湾地区爆发的"塑化剂事件"就是典型的违规使用添加剂引起的。某黑心厂商为了降低成本、提高利润,竟然在调制"起云剂"(这是一类能对液态食品起乳化、增稠、稳定作用的食品添加剂)时擅自更换配方,用廉价的"DEHP"替代比较昂贵的棕榈油。结果让该厂商降低了 $\frac{4}{5}$ 的生产成本,赚得了数以亿计的非法利润。殊不知"DEHP"有毒,被污染的"起云剂"坑害了几乎全台湾的老百姓(部分含毒产品还销往大陆和国外)。因为起云剂在食品中的使用面极广[包括果汁、果酱、水果粉、运动饮料、茶饮中的糖浆(如珍珠奶茶)、钙片、维生素、酵素、保健食品等],而且造假时间又长达 30 年,因此全台湾几乎没有一个人可以逃过 DEHP 的毒害!

③ 棕榈油是从油棕树的棕果肉中榨取出来的天然油脂,其主要成分是软脂酸(十六酸,$C_{15}H_{31}COOH$)和油酸(十八烯酸,$C_{17}H_{33}COOH$)的甘油酯。无毒,可食用。

④ DEHP 的学名是"邻苯二甲酸二(2-乙基己基)酯",是一种化工原料,多用于塑料工业作"增塑剂"(台湾地区称为"塑化剂")。DEHP 进入人体后,其作用类似于女性荷尔蒙,能导致男性生殖器变小,生殖能力降低;对女性则导致性早熟(除此以外,还有很多其他的毒性)。有人认为这可能就是当今台湾生育率低(全世界倒数第一)、不孕症增加等的直接原因。

回答以下问题:

1. 举出你家中烹调食品时使用的食品添加剂 3 种,指出它们所属的类别。

2. 举出历年来我国社会上发生的重大食品添加剂事件 3 例(例如"塑化剂事件")。

3. 写出棕榈油中可能存在的分子的结构简式;并用一个化学式反映棕榈油中软脂酸和油酸的相对含量。

4. 设计一种 DEHP 的制备方法(原料任选,用化学方程式表示)。

5. 在塑料的加工过程中,添加 DEHP 起什么作用?

6. 你认为"食品添加剂"必须具备哪些条件(任举三项)?

7. 你对食品添加剂持的态度是_____。

A. 国家审批的食品添加剂无毒,且可提高食品的色、香、味等品质,应该适当地使用

B. 食品添加剂有毒,应尽量少用

C. 食品添加剂对人体健康有害,不应在食品中使用

D. 食品添加剂是经国家严格科学审查后确定的,可放心大胆地使用

应用化学与技能竞赛模拟试卷四

考试须知:

1. 竞赛时间为 90 分钟。迟到超过 15 分钟者不得进场。30 分内不得离场。时间到,把试卷(背面向上)放在桌面上,立即离场。

2. 竞赛答案一律书写在答题纸上,必须使用黑色或蓝色的钢笔或圆珠笔答题,用红色笔或铅笔所作的答案一概作废无效。

3. 姓名、准考证号和校名等应填写在答题纸上方指定的位置,写在它处者按废卷处理。

4. 本试卷共 6 页,满分为 100 分。

5. 允许使用非编程计算器及直尺等文具。

H 1.008																	He 4.003
Li 6.941	Be 9.012											B 10.81	C 12.01	N 14.01	O 16.00	F 19.00	Ne 20.18
Na 22.99	Mg 24.31											Al 26.98	Si 28.09	P 30.97	S 32.07	Cl 35.45	Ar 39.95
K 39.10	Ca 40.08	Sc 44.96	Ti 47.88	V 50.94	Cr 52.00	Mn 54.94	Fe 55.85	Co 58.93	Ni 58.69	Cu 63.55	Zn 65.39	Ga 69.72	Ge 72.61	As 74.92	Se 78.96	Br 79.90	Kr 83.80
Br 85.47	Sr 87.62	Y 88.91	Zr 91.22	Nb 92.91	Mo 95.94	Tc [98]	Ru 101.1	Rh 102.9	Pd 106.4	Ag 107.9	Cd 112.4	In 114.8	Sn 118.7	Sb 121.8	Te 127.6	I 126.9	Xe 131.3
Cs 132.9	Ba 137.3	La~ Lu	Hf 178.5	Ta 180.9	W 183.8	Re 186.2	Os 190.2	Ir 192.2	Pt 195.1	Au 197.0	Hg 200.6	Tl 204.4	Pb 207.2	Bi 209.0	Po [210]	At [210]	Rn [222]
Fr [223]	Ra [226]	Ac~ Lr															

一、选择题

1. 为了创建更优质的空气环境,我国环境保护部门正在修订原有的"空气质量评价体系"。新体系定名为"环境空气质量指数",在项目上比原来的体系有所增加。在下列物质【① 二氧化碳;② 二氧化硫;③ 颗粒物(PM2.5);④ 颗粒物(PM10);⑤ 一氧化碳;⑥ 氮氧化物;⑦ 三氧化硫;⑧ 颗粒物(PM1);⑨ 臭氧】中,被列为新体系中评价因子的是(   )

A. ②③④⑤⑦⑨　　　　B. ②③④⑤⑥⑨　　C. ①②③⑨　　　　　D. 除①外都是

2. "铝"对人体而言属于低毒元素,已被世界卫生组织列为"食品污染源之一"。铝的摄入量过多会降低人体对磷、铁、钙等元素的吸收,引起骨质疏松,并导致记忆力衰退、老年痴呆等病症。为了减少铝污染,有的店家炸油条已经不再用明矾做膨松剂,而改用其他物质替代。在下列物质中,可作为明矾代用品的是(   )

A. NH_4HCO_3　　　　　　B. $(NH_4)_2CO_3$　　　C. NH_4HS　　　　　　　D. $NaHCO_3$

3. 洗涤剂品种众多，不同品种的洗涤剂用来洗涤不同质料的服装。洗涤剂选择不当，必然损害衣料，影响服装的外观和寿命！请考虑：若要洗涤丝、毛等高档质料的衣物，应该选择的洗涤剂中不含有（　　　）

A. 表面活性剂　　　　　　　　　　　B. 碳酸钠

C. 碱性蛋白酶　　　　　　　　　　　D. 抗再沉淀剂

4. 鸡蛋是一种既美味又有高营养的食品，能为人体提供优质蛋白质。但是，鸡蛋的保质期很短（尤其是夏天），易变质。某化学兴趣小组经实验探究后发现：鸡蛋用石灰水浸泡可以延长保质时间。其主要原因是（　　　）

① 石灰呈强碱性，有较强的杀菌作用　② $Ca(OH)_2$ 能与鸡蛋呼出的 CO_2 反应，生成碳酸钙薄膜，起保护作用　③ 石灰水是电解质溶液，能使蛋白质凝聚　④ 石灰水能渗透到鸡蛋内部去中和酸性物质

A. ①②　　　　　B. ①③　　　　　C. ①②③　　　　　D. ③④

5. 大气污染是环境污染的一个重要方面。大气污染又可分为一次污染和二次污染。二次污染是指环境中的某些污染物在物理、化学、生物等因素作用下衍生出新的污染物，后者对环境的污染就称为原始污染物的二次污染。如汽车尾气中的 NO（原始污染物），它在大气中衍生出来的 NO_2 对环境的污染就是 NO 的二次污染。试判断：下列大气污染物中，不会产生二次污染的是（　　　）

A. SO_2　　　　　B. SO_3　　　　　C. NO_2　　　　　D. CO

6. $\omega-3$ 脂肪酸和 $\omega-6$ 脂肪酸是两组人体必需的"多元不饱和脂肪酸"。必需脂肪酸对人体极为重要，它是每个细胞膜的主要构成成分，机体的每一种功能都依赖必需脂肪酸的作用。此外，还能预防和治疗冠心病、糖尿病、高血脂、高胆固醇、高血压、类风湿、皮炎、癌症、老年痴呆、抑郁症等疾患。$\omega-6$ 在自然界中比较丰富，存在于许多植物油中；而 $\omega-3$ 来源比较少，主要来源于深海鱼油。

然而，这两组必需脂肪酸的摄入量必须搭配合理，它们的健身功效才能充分发挥。反之，可能会引发很多疾病。$\omega-3$ 脂肪酸与 $\omega-6$ 脂肪酸的最佳搭配比例是（　　　）

A. 1∶4　　　　　B. 4∶1　　　　　C. 1∶10　　　　　D. 10∶1

二、填空题

说明：下列各小题中，每一个须要填充的"空白"均设置一个代号，请将你的答案填写在"答题纸"相应代号的空位上。

1. 某边远地区农村一所中学的化学老师，为了帮助当地农民配制"波尔多液"农药，缺少 1 kg 硫酸铜，而当地物资十分贫乏无法买到。他决定让化学兴趣小组的同学自己来制取，利用这一活动的机会培养同学，使他们跳出书本，在实践中获得活的化学知识。当他把任务托付给同学们时，他们都十分欣喜，表示要竭尽全力来完成任务！第二天，他们把工作计划告诉了化学老师。当老师知道他们准备按化学方程式："$Cu + 2H_2SO_4(浓) \longrightarrow CuSO_4 + SO_2\uparrow + 2H_2O$"表达的反应去完成制备任务时，思索了一回，然后说："你们的积极性这样高，十分可喜。你们选择的方法也确实能够制得硫酸铜。可惜你们忘却了绿色化学对我们提出的要求，疏忽了环境保护！现在请你们认真思考，在你们选用的方法中，有哪些不符合绿色化学原则的地方？并且提出改进的方案。"请你们也一起思考，回答这

些问题：

不符合绿色化学原则之处：　(1)　、　(2)　、　(3)　、　(4)　；

准备改进之处：　(5)　、　(6)　。

2. "生活垃圾"具有两面性：它既是"宝"，又是"累赘"！垃圾是放错地方的资源。保守估计，我国城市每年丢弃的可回收垃圾价值在 300 亿元左右。但由于生活垃圾数量实在太大(以本市而言，每天须清理的垃圾量多达 1.945 万吨，而且还在不断增长)，远超过垃圾的处置能力，这就成了一种累赘！垃圾的分类处理是解决上述矛盾的最好出路。

垃圾有填埋、焚化、堆肥三种处理方法。但是这些垃圾如果不经过分类的话，无论采用何种处理方法都存在弊端。例如，填埋法会造成　(7)　等弊端(任举 1 例，下同)；焚烧法可能产生　(8)　等弊端；堆肥法必然产生　(9)　等弊端。只有通过将垃圾分类，才有可能根据垃圾的　(10)　选择最最合理的处理方法。但是，垃圾的数量如此巨大，根本不可能雇佣工人去分拣(也没有人肯干这样的脏活！)，但是若分散到千家万户，那就是一举手之劳了。因此垃圾分类要依靠全市广大老百姓的支持和协助！

本市根据现实状况把生活垃圾分成"厨余果皮"、"玻璃"、"废旧衣物"、"可回收垃圾"、"有害垃圾"、"其他垃圾"等六大类。其中的　(11)　和　(12)　要求日产日清，其余的垃圾则定期(或预约)分类收运。

概括而言，生活垃圾分类收集至少可收到　(13)　、　(14)　和　(15)　三大效果，真是功德无量！

最后，请你给下列垃圾进行归属(确定垃圾类别)：① 报废的家用电器　(16)　，② 医院里的一次性注射器　(17)　，③ 因受潮而结块的水泥　(18)　。

三、简答题

1. "氢化植物油"近年来已经成为人们热议的课题！它是天然植物油(如菜油、大豆油、花生油等)在一定条件(催化剂、温度、压强)下与氢气部分加成(所谓"部分加成"是指加成反应进行时保留植物油分子中的一部分"双键")而得到的产物。由于其性状类似于动物脂肪，遂成为动物脂肪(黄油、精制牛油等)的代用品，氢化植物油也因此获得了"人造奶油"的美称。"油脂氢化技术"发明于上世纪前期，发明后不久"二战"爆发，当时黄油十分紧缺，而用人造奶油制作的各种食品无论从外形或口感与天然奶油相比都并不逊色，而且价格比天然奶油便宜得多，因此深受欧美主妇的欢迎。更有甚者，黄油等动物脂肪中胆固醇含量高，他们长期来深受因胆固醇摄入过多带来的疾病的困扰，而人造奶油中不含胆固醇，更成为人造奶油得到吹捧的一个理由。战后，氢化植物油的销量更是持续猛涨。长期以来，人们一直认为人造脂肪来自植物油，不会像动物脂肪那样导致肥胖、心血管等疾病，多吃无害。有机化学的发展，无情地发现氢化植物油中存在大量反式的脂肪酸分子，而天然植物油中则全部是顺式脂肪酸。这就是说，植物油在氢化加成过程中，有一部分顺式脂肪酸转化成了反式脂肪酸！这一发现，导致了氢化植物油的蜜月期告终！一些科学家逐渐发现，反式脂肪酸大量进入人类食物的历史，正好与欧美国家的心脏病发病率增长过程相吻合。20 世纪 80 年代又发现，心脏病患者的体脂中，反式脂肪酸的含量显著高于健康人。1990 年荷兰的一项研究证明，反式脂肪酸会增加人体血液中的低密度脂蛋白(俗称"坏胆固醇")含量，并且使高密度脂蛋白(俗称"好胆固醇")含量降低，从而显著增加罹患心血管疾病的风险。这些发现引起了全球科学界的高度重视。此后的研究证实反式脂肪酸会引发以下的众多疾病：① 增加血液粘稠度和凝聚力，促进血栓形成；② 促进动脉硬化；③ 促进Ⅱ型糖尿病的发生；④ 影响婴幼儿生长发育，并对中枢神经系统发育产生不良影响。

上述事实已证明，氢化植物油的害处远比动物脂肪要大。在认识到反式脂肪酸的危害之后，世界卫生组织和联合国粮农组织在《膳食营养与慢性疾病》（2003年版）中建议"为了增进心血管健康，应该尽量控制膳食中的反式脂肪酸，最大摄取量不超过总能量的1％"。经过折算，大概每人每天的摄入量应限制在2克左右。但是，目前在城市人群中，有些人爱吃西点和油炸食品，每天的摄入量可能远远超过国际标准。因为动物奶油的价格很高，一般的食品店和食品厂考虑成本根本不会使用。所以含有反式脂肪酸的食品充斥市场！一杯珍珠奶茶，其中所含反式脂肪酸可能已超出正常人的承受极限！

请回答：

（1）"反式脂肪酸"在有机化学中，属于哪一类物质？在"氢化植物油"中，含有哪几类有机物的分子？

（2）已知油酸（$C_{17}H_{33}COOH$）是广泛存在于天然植物油中的一种有机酸。其结构简式为 $CH_3(CH_2)_7CH = CH(CH_2)_7COOH$。试写出反式油酸和顺式油酸的结构简式；

（3）试写出在植物油"氢化"的过程中，油酸可能发生的反应的化学方程式；

（4）为什么用氢化植物油制作的食品，其保质期比天然植物油制作的要长？

（5）请举出你爱吃的含有反式脂肪酸的食品5种；并自我估计摄入的反式脂肪酸是否超标？

（6）你认为有没有可能使植物油"氢化"过程不产生或少产生反式脂肪酸，请你谈谈这方面的设想。

2. 随着我国经济的飞速发展，人民生活水平不断提高，"轿车"已越来越多地进入老百姓的千家万户。汽车工业的发展，使人们大大加速了生活节奏，出门、运输变得更方便快捷；汽车工业又推动了其他工业，带动起很大的一个产业群并肩发展，给老百姓增加了不少就业岗位。然而，汽车的普及毕竟也给社会带来了许多的弊病！例如城市交通拥堵；交通事故猛增威胁行人安全；大幅度提高了政府对道路建设的财政投入；石油消耗量跃居世界第一，背离低碳生活原则；严重的空气污染问题，等等。

（1）有关汽车产生的污染物，请填表：

	污染物	如何产生的	对环境的影响
一次污染物			

	污染物	如何产生的	对环境的影响
二次污染物			

（2）为了降低汽车对环境的污染，提出了不少改良汽油的方案。其中一个方案是在汽油中掺入乙醇，经实践行之有效。请你解释为什么汽油中掺入乙醇可以降低污染（说出两点理由）。

（3）有人提出用"氢气"作为汽车的能源（已进入试验阶段），说氢气既不产生污染，又节省能源。请你从"污染"和"节能"两个方面分析上述看法是否有理？

应用化学与技能竞赛模拟试卷五

考试须知：

1. 竞赛时间为 90 分钟。迟到超过 15 分钟者不得进场。30 分钟内不得离场。时间到，把试卷（背面向上）放在桌面上，立即离场。

2. 竞赛答案全部书写在试卷答题纸上，应使用黑色或蓝色的钢笔或圆珠笔答题，用红色笔或铅笔所作的答案一概作废无效。

3. 姓名、准考证号和学校名称等必须填写在试卷答题纸上方指定的位置，写在它处者按废卷处理。

4. 本试卷共 8 页，满分为 100 分。

5. 答题须用的相对原子质量请从表中查找，取几位有效数字由你自己根据题目要求确定。

H 1.008																	He 4.003
Li 6.941	Be 9.012											B 10.81	C 12.01	N 14.01	O 16.00	F 19.00	Ne 20.18
Na 22.99	Mg 24.31											Al 26.98	Si 28.09	P 30.97	S 32.07	Cl 35.45	Ar 39.95
K 39.10	Ca 40.08	Sc 44.96	Ti 47.88	V 50.94	Cr 52.00	Mn 54.94	Fe 55.85	Co 58.93	Ni 58.69	Cu 63.55	Zn 65.39	Ga 69.72	Ge 72.61	As 74.92	Se 78.96	Br 79.90	Kr 83.80
Br 85.47	Sr 87.62	Y 88.91	Zr 91.22	Nb 92.91	Mo 95.94	Tc [98]	Ru 101.1	Rh 102.9	Pd 106.4	Ag 107.9	Cd 112.4	In 114.8	Sn 118.7	Sb 121.8	Te 127.6	I 126.9	Xe 131.3
Cs 132.9	Ba 137.3	La~ Lu	Hf 178.5	Ta 180.9	W 183.8	Re 186.2	Os 190.2	Ir 192.2	Pt 195.1	Au 197.0	Hg 200.6	Tl 204.4	Pb 207.2	Bi 209.0	Po [210]	At [210]	Rn [222]
Fr [223]	Ra [226]	Ac~ Lr															

一、选择题

1. 医务工作者经过大量研究后发现，吸入人体内的氧气中约有 2% 转化为活性氧，还发现这种活性氧能加速人体衰老，因而被称为"夺命杀手"。我国医务人员尝试用含硒化合物 Na_2SeO_3，消除人体内的活性氧，已取得初步成功。Na_2SeO_3 在人体中消除活性氧的作用可能是（　　　）

A. 氧化剂　　　　　　B. 还原剂　　　　　　C. 负催化剂　　　　　　D. 溶剂

2. 保护环境，提高空气质量是全人类的共识。以氢气为燃料的"氢燃料电池汽车"已问世，氢燃料电池汽车和一般汽车不同的是，它没有传统的汽油发动机，取代它的是分布着密密麻麻电线的氢燃料电池发动机，同时它也没有油箱，替代油箱的是 3 个氢气罐，它

的唯一排放物是没有污染的纯净水,它的燃料是装在特制高压贮罐中的液氢。有关燃料电池的下列说法中正确的是( )

    A. 氢燃料电池工作时,会产生浅蓝色火焰

    B. 氢燃料电池工作时,外电路中电子由正极流向负极

    C. 氢燃料电池中通空气的极为负极,发生的反应是 $2H_2O+O_2+4e \longrightarrow 4OH^-$

    D. 氢燃料电池能量利用率比直接以 H_2 为燃料时能量的利用率要高

    3. 为了理解呼吸作用原理,某研究小组对人体呼入空气与呼出气体的成分进行了探究性研究。下表是该研究小组在实验过程中测得的有关数据:

气体代号	吸入空气(体积分数)	呼出气体(体积分数)
I	0.7825	0.7488
II	0.2105	0.1526
III	0.0004	0.0368
IV	0.0066	0.0618

根据上表数据,研究小组成员对 I、II、III、IV 四种气体的成分进行推测。下列分别是四位学生的推测结果。你认为正确的是( )

    A. $H_2O(g)$、Ar、N_2、O_2 B. N_2、O_2、$H_2O(g)$、Ar

    C. N_2、O_2、CO_2、$H_2O(g)$ D. N_2、O_2、$H_2O(g)$、CO_2

    4. 据最新报道,美国科学家已在实验室中成功地在高温、高压条件下将 CO_2 转化为类似 SiO_2 的晶体结构。判定下列有关这种 CO_2 晶体的叙述中错误的是( )

    A. 这种 CO_2 晶体不仅熔点、沸点高,而且硬度也很大

    B. 这种 CO_2 晶体中碳、氧原子个数比为 1∶2

    C. 这种 CO_2 晶体中碳、氧原子成直线型排列

    D. 这种 CO_2 晶体中各原子最外层均满足 8 电子稳定结构

    5. 从光合作用的反应原理 $6CO_2+6H_2O \xrightarrow[\text{光}]{\text{叶绿素}} C_6H_{12}O_6+6O_2$ 可知碳元素是农作物生长的必需元素之一,因此科学家设想用二氧化碳生产肥料。对这种设想的正确评价是( )

    A. 能缓解地球表面温室效应,但抑制农作物生长

    B. 会加剧地球表面温室效应,但能促进农作物生长

    C. 既能缓解地球表面温室效应,又能促进农作物生长

    D. 既加剧地球表面温室效应,又抑制农作物生长

    6. 某研究性小组在做探究性实验时,某学生无意中把 120 mL 中含有 0.20 mol 碳酸钠溶液和 200 mL 盐酸相互混合,结果发现,不管将前者滴加入后者,还是将后者滴加入前者,都有气体产生,但测得最终生成的气体体积却不同。根据上述实验数据推测盐酸的浓度应为( )

    A. 2.0 mol/L   B. 1.5 mol/L   C. 1.8 mol/L   D. 0.24 mol/L

    7. 我国前科学院院长卢嘉锡与法裔加拿大科学家 Gignere 利用尿素(H_2NCONH_2)和 H_2O_2 形成加合物 $H_2NCONH_2 \cdot H_2O_2$,不但提高了 H_2O_2 稳定性,且结构也没有发生改变,还得到了可供做衍射实验用的晶体,经测定 H_2O_2 结构如上页图示。结合以上信息,判

断下列说法中不正确的是（　　）

A. H_2NCONH_2 与 H_2O_2 是通过氢键结合的

B. H_2O_2 是极性分子

C. H_2O_2 中氧原子是以 sp^2 杂化的形式与其他原子成键的

D. $H_2NCONH_2 \cdot H_2O_2$ 属于离子化合物

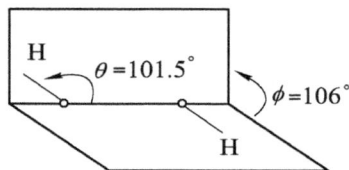

8. 化学实验是化学学习过程中的一个重要环节。在化学反应中常伴随着颜色变化，下列是某研究性小组总结的化学实验过程中发生的颜色变化。其中正确的有（　　）

①蛋白质遇浓硝酸变为黄色　②淀粉溶液遇单质碘变为蓝色　③溴化银见光分解后变为银白色　④热的氧化铜遇乙醇变为绿色　⑤新制氯水久置后变为无色　⑥苯酚在空气中久置后变为粉红色

A. 2个　　　　　B. 3个　　　　　C. 4个　　　　　D. 5个

9. 据英国路透社报道：以色列军方已研制成一种可放出刺激性气味的非致命武器，主要用于驱散示威抗议者，这种新武器称为臭鼬弹（skunkbomb）。已知臭鼬弹中臭鼬剂的主要成分是丁硫醇（C_4H_9SH），人的口臭是由于分泌出甲硫醇（CH_3SH），液化气中添加的报警剂是乙硫醇（C_2H_5SH）。下列说法中正确的是（　　）

A. 在水溶液中，乙硫醇比乙醇更难电离出 H^+ 离子

B. 丁硫醇在空气中燃烧生成二氧化碳、三氧化硫和水

C. 丁硫醇、甲硫醇与乙硫醇互为同系物

D. 沸点不同的丁硫醇有四种

10. 原某酸化学性质不稳定，易脱水，它与对应含氧酸的主要区别是 H、O 原子数目不同。例如，硅酸的化学式为 H_2SiO_3，原硅酸的化学式为 H_4SiO_4；碳酸化学式为 H_2CO_3，原碳酸的化学式为 H_4CO_4，据此推测，下列结构简式中属于原甲酸乙酯的是（　　）

A. $C(COC_2H_5)_4$　　　　　　　　B. $CO(OC_2H_5)_2$

C. $H_2C(COC_2H_5)_2$　　　　　　　D. $HC(OC_2H_5)_3$

11. 美国化学家西博格（G.T.Seeborg）年轻时家境贫寒，依靠打工才读完高中和大学。工作后非常努力，尤其在核化学领域中做出了非凡的成绩。例如，1940 年底他发现了 94 号元素钚（制造原子弹的一种重要原料）。已知钫是 87 号元素，则有关钚元素的推断错误的是（　　）

A. 位于第七周期　　　　　　　　B. 是 VIIB 族元素

C. 通常显示 +2 价　　　　　　　D. 有可变化学价

12. 油脂是油与脂肪的总称，它是多种高级脂肪酸的甘油酯。油脂既是重要食物，又是重要的化工原料。油脂的以下性质和用途与其含有的不饱和双键有关的是（　　）

A. 适量摄入油脂，有助于人体吸收多种脂溶性维生素和胡萝卜素

B. 利用油脂在碱性条件下的水解，可以生产甘油和肥皂

C. 植物油在一定条件下可以制成人造奶油

D. 脂肪是有机体组织里储存能量的重要物质

二、填空题

说明：下列各小题中，每一个须要填充的"空白"处均设置一个代号，请将你的答案填

写在"答题纸"相应代号的空位上。

1. 合成洗衣粉是日常生活中最常用的洗涤剂,它是由多种组分组成的混合物,各组分都有其特有的功能。根据它们在洗涤时发挥的功能不同可分为:①表面活性剂,②软水剂,③抗再沉积剂,④酶制剂,⑤漂白剂,⑥防结块剂等。按上述次序各列举一种具体物质:① (1) ,② (2) ,③ (3) ,④ (4) ,⑤ (5) ,⑥ (6) 。

2. 茶是我国人民喜爱的饮品,其中含有多种有益于人体健康的成分,据测定茶叶中含有 450 种以上的有机物和 15 种以上的元素。某化学研究小组欲探究茶叶中钙元素的含量,设计了如下探究实验方案(已知茶叶中的铝、铁元素对钙离子的测定有影响):

步骤 1:称取 500 g 干燥的茶叶,置于通风橱中,充分灼烧使茶叶炭化,用研钵磨细后移入烧杯中,加入 200 mL 1 mol/L 盐酸,再搅拌、过滤、洗涤。

步骤 2:向步骤 1 所得滤液中逐滴加入稀氢氧化钠溶液,把溶液的 pH 调至 6～7,加热煮沸 30 min,再加入 7.95 g 无水碳酸钠,充分搅拌,待沉淀完全后,过滤,洗涤,过滤后得到滤液和沉淀。

步骤 3:将步骤 2 所得的滤液稀释至 500 mL,取其中的 20.00 mL 溶液以甲基橙作指示剂,用 0.1000 mol/L 的 HCl 标准溶液滴定,终点时消耗盐酸的体积为 20.00 mL。

请回答下列问题:

步骤 1 中,使茶叶炭化需要用到的仪器有三脚架、泥三角、酒精喷灯、 (7) 、 (8) 等。

步骤 2 中,改用试剂 (9) 来调节溶液 pH 将更为方便;判断沉淀已经洗涤干净的方法是 (10) 。

步骤 3 中,滴定操作时,眼睛注视 (11) 。被滴定的 20mL 滤液中 CO_3^{2-} 的物质的量为 (12) mol,原茶叶中钙离子的质量分数为 (13) 。若碳酸钠试剂不纯,且所含杂质不与 Ca^{2+} 反应,则测得的钙离子的质量分数将 (14)

(填下列序号之一①偏小、②偏大、③不偏、④偏小或偏大或不偏)

3. 铜与硝酸反应是中学化学教材中的一个演示实验。在学了硝酸的教学内容后某研究性小组学生利用课余时间做了铜与硝酸反应的实验。以下是该研究小组的实验记录,请你根据他们的实验记录回答有关问题。

实验内容:铜与硝酸反应有关实验现象的探讨。

实验器材:电线细铜丝,1 mol/L HNO_3,14 mol/L HNO_3,碱石灰,$Cu(NO_3)_2$ 晶体,玻璃丝,酒精灯,试管,夹持器械,火柴。

实验记录如下。

步骤	实验操作	现象记录
1	将 1 g 细铜丝放入盛有 10 mL 1 mol/L HNO_3 的试管中加热	铜丝表面有无色气体逸出,溶液变为天蓝色
2	将 1g 细铜丝放入盛有 10 mL 14 mol/L HNO_3 试管中	产生大量红棕色气体,溶液变为绿色,绿色由深到浅,但未见到蓝色
3	将硝酸铜晶体配成饱和溶液	深蓝色溶液
4	向饱和硝酸铜溶液中不断滴加14 mol/L HNO_3	溶液仍呈深蓝色

已知：Cu^{2+}可以和NH_3形成类似$[Ag(NH_3)_2]^+$的复杂离子$[Cu(NH_3)_4]^{2+}$，NH_3分子也可以替换成其他分子或离子。请回答：

（1）稀硝酸与铜丝反应后，所得溶液呈天蓝色的化学粒子符号是 ___(15)___ （写化学式）。

（2）使饱和硝酸铜溶液呈深蓝色的化学粒子符号可能是 ___(16)___ 。

（3）有资料上介绍浓硝酸与铜丝反应后所得溶液颜色显蓝色，实验中得到却是绿色溶液，试写出显绿色的可能原因 ___(17)___ ，设计两种简单的实验方案证明你的解释：方案① ___(18)___ ；方案② ___(19)___ 。

三、简答题

1. 化学试剂(chemical reagent)是做化学实验的必需品，它广泛应用于物质的合成、分离、定性和定量分析，可以说化学试剂是化学工作者的眼睛，在工厂、学校、医院和研究所的日常工作中，都离不开化学试剂。

（1）不同的实验对化学试剂纯度要求也不同。表示化学试剂纯度的等级常有四种，按要求填写下列空格。

中文名称	优级纯试剂			
英文名称		Analytical reagent		
英文缩写			CP	
标签颜色				棕色

（2）化学试剂纯度有严格质量标准，而且对化学试剂存放也有严格要求。某研究性小组发现学校化学实验室内化学药品橱中存放的白色碘化钾试剂部分变为黄棕色，简述碘化钾试剂变色的可能原因。已部分变质的碘化钾试剂采取何种处理方法后又变成纯净的碘化钾试剂？（举 2 种简易除杂方法即可）

2. 过量排放CO_2会加重温室效应，影响地球大气环境。为减少CO_2对环境的影响，世界各国在限制其排放量的同时加强了对CO_2利用的研究，许多化学工作者致力于二氧化碳的"组合转化"技术研究，把过多的二氧化碳转化为有益于人类的物质，如甲醇、CH_4、汽油等。

I. 目前，许多化学工作者下在研究用超临界CO_2（其状态介于气态和液态之间）代替氟利昂作致冷剂。简述这种研究具有哪些意义。

II. 有科学家提出"绿色自由"构想：把空气吹入碳酸钾溶液，然后再把CO_2从溶液中提取出来，经过化学反应后使之变为可再生燃料甲醇。"绿色自由"构想技术流程如下：

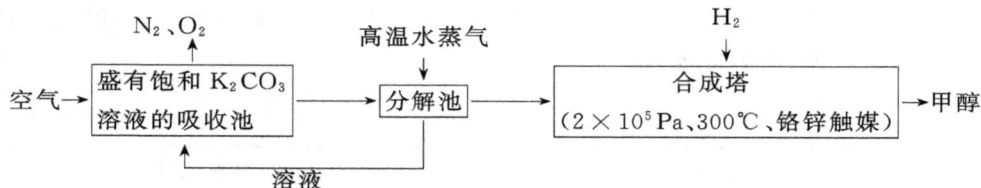

（1）写出吸收池中发生反应的化学方程式。

（2）在合成塔中，若有 4.4 kg CO_2与足量 H_2恰好完全反应，可放出 4 947 kJ 的热量，试写出合成塔中发生反应的热化学方程式。

（3）控制不同的反应条件，CO_2 和 H_2反应还可以得到其他有机物。如将 CO_2 和 H_2 以 1：4 的体积比混合，在适当条件下反应，可获得重要能源 CH_4：$CO_2+4H_2 \longrightarrow CH_4+2H_2O$；如将 CO_2 和 H_2 以 1：3 的体积比混合，还可生成某种重要的化工原料和水，该化工原料可能是何种类别的有机物,并写出相关的结构简式。

（4）已知在 443～473 K 时,用钴（Co）作催化剂可使 CO_2 和 H_2 生成 C_5～C_8 的烷烃,这是人工合成汽油的方法之一。要达到人工合成汽油的要求,求 CO_2 和 H_2 体积比的取值范围。

III. 若在一密闭恒容容器中充入 CO_2 和 H_2 的物质的量分别为 1 mol 和 3 mol,反应后得到 $CH_3OH(g)$ 和 $H_2O(g)$。测得 CO_2 和 $CH_3OH(g)$ 的浓度随时间变化如右图所示。则:

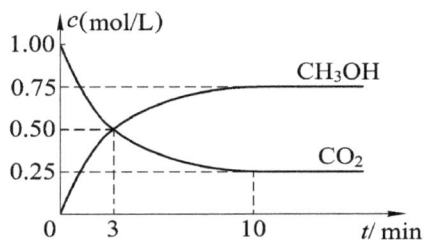

（1）从反应开始到平衡,氢气的平均反应速率为多少?

（2）为了能使 $n(CH_3OH)/n(CO_2)$ 比值增大,小王同学设计了下列四种方案:

A. 升高温度

B. 充入 $He(g)$,使体系压强增大

C. 将 $H_2O(g)$ 从体系中分离

D. 再充入 1 mol CO_2 和 3 mol H_2

你认为哪几种措施能达到要求?并简述理由。

应用化学与技能竞赛模拟试卷六

考试须知：

1. 竞赛时间为 90 分钟。迟到超过 15 分钟者不得进场。30 分内不得离场。时间到，把试卷和答题纸(背面向上)放在桌面上，立即离场。

2. 竞赛答案全部书写在答题纸上，应使用黑色或蓝色的钢笔或圆珠笔答题，用红色笔或铅笔所作的答案一概作废无效。

3. 姓名、准考证号和学校名称等必须填写在试卷和答题纸指定的位置，写在它处者按废卷处理。

4. 本试卷共 8 页，满分为 100 分。

5. 答题须用的相对原子质量请从表中查找，取几位有效数字由你自己根据题目要求确定。

H 1.008																	He 4.003
Li 6.941	Be 9.012											B 10.81	C 12.01	N 14.01	O 16.00	F 19.00	Ne 20.18
Na 22.99	Mg 24.31											Al 26.98	Si 28.09	P 30.97	S 32.07	Cl 35.45	Ar 39.95
K 39.10	Ca 40.08	Sc 44.96	Ti 47.88	V 50.94	Cr 52.00	Mn 54.94	Fe 55.85	Co 58.93	Ni 58.69	Cu 63.55	Zn 65.39	Ga 69.72	Ge 72.61	As 74.92	Se 78.96	Br 79.90	Kr 83.80
Br 85.47	Sr 87.62	Y 88.91	Zr 91.22	Nb 92.91	Mo 95.94	Tc [98]	Ru 101.1	Rh 102.9	Pd 106.4	Ag 107.9	Cd 112.4	In 114.8	Sn 118.7	Sb 121.8	Te 127.6	I 126.9	Xe 131.3
Cs 132.9	Ba 137.3	La~ Lu	Hf 178.5	Ta 180.9	W 183.8	Re 186.2	Os 190.2	Ir 192.2	Pt 195.1	Au 197.0	Hg 200.6	Tl 204.4	Pb 207.2	Bi 209.0	Po [210]	At [210]	Rn [222]
Fr [223]	Ra [226]	Ac~ Lr															

一、填空题

1. "合成洗衣粉"是由多种组分组成的混合物，配方中每一种组分都有其独特的功能。根据它们在洗涤时发挥的功能不同，洗衣粉中的组分可分为：①表面活性剂；②软水剂；③抗再沉积剂；④酶制剂；⑤漂白剂等。试列举适宜于用作上述功能组分的具体物质各一种：①＿＿(1)＿＿，②＿＿(2)＿＿，③＿＿(3)＿＿，④＿＿(4)＿＿，⑤＿＿(5)＿＿。

2. 在酸性条件下，许多氧化剂可使 KI 溶液中的 I^- 氧化。已知下列氧化剂的还原产物分别为 KIO_3（$IO_3^- \longrightarrow I_2$）、$H_2O_2$（$H_2O_2 \longrightarrow H_2O$）、$FeCl_3$（$Fe^{3+} \longrightarrow Fe^{2+}$）、$K_2Cr_2O_7$（$Cr_2O_7^{2-} \longrightarrow Cr^{3+}$）。请根据题目要求填空：

(1) 写出在醋酸存在的条件下 KIO_3 溶液与 KI 溶液反应的离子方程式＿＿(6)＿＿；

（2）在酸性条件下（足量），各取 1 L 浓度为 1 mol/L 的 KI 溶液分别与上述列举四种溶液进行完全反应，则需要溶质的物质的量之比为：

$n(KIO_3)$ ： $n(H_2O_2)$ ： $n(FeCl_3)$ ： $n(K_2Cr_2O_7) = $ ____(7)____ ： ____(8)____ ： ____(9)____ ： ____(10)____ 。

3. 在一固定容积的密闭容器中，保持一定温度，在一定条件下进行以下反应：

$A(g) + 2B(g) \rightleftharpoons 3C(g)$

已知加入 1 mol A 和 3 mol B 且达到平衡后，生成了 a mol C。

（1）达到平衡时，C 在反应混合气体中的体积分数是 ____(11)____ （用含字母 a 的代数式表示）。

（2）在相同实验条件下，若在同一容器中改为加入 2 mol A 和 6 mol B，达到平衡后，C 的物质的量为 ____(12)____ mol（用含字母 a 的代数式表示）。此时 C 在反应混合气体中的体积分数与原平衡相比 ____(13)____ （选填"增大"、"减小"或"不变"）。

（3）在相同实验条件下，若在同一容器中改为加入 2 mol A 和 8 mol B，若要求平衡后 C 在反应混合气体中体积分数仍与原平衡相同，则还应加入 C ____(14)____ mol。（不要求写计算过程）

4. 平底烧瓶中装满饱和氯水并倒扣于水槽中，当日光照射到盛有氯水的装置时，可观察到平底烧瓶内有气泡产生，放置一段时间后溶液颜色变浅。

（1）产生上述现象的原因是 ____(15)____ （请用反应的化学方程式和简要文字说明）。

（2）当氯水中不再产生气泡时，某学生欲检验该反应所产生的气体，则该学生可采取的合理操作是 ____(16)____ （说明：氯水有一定腐蚀性，操作时需戴橡胶手套）。

5. 某研究小组在查阅资料的过程中发现 *Science* 杂志上有这样一篇论文：

经研究后发现在大气中存在一种新的温室气体：SF_5-CF_3。虽然其在大气中的含量有限，但它是已知气体中吸热最高的气体。其来源还没有最终确定，有些科学家认为它很可能是用作高压电绝缘材料的 SF_6 和含氟高分子反应的产物。

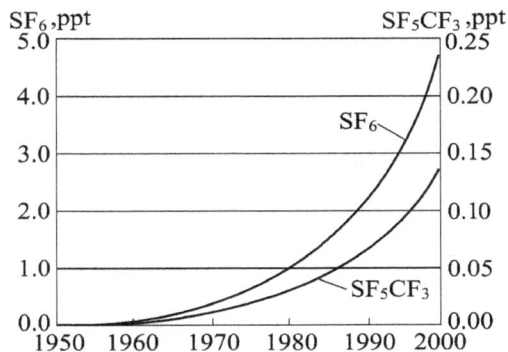

请根据上述信息回答下列问题：

（1）ppt 和 ppm 一样，都是表示微量物质浓度的符号，其英文全名分别是 part per trillion 和 part per million。根据其英文名称所表示的意义可知，1 ppm＝ ____(17)____ ppt。

（2）下列微粒中中心原子杂化类型与高压绝缘材料 SF_6 中 S 原子杂化类型相似的是 ____(18)____ 。

A. SiF_6^{2-} B. PCl_3 C. BrF_5 D. S_2Cl_2

（3）$\fbox{CF_2-CF_2}_n$ 是重要的含氟高分子化合物，由于它具有优良的性能而有"塑料之王"的美名。其中文名称是 ____(19)____ ，它是由 ____(20)____ （结构简式）在一定条件下聚合而成的。

（4）画出 SF_5-CF_3 的结构式 ____(21)____ ，并写出 SF_6 与 $\fbox{CF_2-CF_2}_n$ 反应的化学方

程式　(22)　。

（5）SF_5—CF_3 中的一CF_3 是很强的吸电子基团，一般烃基都是给电子基团。试比较下列四种物质的酸性大小　(23)　：

A. H_2CO_3　　B. C_6H_5OH　C. CF_3COOH　　D. CH_3COOH

（6）请将上图中的图注译成中文　(24)　（化合物用化学式代替）。并说出该图表示的意义　(25)　（只要写出一种即可）。

6. 氯化铁是中学化学实验室中必不可少的重要试剂。某兴趣小组利用废铁屑（含少量铜等不与盐酸反应的杂质）来制备 $FeCl_3 \cdot 6H_2O$，该小组设计的实验装置如右图所示，A 中放有 m g 废铁屑，烧杯中盛有过量的稀硝酸，实验时打开 a，关闭 b，用分液漏斗向 A 中加过量的稀盐酸，此时溶液呈浅绿色，再打开 b 进行过滤，过滤结束后，取烧杯内溶液倒入蒸发皿中加热蒸发，蒸发掉部分水并使多余 HNO_3 分解，再降温结晶得 $FeCl_3 \cdot 6H_2O$ 晶体。

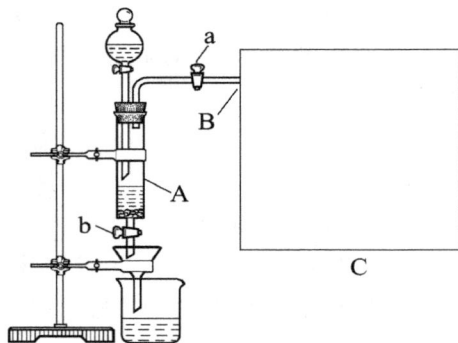

填写下列空白：

（1）检查装置 A 的气密性的方法是：　(26)　。

（2）滴加盐酸时，发现反应速率比同浓度盐酸与纯铁粉反应要快，其原因是　(27)　。

（3）将烧杯内溶液用蒸发、浓缩，再降温结晶法制得 $FeCl_3 \cdot 6H_2O$ 晶体，而不用直接蒸发结晶的方法来制得晶体的原因是　(28)　。

（4）用该法制得的晶体中往往混有 $Fe(NO_3)_3$，为了制得较纯净的 $FeCl_3 \cdot 6H_2O$，可将烧杯内的稀硝酸换成　(29)　。

（5）若要测废铁屑的纯度，可测出从 B 中放出气体的体积 V（已折算成标准状况，单位是 L），则废铁屑的纯度为　(30)　（用含 m、V 的代数式表示）。

二、简答题

1. 废弃物的综合利用既有利于节约资源，又有利于保护环境。某化学研究性小组在回收废旧电池活动中，回收到了很多废旧电池。查阅资料后发现废旧电池的铜帽的主要成分是 Cu、Zn。同时，他们还查到下列资料：

	开始沉淀时的 pH	沉淀完全时的 pH
Fe^{3+}	1.1	3.2
Fe^{2+}	5.8	8.8
Zn^{2+}	5.9	8.9

当 pH＞11 时，$Zn(OH)_2$ 能溶于 NaOH 溶液而生成 $[Zn(OH)_4]^{2-}$。

于是，他们设想利用废旧电池的铜帽回收 Cu，并制备 ZnO。下列是该研究小组设计的部分实验方案：

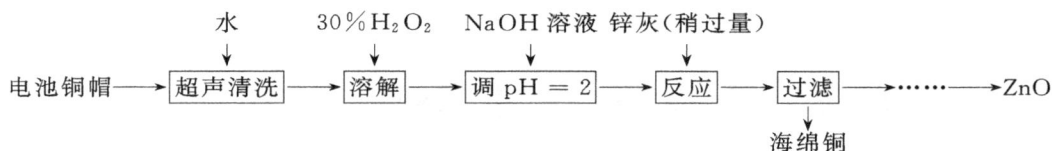

根据实验方案和所查得的资料，回答下列问题：

（1）本实验的关键一步是溶解铜帽。简述溶解铜帽的实验过程和原理，并说明加入 H_2O_2 的目的。

（2）铜帽完全溶解后，如何除去过量的 H_2O_2。

（3）为确定加入锌灰（主要成分为 Zn、ZnO，杂质为铁及其氧化物）的量，实验中需测定除去 H_2O_2 后溶液中 Cu^{2+} 的含量。该研究小组设计的部分实验方案为：

准确量取一定体积的含有 Cu^{2+} 的溶液于带塞锥形瓶中，加适量水稀释，并调节溶液 pH $=3\sim4$，再加入过量的 KI，发生反应的离子方程式为 $2Cu^{2+}+4I^-\longrightarrow 2CuI$（白色）$\downarrow+I_2$……

① 你认为接下来的实验方案应如何操作？并写出相关反应的离子方程式。

② 你设计的滴定过程中所选用的指示剂是哪种物质？并说明达到滴定终点时观察到的现象。

③ 若滴定前溶液中的 H_2O_2 没有除尽，则所测定的 Cu^{2+} 含量是否正确。并说明原因。

（4）由上述实验方案制得的海绵铜是否纯净，如不纯净，如何制得纯净的海绵铜，说明具体操作过程。

2. 某化学究小组发现高中化学教学参考书中写道：二氧化硫气体通入氯化钡溶液中不会出现沉淀。

（1）甲同学认为这种观点不正确，他提出的理由是二氧化硫气体通入水中会产生亚硫酸（H_2SO_3），氯化钡溶液中有大量钡离子，而亚硫酸根和钡离子相遇会形成不溶于水的 $BaSO_3$ 沉淀！即 $H_2SO_3+BaCl_2\longrightarrow 2HCl+BaSO_3\downarrow$，所以甲同学认为，二氧化硫气体通入氯化钡溶液中应出现白色沉淀。你是否赞同甲同学的观点？说说你的理由。

（2）乙同学赞同化学参考书上写的"二氧化硫气体通入氯化钡溶液中不会出现沉淀"的说法，为了验证其正确性，乙同学在化学老师的帮助下做了"将二氧化硫气体通入氯化钡溶液"的实验。实验中结果发现溶液中竟出现了白色浑浊现象！根据实验现象，你是否赞同乙同学的观点？说出你的理由。

（3）根据你的观点，请设计一个实验方案（写出实验过程的主要步骤）来验证你的猜测和假设。

应用化学与技能竞赛模拟试卷七

考试须知：

1. 答题时间为 90 分钟。迟到超过 15 分钟者不得进场。开赛后前 45 分钟内不得离场。规定时间到，立即把试卷整理好放置在桌面上（背面向上），迅速离场。

2. 竞赛答案全部书写在试卷纸上，应使用黑色或蓝色的钢笔或圆珠笔答题，凡用红色笔或铅笔所书写的答案一概作废无效。

3. 姓名、准考证号码和学校名称等必须填写在试卷上方指定的位置，写在它处者按废卷处理。

4. 允许使用非编程计算器及直尺等文具。

5. 本试卷共 6 页，满分为 100 分。

6. 答题须用相对原子质量请从下表中查找。有效数字根据题目要求确定。

H 1.008																	He 4.003
Li 6.941	Be 9.012											B 10.81	C 12.01	N 14.01	O 16.00	F 19.00	Ne 20.18
Na 22.99	Mg 24.31											Al 26.98	Si 28.09	P 30.97	S 32.07	Cl 35.45	Ar 39.95
K 39.10	Ca 40.08	Sc 44.96	Ti 47.88	V 50.94	Cr 52.00	Mn 54.94	Fe 55.85	Co 58.93	Ni 58.69	Cu 63.55	Zn 65.39	Ga 69.72	Ge 72.61	As 74.92	Se 78.96	Br 79.90	Kr 83.80
Br 85.47	Sr 87.62	Y 88.91	Zr 91.22	Nb 92.91	Mo 95.94	Tc [98]	Ru 101.1	Rh 102.9	Pd 106.4	Ag 107.9	Cd 112.4	In 114.8	Sn 118.7	Sb 121.8	Te 127.6	I 126.9	Xe 131.3
Cs 132.9	Ba 137.3	La～ Lu	Hf 178.5	Ta 180.9	W 183.8	Re 186.2	Os 190.2	Ir 192.2	Pt 195.1	Au 197.0	Hg 200.6	Tl 204.4	Pb 207.2	Bi 209.0	Po [210]	At [210]	Rn [222]
Fr [223]	Ra [226]	Ac～ Lr															

一、选择题

1. 表面活性剂是从 20 世纪 50 年代开始随着石油工业的飞速发展而兴起的一种新型化学品，是精细化工的重要产品。几乎渗透一切经济领域。被称为（　　　）

A. 工业血液　　　　B. 工业味精　　　　C. 工业粮食　　　　D. 工业催化剂

2. 小张同学查阅资料后可知：叠氮酸（HN_3）与醋酸酸性相似。请根据小张同学查得资料分析下列叙述中错误的是（　　　）

A. HN_3 水溶液中微粒浓度大小顺序为：$c(HN_3)>c(H^+)>c(N_3^-)>c(OH^-)$

B. HN_3 与 NH_3 作用生成的叠氮酸铵是共价化合物

C. NaN_3 水溶液中离子浓度大小顺序为：$c(Na^+)>c(N_3^-)>c(OH)^->c(H^+)$

D. N_3^- 与 CO_2 是等电子体

3. 保护环境是每一个公民的责任。下列做法:①推广使用无磷洗涤剂,②城市生活垃圾分类处理,③推广使用一次性木质筷子,④推广使用清洁能源,⑤过量使用化肥、农药,⑥推广使用无氟冰箱。其中有利于保护环境的是(　　)

A. ①②④⑤　　　　　　B. ②③④⑥　　　　　　C. ①②④⑥　　　　　　D. ③④⑤⑥

4. 小明同学把下列四种盐溶液蒸干得到固体粉末。你认为下列所得的固体是原溶液中溶质的是(　　)

A. 碳酸氢钙溶液　　　B. 亚硫酸钠溶液　　C. 氯化铁溶液　　　　　　D. 硫酸铁溶液

5. 为探究某未知 H_2A 溶液的性质,小李同学做了下列实验:在常温下,向 20 mL 0.2 mol/L H_2A 溶液中逐滴加入 0.2 mol/L NaOH 溶液。小王同学把滴加过程中微粒的物质的量变化绘制在下图中,并提出下列观点。请你根据图示判断,下列正确的是(　　)

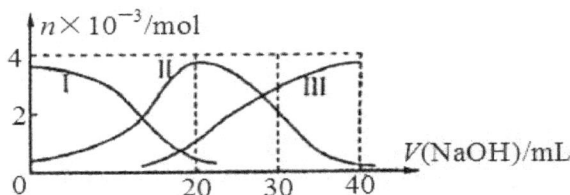

A. H_2A 在水中的电离方程式是:$H_2A \longrightarrow H^+ + HA^-$,$HA^- \rightleftharpoons H^+ + A^{2-}$

B. 当 $V(NaOH) = 20$ mL 时,则有:$c(Na^+) > c(HA^-) > c(H^+) > c(A^{2-}) > c(OH^-)$

C. 等体积等浓度 NaOH 溶液与 H_2A 溶液混合后其溶液中水的电离度比纯水小

D. 当 $V(NaOH) = 30$ mL 时,则有:$2c(H^+) + c(HA^-) + 2c(H_2A) = c(A^{2-}) + 2c(OH^-)$

6. 某学生用 $NaHCO_3$ 和 $KHCO_3$ 组成的某混合物进行实验,测得如下数据(盐酸的物质的量浓度相等)

	50 mL 盐酸	50 mL 盐酸	50 mL 盐酸
m(混合物)	9.2 g	15.7 g	27.6 g
V(CO2)(标况)	2.24 L	3.36 L	3.36 L

则下列分析推理中不正确的是(　　)

A. 能算出混合物中 $NaHCO_3$ 质量分数　　B. 加入混合物 9.2 g 时盐酸过量

C. 盐酸物质的量浓度为 6.0 mol/L 反应　　D. 15.7 g 混合物恰好与盐酸完全

7. 小王同学所在学校的化学实验室新购了压强传感器,于是小王同学用压强传感器和下列装置做了探究生铁发生电化学腐蚀的实验。并得到下列图像和结论:(　　)

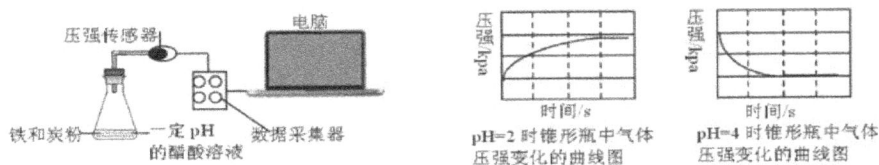

请你根据上述图像分析下列结论中不正确的是(　　)

A. pH≤2时，生铁发生析氢腐蚀

B. 酸性溶液中生铁也能发生吸氧腐蚀

C. 析氢腐蚀和吸氧腐蚀速率一样大

D. 两溶液中负极反应均为：$Fe - 2e \longrightarrow Fe^{2+}$

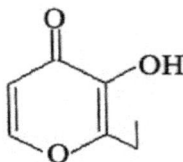

8. 据报道某饭店为吸引顾客用俗称"一滴香"的有毒物质作为调料烧制的红烧肉，色香味俱全，深受顾客的欢迎。但长期食用，会损伤肝脏，还可能致癌。已知"一滴香"的分子结构如图所示，下列关于"一滴香"分子的说法中正确的是（　　　）

A. 分子式为 $C_7H_8O_3$

B. 一种芳香族同分异构体不能发生银镜反应

C. 1 mol 最多能与 2 mol H_2 发生加成反应

D. 能发生取代、加成和消去反应

9. 运动会上使用的发令枪所用的"火药"成分是氯酸钾和红磷，经撞击发出响声，同时产生白色烟雾。撞击时的化学方程式为：$5KClO_3 + 6P \longrightarrow 3P_2O_5 + 5KCl$，则下列有关叙述错误的是（　　　）

A. 上述反应中氧化剂和还原剂的物质的量之比为 5∶6

B. 产生白色烟雾的原因是生成的 P_2O_5 小颗粒吸水性很强生成磷酸小液滴

C. 上述反应中消耗 3 mol P 时，转移电子的物质的量为 15 mol

D. 因红磷和白磷互为同分异构体，所以上述火药中的红磷可以用白磷代替

10. NH_3 和 Cl_2 可发生下列反应：$2NH_3 + 3Cl_2 \longrightarrow N_2 + 6HCl$。有 100L$NH_3$ 和 Cl_2 混合气体，充分反应后的混合气体中 N_2 占混合气体的 1/7，则 N_2 的物质的量为（数据均在标准状况下测得（　　　）

A. 0.263 mol　　　　B. 0.483 mol　　　　C. 0.663 mol　　　　D. 0.893 mol

二、填空题

1. 洗衣粉中最常用的表面活性剂的化学名称是 __(1)__ ，它属于 __(2)__ （选填"阳离子"、"阴离子"、"两性离子"或"非离子"）表面活性剂。这种表面活性剂的特性是在水中溶解性好，并具有很好的 __(3)__ 能力、有很好的降低水的 __(4)__ 和 __(5)__ 、 __(6)__ 、 __(7)__ 的性能。它的化学性质很稳定，在酸碱性介质和加热条件下不会分解，与次氯酸钠、过氧化物等氧化剂混合使用也不会分解。由于上述原因，这种表面活性剂自 1936 年问世以来，一直受到消费者的欢迎和生产者的重视，成为消费量最大的民用洗涤剂，在工业清洗中也得到广泛应用。

2. 化学知识在生活中的大量应用，使我们的生活变得更美好。酸溶液呈酸性，碱溶液呈碱性，盐溶液呈 __(8)__ 。在电解质溶液中存在三种守恒，它们分别是 __(9)__ 、 __(10)__ 、 __(11)__ 。盐的水解知识在生活中有很多应用，如用氯化铁晶体配制氯化铁溶液时，需 __(12)__ ；制取硫化铝的方法是 __(13)__ ；氟化铵不能保存在 __(14)__ 中，原因是 __(15)__ ；用小苏打和明矾制油条时发生反应的化学方程式为 __(16)__ 。

3. 化学工作者应用化学原理为我们提供很多新材料和新产品。我们的化学教材上也介绍了很多物质的工业制法，如侯德榜制碱法、硫酸工业制法、硝酸工业制法……现代化工生产的特点是必须重视绿色化学。其要点是(17) 、 __(18)__ 、 __(19)__ 、 __(20)__ 。

1. 石油是工业的血液。以石油裂解气为原料可以制取一系列塑料、橡胶等有机合成材料。下列是以石油裂解气为原料制取化工产品增塑剂 G 的流程图。

请完成下列各题：

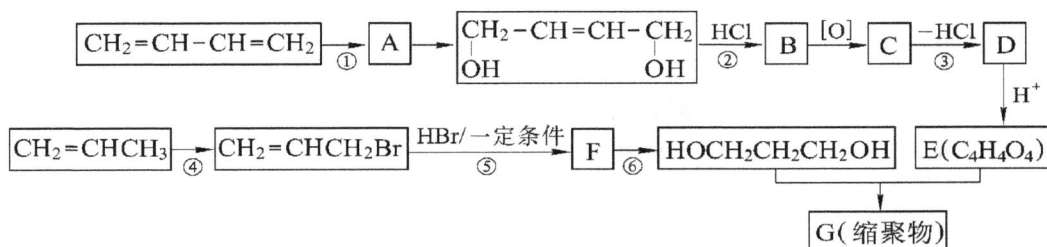

$$CH_2=CH-CH=CH_2 \xrightarrow{①} \boxed{A} \rightarrow \boxed{\begin{matrix}CH_2-CH=CH-CH_2 \\ | \qquad\qquad\qquad | \\ OH \qquad\qquad OH\end{matrix}} \xrightarrow[②]{HCl} \boxed{B} \xrightarrow{[O]} \boxed{C} \xrightarrow[③]{-HCl} \boxed{D}$$

$$\boxed{D} \xrightarrow{H^+}$$

$$CH_2=CHCH_3 \xrightarrow{④} \boxed{CH_2=CHCH_2Br} \xrightarrow[⑤]{HBr/一定条件} \boxed{F} \xrightarrow{⑥} \boxed{HOCH_2CH_2CH_2OH} \qquad \boxed{E(C_4H_4O_4)}$$

$$\downarrow$$

$$\boxed{G(缩聚物)}$$

（1）写出反应①、反应④的反应类型。

（2）写出反应③、反应⑥发生反应的条件。

（3）写出反应②和反应③的目的。

（4）写出反应⑤的化学方程式。

（5）B 被氧化成 C 的过程中会有中间产物生成，该中间产物可能是什么（写出一种物质的结构简式）？用哪种试剂能检验该物质是否存在？

2. 在化学研究性学习小组的期末结题会上，化学指导老师给小组成员提供了一份澄清的废水样品，要求探究废水的组成。并告诉大家里面只含有下列离子中的 5 种：K^+、Cu^{2+}、Al^{3+}、Fe^{2+}、Cl^-、CO_3^{2-}、NO_3^-、SO_4^{2-}（为了简化分析，提示可忽略水的电离及离子的水解情况），还告之溶液中所含的各种离子的物质的量浓度相等。且化学实验老师随时为大家提供所需的试剂和仪器。

下面记录了小李同学进行实验的过程：

① 用铂丝蘸取少量溶液，在火焰上灼烧，透过蓝色钴玻璃观察无紫色火焰。

② 另取溶液加入足量稀盐酸，有无色气体生成，该无色气体遇空气变成红棕色，且溶液中阴离子种类不变。

③ 另取溶液加入 $BaCl_2$ 溶液，有白色沉淀生成。

请根据小李同学的实验结论，回答下列问题。

（1）根据实验步骤①，你得出什么结论？说明原因。

（2）根据实验步骤②，你得出什么结论？说明原因。

（3）根据实验步骤③，你得出什么结论？说明原因。

（4）原溶液中含在哪五种离子？说明原因。

应用化学与技能竞赛模拟试卷八

考试须知：

1. 答题时间为 90 分钟。迟到超过 15 分钟者不得进场。开赛后前 45 分钟内不得离场。规定时间到，立即把试卷整理好放置在桌面上（背面向上），迅速离场。

2. 竞赛答案全部书写在试卷纸上，应使用黑色或蓝色的钢笔或圆珠笔答题，凡用红色笔或铅笔所书写的答案一概作废无效。

3. 姓名、准考证号码和学校名称等必须填写在试卷上方指定的位置，写在它处者按废卷处理。

4. 允许使用非编程计算器及直尺等文具。

5. 本试卷共 6 页，满分为 100 分。

6. 答题须用相对原子质量请从下表中查找。有效数字根据题目要求确定。

H 1.008																	He 4.003
Li 6.941	Be 9.012											B 10.81	C 12.01	N 14.01	O 16.00	F 19.00	Ne 20.18
Na 22.99	Mg 24.31											Al 26.98	Si 28.09	P 30.97	S 32.07	Cl 35.45	Ar 39.95
K 39.10	Ca 40.08	Sc 44.96	Ti 47.88	V 50.94	Cr 52.00	Mn 54.94	Fe 55.85	Co 58.93	Ni 58.69	Cu 63.55	Zn 65.39	Ga 69.72	Ge 72.61	As 74.92	Se 78.96	Br 79.90	Kr 83.80
Br 85.47	Sr 87.62	Y 88.91	Zr 91.22	Nb 92.91	Mo 95.94	Tc [98]	Ru 101.1	Rh 102.9	Pd 106.4	Ag 107.9	Cd 112.4	In 114.8	Sn 118.7	Sb 121.8	Te 127.6	I 126.9	Xe 131.3
Cs 132.9	Ba 137.3	La~Lu	Hf 178.5	Ta 180.9	W 183.8	Re 186.2	Os 190.2	Ir 192.2	Pt 195.1	Au 197.0	Hg 200.6	Tl 204.4	Pb 207.2	Bi 209.0	Po [210]	At [210]	Rn [222]
Fr [223]	Ra [226]	Ac~Lr															

一、选择题

1. 化学与社会、生产、生活密切相关。学好化学可以解决很多日常生活中的问题。下列说法错误的是（　　　）

A. 氧化铝可以用来制造耐火坩埚、耐火管和耐高温的实验仪器

B. 潜水艇在紧急情况下可用过氧化钠供氧

C. 氯气与烧碱溶液或石灰乳反应都能得到含氯消毒剂

D. 不锈钢有较强的抗腐蚀能力是因为在钢铁表面镀了一层铬

2. 下列关于 SiO_2 晶体空间网状结构的叙述中正确的是（　　　）

A. 最小的环上，有 3 个 Si 原子和 3 个 O 原子

B. 最小的环上,Si 和 O 原子数之比为 1：2

C. 最小的环上,有 6 个 Si 原子和 6 个 O 原子

D. 存在四面体结构单元,O 处于中心,Si 处于 4 个顶角

3. 某化学课外学习小组用鸡蛋壳设计电解饱和食盐水的简易装置如图(蛋壳内及蛋壳外容器中均充满饱和食盐水、鸡蛋壳表面缠绕铁丝)。有关说法正确的是(　　)

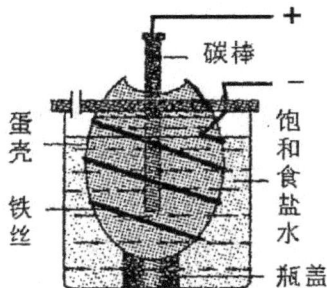

电解饱和食盐水简易装置

A. 通电一段时间后,往蛋壳内溶液中滴加几滴酚酞,呈红色

B. 蛋壳表面缠绕的铁丝发生氧化反应

C. 碳棒上产生的气体能使湿润的淀粉碘化钾试纸变蓝

D. 电解一段时间后,蛋壳外溶液的 pH 下降

4. 要测定某 Na_2CO_3 和 $NaHCO_3$ 混合物中 Na_2CO_3 的质量分数可采取不同的方法,取 a g 样品与一定量稀盐酸(过量)充分反应后,下列说法正确的是(　　)

A. 逸出气体若用碱石灰吸收,增重 b g。则测定混合物中 Na_2CO_3 质量分数偏小

B. 把所得溶液加热蒸干,并灼烧至恒重,得 b g 固体。蒸干过程中若未搅拌,则所测 Na_2CO_3 的质量分数可能偏大

C. 某 NaOH 标准溶液露置于空气中一段时间后,以甲基橙为指示剂,仍用此碱液滴定上述反应后的溶液,则所测 Na_2CO_3 的质量分数偏大

D. 产生的气体冷却至室温后,若测定其体积时忘记调平量气管和水准管内液面,则导致 Na_2CO_3 的质量分数偏小

5. 小王同学查找资料时发现下弄信息：NO_2^- 既有氧化性,又有还原性。$NaNO_2$ 大量进入血液时,能将血红蛋白中的 Fe^{2+} 氧化为 Fe^{3+},正常的血红蛋白转化为高铁血红蛋白,失去携氧功能,引起中毒,甚至死亡。下列各组试剂不能检验 NO_2^- 的是(　　)

A. $AgNO_3$　HNO_3　　B. $FeCl_2$　KSCN　　C. $KMnO_4$　H_2SO_4　　D. KI　淀粉

6. 已知在 25℃时,醋酸、次氯酸、碳酸、亚硫酸的电离平衡常数如下表所示。下列关于这四种酸的性质的叙述中,正确的是(　　)

A. 25℃时,等 pH 的 CH_3COONa、NaClO、Na_2CO_3 和 Na_2SO_3 四种溶液中,物质的量最小的是 Na_2CO_3

B. 少量的 SO_2 通入 NaClO 溶液中反应的离子方程式为：

$$SO_2 + H_2O + 2ClO^- \longrightarrow SO_3^{2-} + 2HClO$$

C. 少量 CO_2 通入 $Ca(ClO)_2$ 溶液中反应的离子方程式为：

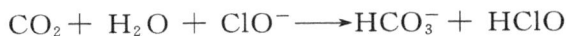

$$CO_2 + H_2O + ClO^- \longrightarrow HCO_3^- + HClO$$

酸	电离平衡常数
醋酸	$K_i = 1.75 \times 10^{-5}$
次氯酸	$K_i = 2.98 \times 10^{-8}$
碳酸	$K_{i1} = 4.30 \times 10^{-7}$ $K_{i2} = 5.61 \times 10^{-11}$
亚硫酸	$K_{i1} = 1.54 \times 10^{-2}$ $K_{i2} = 1.02 \times 10^{-7}$

D. 向 pH＝a 的醋酸溶液中加一定量水,所得溶液的 pH＞a、pH＜a、pH＝a 三种情况均有可能

7. 阿司匹林是日常生活中应用广泛的医药之一。它可由下列方法合成：
下列说法正确的是(　　)

A. 邻羟基苯甲醇分子中所有的原子不可能在同一平面

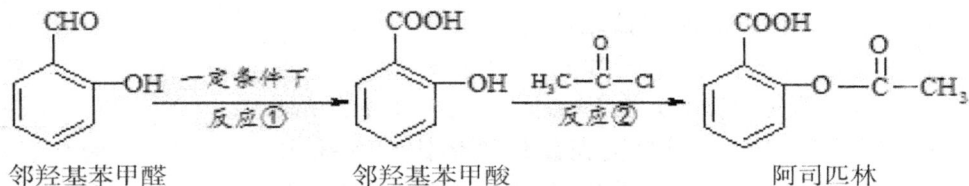

邻羟基苯甲醛   邻羟基苯甲酸   阿司匹林

B. 用酸性 $KMnO_4$ 溶液直接氧化邻羟基苯甲醛可实现反应①

C. 反应②中加入适量的 $NaHCO_3$ 可提高阿司匹林的产率

D. 与邻羟基苯甲酸互为同分异构体,苯环上一氯代物仅有 2 种且能发生银镜反应的酚类化合物共有 2 种

8. 化学与环境保护、社会可持续发展密切相关,下列是一些用化学方法处理问题的做法,你认为合理的是(　　　　)

    A. 油脂水解可得到丙三醇   B. 油脂是高分子化合物

    C. 氨基酸是蛋白质水解的最终产物   D. 可用碘检验淀粉水解是否完全

9. 小李同学用两支惰性电极插入 500 mL $AgNO_3$ 溶液中,通电进行电解。当测得电解液的 pH 从 6.0 变为 3.0 时(设电解时阴极没有氢气析出,且电解液在电解前后体积变化可以忽略),则电极上析出银的质量大约是(　　　　)

    A. 27 mg   B. 54 mg   C. 108 mg   D. 216 mg

10. 将 Cu、Cu_2O 和 CuO 均匀混合物分成两等份,其中一份用足量的 CO 还原,测得反应后固体质量减少 6.4 g,另一份中加入 150 mL 某浓度的硝酸,固体恰好完全溶解,且同时收集到标准状况下 NO_x 气体 6.72 L,则所用硝酸的物质的量浓度可能为(　　　　)

    A. 8.0 mol/L   B. 9.0 mol/L   C. 10.0 mol/L   D. 11.0 mol/L

二、填空题

1. 表面活性剂是从 20 世纪 ___(1)___ 年代开始随着 ___(2)___ 的飞速发展而兴起的一种新型 ___(3)___ ,是精细化工的重要产品,享有 ___(4)___ 的美称。它几乎渗透到一切经济领域。当今,表面活性剂产量大,品种 ___(5)___ 种。随着世界经济的发展以及科学技术领域的开拓,表面活性剂的发展更加迅猛,其应用领域从日用化学工业发展到石油、食品、农业、卫生、环境、新型材料等技术部门。

2. 乙炔是有机合成工业的一种原料。工业上曾用 CaC_2 与水反应生成乙炔。

(1) CaC_2 中 C_2^{2-} 与 O_2^{2+} 互为等电子体,O_2^{2+} 的电子式可表示为 ___(6)___ ;1 mol O_2^{2+} 中含有的 π 键数目为 ___(7)___ 。

(2) 将乙炔通入 $[Cu(NH_3)_2]Cl$ 溶液生成 Cu_2C_2 红棕色沉淀。Cu^+ 基态核外电子排布式为 ___(8)___ 。

(3) 乙炔与氢氰酸反应可得丙烯腈（$H_2C=CH-C\equiv N$）。丙烯腈分子中碳原子轨道杂化类型是 ___(9)___ ;分子中处于同一直线上的原子数目最多为 ___(10)___ 。

(4) CaC_2 晶体的晶胞结构与 $NaCl$ 晶体的相似,但 CaC_2 晶体中含有的中哑铃形 C_2^{2-} 的存在,使晶胞沿一个方向拉长。CaC_2 晶体中 1 个 Ca^{2+} 周围距离最近的 C_2^{2-} 数目为 ___(11)___ 。

3. 自然界存在的固态物质可分为晶体和非晶体两大类。固态的金属与合金大都是

__(12)__ 。晶体结构是决定固态金属的 __(13)__ 和 __(14)__ 的基本因素之一。从 宏观上看,晶体都有 __(15)__ ,如食盐呈立方体;冰呈六角棱柱体;明矾呈八面体等。而非晶体的外形则是不规则的。晶体在不同的方向上有 __(16)__ 物理性质,如机械强度、导热性、热膨胀、导电性等,称为 __(17)__ 。而非晶体的物理性质却表现为 __(18)__ 。晶体有固定的 __(19)__ ,而非晶体没有 __(20)__ 。

三、简答题(共 34 分)

1. 浓硫酸在工农业生产、科学研究中有着很重要的作用,在高中化学中也有很多实验要用到浓硫酸。下面是从小明同学的化学实验笔记本摘录的有关浓硫酸在部中部分化学实验中时使用碰到的情况,请用学到的化学知识进行解释。

(1) 做铜与浓硫酸反应试管中,发现试管底部有白色固体并夹杂有少量黑色固体。请问白色固体是什么物质?是怎样形成的?请设计简单的实验方法证明你的观点。黑色固体中应含有哪些元素,请设计简单实验方法证明你的观点。

(2) 探究浓硫酸的吸水性。把 98% 的硫酸 10 mL 和 63.3% 的硫酸(用 10 mL 98% 的硫酸与 10 mL 水配成)约 20 mL 分别放入两个相同的大表面皿中,根据室温环境下实验的数据绘成的曲线如图。由右图曲线你能得到的实验结论有哪些?(写两点)

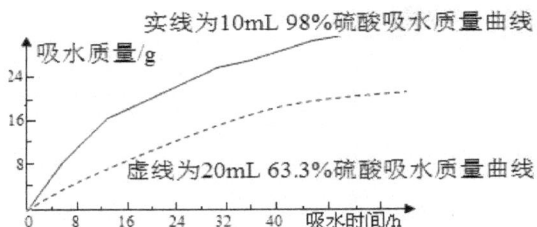

(3) 小明同学做浓硫酸与蔗糖反应的实验:在大试管中先放入 2 g 细小颗粒的蔗糖,滴加 2—3 滴碳酸钠浓溶液,再加入 1.5 mL 98% 浓硫酸,迅速塞紧带干燥管的单孔橡皮塞。可以看到,蔗糖迅速变黑,体积急剧膨胀,形成多孔海绵状固体物质"黑面包"。分析实验效果更明显的原因。

(4) 某复杂盐由三种元素组成,含两种阳离子和两种阴离子。取 21.76 g 该复杂盐,平均分为两份。将第一份溶于足量盐酸酸化的氯化钡溶液,所得沉淀中含 9.32 g 硫酸钡。将第二份溶于足量热浓硝酸,再滴加足量硝酸钡溶液,得 13.98 g 白色沉淀,过滤后向蓝色滤液中加足量烧碱溶液,过滤、洗涤、灼烧,得 8.00 g 黑色固体。

写出该复杂盐的化学式,该复杂盐中两种阳离子的质量比为多少。

图书在版编目(CIP)数据

生活中的应用化学 / 张平，刘艳琴著. —上海：上海教育出版社,2015.4

（爱科学丛书）

ISBN 978-7-5444-6201-3

Ⅰ．①生…　Ⅱ．①张…②刘…　Ⅲ．①化学—青少年读物

Ⅳ.①O6–49

中国版本图书馆CIP数据核字(2015)第071860号

责任编辑　徐建飞

封面设计　王　捷

爱科学丛书

生活中的应用化学

张　平　刘艳琴　著

出　　版　上海世纪出版股份有限公司
　　　　　　上 海 教 育 出 版 社
　　　　　　易文网 www.ewen.co
发　　行　中国图书进出口上海公司

版　　次　2015 年 4 月第 1 版

书　　号　ISBN 978-7-5444-6201-3/G·5067